VOYAGE
DANS LA VENDÉE
ET
DANS LE MIDI DE LA FRANCE.

ON TROUVE

A LA LIBRAIRIE GRECQUE-LATINE-ALLEMANDE :

La Bibliothèque des Dames chrétiennes, première seconde et troisième livraisons.

LA SAINTE BIBLE, traduite d'après les textes sacrés par M. Eugène Genoude; 14 vol. in-8, papier fin.

Cette traduction complète de la Bible, dont M. Genoude s'occupe depuis plusieurs années, se publie par livraisons de deux volumes chaque, de deux mois en deux mois.

Le prix pour les souscripteurs est de 10 fr. par livraison. — La dernière se paie d'avance.

On peut souscrire jusqu'à la publication de la troisième livraison ; passé cette époque le prix sera augmenté d'un franc par volume.

La même Librairie tient un assortiment complet de Livres grecs, latins et allemands.

VOYAGE
DANS LA VENDÉE
ET DANS LE MIDI DE LA FRANCE;

SUIVI

D'UN VOYAGE PITTORESQUE EN SUISSE;

Par M. EUGÈNE GENOUDE,

CHEVALIER DE SAINT-MAURICE ET DE SAINT-LAZARE.

DIEU ET LE ROI.

IMPRIMERIE DE COSSON.

PARIS,
A LA LIBRAIRIE GRECQUE-LATINE-ALLEMANDE,
CHEZ HENRI NICOLLE,
RUE DE SEINE, N° 12.

M D CCC XXI.

AVERTISSEMENT.

La première partie de notre voyage a été écrite sous le dernier ministère. On le sentira aisément au ton général qui y règne. Les cœurs royalistes étaient singulièrement froissés alors.

Aujourd'hui tout semble changé pour eux. Ils ont recouvré l'espérance.

Le vain désir de fronder les actes de l'autorité n'est jamais entré dans nos intentions. Nous avons cru remplir notre devoir de citoyen, en indiquant plusieurs injustices à réparer. C'est la meilleure manière de servir un gouvernement, que de l'avertir des plaintes légitimes qui peuvent s'élever contre lui; d'ailleurs, aujourd'hui, une des plus hautes magistratures est celle qu'exerce l'écrivain, et son premier devoir est la vérité. Les rois de France ne l'ont jamais redoutée, et voilà pourquoi ils ont été les premiers rois de la terre.

« Les rois de France, les fils aînés de l'église, portent la couronne de liberté et de gloire, comme dit Balde. Aussi est-il notoire qu'ils ont été de tout temps le mur inexpugnable de la chrétienté, n'ayant oncques, selon le témoignage même de Agathias, auteur grec, dévoyé de la religion catholique et orthodoxe. »

Il est aisé de juger par là pourquoi le Ciel fait éclater si visiblement sa protection sur cette noble France, « ce royaume que l'on peut appeler, disait un *ancien gentilhomme français* dans son *Journal de Voyage*, l'œil et la perle du monde ; et l'on peut avouer avec vérité qu'elle est à la chrétienté ce que la chrétienté est à l'Europe, et ce que l'Europe est à l'Asie, l'Afrique et l'Amérique ; et comme la plus belle partie du monde est l'Europe, la plus belle partie de l'Europe est la France. Elle est les Indes pour les richesses, la Grèce pour les lettres, et elle-même pour les armes ; en un mot, elle est la première de la Chrétienté, soit qu'on considère sa richesse et fertilité de pays, la valeur des habitans, soit la durée de sa monarchie qui commence l'an 420 du salut, et qui depuis ce temps a toujours été gouvernée par des rois dont plusieurs se sont rendus recommandables par leur piété, sagesse, prudence et valeur, mais surtout par le zèle qu'ils ont eu pour la véritable religion, qui leur a fait entreprendre la guerre contre ceux qui s'en étoient déclarés les ennemis. Ce même zèle les a portés à conserver et enrichir l'église romaine, et à prendre la protection des papes opprimés, qui, par un juste sentiment de reconnaissance, leur ont donné le titre glorieux de fils aînés de l'église, et la préséance sur tous les autres rois.»

VOYAGE

DANS LES DÉPARTEMENS DE LA FRANCE

CONNUS

SÓUS LE NOM DE VENDÉE.

~~~~~~~~~~

Tous les jours de nouveaux voyageurs vont chercher dans la Grèce, en Egypte, en Italie, en Palestine, les souvenirs de la religion, de la liberté, et les vestiges des peuples qui brillèrent dans l'histoire ; et on dédaigne près de soi, dans son propre pays, les restes d'un peuple admirable. Pour nous, nous n'avons pas voulu aller au loin recueillir les souvenir d'un héroïsme qui n'est plus, nous l'avons contemplé respirant encore dans notre France. Un voyage dans la Vendée est un motif de plus d'admirer et d'aimer notre patrie? Nous croyons donc que des lecteurs françois nous suivront avec plaisir dans les villes, sur les champs de bataille, dans les chaumières de ce glorieux pays. Tout ce que nous décrirons, nous l'avons vu. Tous les traits de courage ou d'humanité que nous citerons, nous les avons appris sur les lieux mêmes, toutes les paroles des paysans ou plutôt des héros vendéens, nous ne ferons que les répéter fidèlement.

Depuis long-temps nous désirions visiter le Bocage, la plus belle partie de la Vendée; et au mois d'octobre de l'année dernière nous partîmes avec deux compagnons de voyage. Nous suivîmes la levée de la Loire, commencée par Louis-le-Débonnaire, continuée par les comtes d'Anjou, depuis Orléans jusqu'à Saumur (1). On rencontre à chaque instant des bourgs, des hameaux, des fermes, des maisons de campagne, répandues sur les deux rives de la Loire, et ce n'est qu'à Saumur qu'on quitte la levée pour pénétrer dans la Vendée. Saumur est la première ville où l'on trouve des traces du passage des Vendéens. Ils sont venus jusque-là, conduits par MM. de Cathelineau, de la Roche-Jacquelin et Lescure, noms qui tous rappellent la gloire.

Saumur est de l'autre côté de la chaussée, au pied des collines qui bordent la rive gauche de la Loire. On traverse un grand pont pour y arriver; une partie de ce pont a été coupée par les Vendéens, et n'a pas encore été rétablie. Je m'arrêtai, j'interrogeai tous ceux que je rencontrois. Je voulois entendre parler des Vendéens dans le lieu même de leurs exploits. Il me sembloit que leur nom devoit se prononcer là d'une manière différente que dans le reste de la France. Je ne me trompai pas, et je distinguai bien vite, à la manière dont on me disoit, les *brigands* (2) *sont venus jusqu'ici*, l'amour

---

(1) C'est Louis-le-Débonnaire qui en 819 fit commencer la levée. On suivit alors les sinuosités de la Loire, et on éleva de petites digues très-étroites.

(2) Il est remarquable que ce nom de *brigands* ait été donné

ou la haine, l'admiration ou la crainte qu'ils avoient inspirés.

Un château domine la ville. C'est de là qu'on tiroit sur Henri de la Roche-Jacquelin quand cet intrépide jeune homme, comme Henri IV à Fontaine-Françoise, attaqua presque seul une armée, et la vit s'ébranler devant lui. Sous Buonaparte ce château étoit devenu une prison d'état. Le concierge en parcouroit un jour les appartemens avec un étranger : ces chambres-ci, disoit-il, sont pour des prisonniers seuls, celles-là (elles étoient plus grandes) pour des familles. Enfin ils arrivèrent à de grandes salles : ceci est pour des rois, ajouta le concierge. Il paroît que Buonaparte, inquiet du séjour du roi d'Espagne à Valençay, vouloit l'envoyer à Saumur.

Saumur a été visité par plusieurs de nos rois. On peut lire dans Joinville le récit des fêtes qui y furent données à saint Louis quand il mit Charles son frère en possession du comté d'Anjou. Charles VII y vint aussi, ainsi que le bon roi René avant qu'il eût été dépouillé du comté d'Anjou par Louis XI son neveu, et qu'il se fût retiré à Aix, où *on le vit quelquefois la houlette à la main, gardant les troupeaux avec la reine Jeanne de Laval son épouse.* Près de Saumur est le seul ouvrage romain qui soit parvenu presque entier jusqu'à nous : c'est un camp sur le sommet d'un coteau qui s'élève sur la rive gauche de la Loire. Il pouvoit contenir environ 3000 hommes.

également par nos révolutionnaires aux Vendéens et aux Espagnols combattant pour leur roi et pour leur Dieu.

On voit encore des ruines de monumens druidiques, et des monticules de terre élevés pour servir de sépulture à des rois, à des généraux, ou pour perpétuer le souvenir de quelque victoire. C'est peut-être au pied de ces monumens qu'ont eu lieu les horribles sacrifices des druides. On renfermoit les malheureux destinés à la mort dans de grandes statues d'osier, on les environnoit de bois, on y mettoit le feu, et ils expiroient dans les flammes (1). L'un des dieux des Gaulois étoit Hercule, représenté sous la figure de Caron, plutôt que de l'Hercule grec. Les barbares de la Convention sacrifièrent aussi à *la force*, leur seul dieu, de nouvelles victimes humaines, et l'on vit se renouveler les fêtes du paganisme aux pieds de ces monumens.

Saumur est une sous-préfecture. La ville a dix à onze mille habitans. Il y a une école de cavalerie. Les anciennes chroniques nommoient Saumur *la gentille, bien assise et bien aérée ville de Saumur*.

En quittant Saumur, nous passâmes le long des prairies de Varins, où étoit ce camp des républicains, emporté par les Vendéens. Fontenay étoit pris, et M. de Lescure avoit délivré 5000 paysans déjà condamnés à mort. Les paysans, conduits par M. de Lescure, récitèrent les litanies de la Sainte-Vierge, et ne com-

---

(1) Les *Celtes* adoroient leur dieu sous la figure d'un chêne. Quand ils le prioient pour lui demander la victoire, ils se plaçoient devant une épée, debout, la face tournée vers l'orient, le bouclier au bras gauche et la lance à la main droite.

mencèrent à se battre qu'après avoir reçu la bénédiction des prêtres. Vihiers, Doué, Montreuil avoient été témoins de trois victoires. Quarante mille hommes étoient venus en poste de Paris en cinq jours. L'attaque du camp et de Saumur fut très-brillante. « M. de Lescure (1) fut blessé et continua de se battre. M. de la Roche-Jacquelin jeta son chapeau par-dessus les retranchemens, en criant: *qui va me le chercher*, et il s'étoit élancé le premier. Ainsi fut conquis le passage de la Loire; quatre-vingts pièces de canon, des fusils, de la poudre. On fit onze mille prisonniers qu'on renvoya, après les avoir tondus pour les reconnoître si malgré leur parole ils reprenoient les armes. » Henri de la Roche-Jacquelin resta très-long-temps après la bataille appuyé sur la fenêtre basse d'une église, d'où il voyoit les casques, les fusils, les canons que les Vendéens y avoient rassemblés. Tiré de sa rêverie par un des siens qui lui demanda ce qu'il faisoit : « Je réfléchis à nos succès, répondit-il, ils me confondent. » C'est à Saumur que fut nommé généralissime ce modeste et intrépide Cathelineau, qui avoit commencé la guerre, et qui lui donna le premier ce caractère saint et héroïque qui l'a rendue si étonnante. De Saumur l'armée se porta sur Angers, puis sur Nantes, où Cathelineau trouva la mort. Pendant le siége de Nantes, les Vendéens arrivoient jusque dans les embrasures des murs où étoient placés les canons, et tuaient les canonniers à coups de pistolet. Il en périt un grand

---

(1) Mémoires de madame de la Roche-Jacquelin.

nombre; mais il y avoit toujours un nouveau Vendéen pour tuer un nouveau canonnier.

Nous traversâmes le pont Fouchard, où M. de Lescure avoit tourné les redoutes placées à l'embranchement des routes de Montreuil et de Doué. De la route au-dessus de l'Abbaye de Saint-Florent, nous voyions les hauteurs au-dessus du Thoué, par où arrivoient MM. de Marigny, Stoflet, Fleuriot et Dessessarts, à la tête de la division de M. de Bonchamp, déjà blessé. Les enfans s'étoient divisés à Saumur en deux partis. Les uns étoient les *bleus*, les autres les *brigands*. Ils se battoient, et se tiroient des coups de petits canons. Un jour, cela suffit pour donner l'alarme.

Nous arrivâmes en suivant le Thoué à Montreuil-Bellay.

Le château de Montreuil est sur un coteau au-dessus du Thoué (1), et des fenêtres du château la vue est ravissante. Des prairies coupées par des saules, un double rang de collines couvertes de pampres et qui entourent la rivière, des maisons sur l'une et l'autre rive, le cours du Thoué que la vue embrasse depuis Saumur jusqu'à l'extrémité des prairies de Varins, une vieille église en ruines, un couvent au-dessus, et près de là, dans un cimetière, des croix qui s'élèvent sur des tombeaux pour confirmer la leçon des ruines, une multitude de

---

(1) Le Thoué à Montreuil est navigable. Il est grossi par deux petites rivières, et il porte bateau jusqu'à la Loire, où il se perd au-dessous de Saint-Florent, près de Saumur.

petites îles qui coupent la rivière de mille manières, rien n'est à la fois plus grave et plus riant. Une chaussée et un pont moderne conduisent au vieux château en ruines de Montreuil. Dans ce château on retrouve d'anciens et de nouveaux souvenirs. Au pied de ses murailles, les fleurs de lis ont été portées dans les combats par Louis VIII et par M. de Lescure.

Le château, construit au temps des guerres contre les Anglois, et qui a peut-être été bâti sur les ruines d'un camp romain, n'est pas encore tout-à-fait tombé. On y arrive par un pont en pierre placé au-dessus des fossés. Quelques poutres et des planches remplacent le pont-levis. Sous la voûte on aperçoit encore les coulisses destinées à faire jouer les herses. Deux tours sont aux deux côtés de la porte, et à ces deux tours viennent se réunir les murailles qui environnent le château, toutes garnies de bastions très-élevés, et à peine dégradés. La première cour ressemble à une terrasse élevée sur une belle campagne. A droite est la capitainerie, petit bâtiment où logeoient les capitaines d'armes, et l'église du château, aujourd'hui celle de la paroisse, parfaitement conservée. A gauche est le château neuf : l'escalier est d'une forme élégante. La cour intérieure, avec une multitude d'escaliers et de petites tours, présente un aspect singulier. Les salles sont très-gothiques avec des ornemens curieux. Des terrasses conduisent de la cour du château jusqu'au bas de la colline. Le château appartient aux La Trémouille.

Un des seigneurs de Montreuil, favori de Louis-le-

Gros, avoit enlevé d'une terre d'un des vassaux de Geoffroy-Plantagenet, comte d'Anjou, une jeune fille d'une rare beauté. Le comte d'Anjou, après plusieurs assauts inutiles, attaqua la place et la prit au bout d'un an. Le seigneur de Montreuil fut envoyé prisonnier au château de Saumur, et la tour fut démolie. Elle est encore dans l'état où la laissa Geoffroy. Les restes de la tour ont environ vingt pieds de hauteur. On y entroit par un pont-levis dont on voit la porte. Au fond de cette tour qui dominoit tout le pays, on voit un puits, un four et un moulin à bras, et la porte d'un souterrain, l'entrée secrète de la forteresse.

De Montreuil on aperçoit la forêt de Fontevrault. Au milieu de cette forêt sont les ruines d'une des plus belles abbayes de France. On y trouve encore plusieurs grands corps-de-logis isolés, d'autres réunis par des galeries, trois beaux cloîtres décorés d'architecture, l'un avec des colonnes et les autres des pilastres, cinq belles églises dont l'une ressemble à une grande cathédrale, des terrasses, des cours, de vastes jardins (1).

De petites cabanes avec des branches d'arbres avoient

---

(1) La statue de Henri II, roi d'Angleterre, comte d'Anjou, qui rendit la levée un véritable monument par son édit de la prairie de Saint-Florent, est à Fontevrault. Ce prince, le premier des Plantagenets qui monta sur le trône d'Angleterre, vit se révolter contre lui ses fils Richard-Cœur-de-Lion et Jean-Sans-Terre : il mourut de douleur à Chinon. Là il fut délaissé: son corps resta nu ; un jeune page le couvrit en partie de son manteau. Sa passion pour la belle Rosemonde, qu'il tenoit ren-

été les commencemens de cette riche abbaye aujourd'hui en ruines. C'est le seul ordre où les hommes fussent soumis aux femmes. Fontevrault est aujourd'hui une prison.

Après la prise de Fontenay, les Vendéens vinrent à Montreuil-Bellay pour couper la communication des bleus de Thouars à Saumur. Dans les jardins, près de la ville, étoit postée la division Bonchamp qui attaqua les républicains par le flanc, et nous avons vu à la porte de Montreuil le lieu où M. de Donissan fit placer une batterie qui, démasquée tout à coup, jeta la terreur parmi les bleus qui venoient de Thouars à Saumur, ignorant que les Vendéens étoient maîtres de Montreuil. M. de Donissan a partagé tous les succès et tous les revers de l'armée. Après la déroute de Savenay il se sépara de sa femme et de sa fille en disant : *Mon devoir est de rester à l'armée tant qu'elle existera*, et sa mort fut digne d'une si belle résolution.

Nous arrivâmes le soir à Thouars. Le lendemain, conduits par M. Jagault, frère de M. Pierre Jagault, secrétaire général du conseil supérieur de l'armée vendéenne,

---

fermée dans un labyrinthe à Woodstock, pour la dérober à tous les regards, est célèbre dans les vieux romanciers anglois.

On lisoit sur le tombeau de Henri II :

Sufficit huic tumulus cui non suffecerat orbis.

On voyoit encore la statue de Richard, dont le corps fut apporté à Fontevrault; les entrailles déposées dans l'église de Poitiers, et le cœur à Rouen.

nous visitâmes cette ville remplie de souvenirs, et où nous retrouvions encore ceux de la dernière guerre. M. Auguste de la Roche-Jacquelin y entra en 1815 avec le général Canuel. Avant le lever du soleil nous étions près du château, examinant toutes les anciennes positions de l'armée vendéenne quand elle s'empara de Thouars. C'étoit la première fois que M. de Lescure paroissoit au combat.

Thouars est bâti sur une éminence et entouré presque en entier par le Thoué (1), rivière profonde et qui coule au bas d'un coteau couvert d'arbres, de prairies, de maisons et de vignes. D'une des galeries du château qui domine le pays, la ville basse et la ville haute présentent à gauche un amphithéâtre; à droite sont des collines chargées de pampres, et de jolies habitations s'élèvent au-dessus de la rivière : c'est le côté du pont Saint-Jean. Près du bac du château, l'aspect est très-riant. Le Thoué coule entre deux collines. Des prairies descendent jusqu'à la rivière ; des rochers sont jetés çà et là. Le village de Lignon est dans le lointain. C'est un vrai paysage de la Suisse, animé par de glorieux souvenirs. Là est encore le mur où Henri de Laroche-Jacquelin monta sur les épaules de Texier de Courlay: la brèche est réparée.

Le château de Thouars est l'ornement du pays. Il est sur une seule ligne ; sa façade est à l'occident. Au centre

---

(1) La source de la rivière du Thoué est en Gatine, aux environs de Secondigné, et après avoir passé à Parthenay et à Airvault, elle vient entourer Thouars, d'où elle va en serpentant à Montreuil.

est un donjon à balustrades, de la forme de celui des Tuileries : il pourroit servir d'établissement à un collége où l'on éleveroit les fils des Vendéens morts dans les combats. Il y a deux églises bâties l'une sur l'autre, et la seconde est appuyée sur un caveau où étoient déposés les corps des seigneurs de La Trémouille. Elles sont abandonnées. Des oiseaux de nuit voloient sous les arceaux. Le portail est orné de figures en relief et de ciselures. Les piliers qui soutiennent les trois voûtes sont des chefs-d'œuvre. L'orangerie, les esplanades, les écuries, sont en petit celles de Versailles. Le grand escalier du château est orné de balustrades de très-beau marbre jaspé.

Les murailles qui entourent Thouars sont fort épaisses. Au nord, elles sont très-hautes, entourées d'un double fossé, flanquées de nombreuses tours rondes ou carrées, très-rapprochées les unes des autres. Quelques-unes sont en pierre de taille. Les autres parties des murailles ne sont garnies de tours qu'à de grandes distances, parce que le rocher qui les porte est très-escarpé. A l'extrémité de la ville opposée au château, on aperçoit une grosse tour que le peuple appelle encore la tour du prince de Galles. On dit que le prince Noir y a logé. Quelques-unes des portes de Thouars sont d'une construction singulière. Le temps où Thouars fut bâti est inconnu. Les Anglois ont enlevé tous les titres de la ville. On sait seulement qu'elle fut détruite dans le huitième siècle. Les murs furent construits sous le roi Jean, restaurés pendant la ligue, par Claude de La Trémouille, deuxième duc de Thouars. Les rues sont étroites et tortueuses.

Les fenêtres des maisons qui donnent sur les rues sont petites, placées très-haut et garnies de fortes barres de fer, ce qui prouve que cette ville doit son existence aux guerres civiles dont ce pays a été le théâtre (1).

---

(1) Pépin-le-Bref prit Thouars l'an 763. Thouars passa sous la domination des Anglois, quand Eléonore de Guyenne, répudiée par Louis VII, eut épousé Henri, duc de Normandie, depuis roi d'Angleterre. Sous saint Louis, cette ville fut rendue à la France, cédée aux Anglois, en 1360, par le traité de Bretigny ; elle fut reprise par Duguesclin en 1372, et n'a pas cessé depuis d'appartenir aux François.

La vicomté de Thouars passa dans la maison d'Amboise, puis dans celle de la Trémouille en 1442, par les femmes.

Louis XI s'en empara. Il y venoit souvent, et alloit de là à Argenton (*) voir Philippe de Commines, qui l'avoit servi dans cette usurpation. Grégoire de la Trémouille, qui étoit chambellan du roi, n'osa se plaindre de cette injustice ; mais son fils, qui fut depuis un des plus grands capitaines de l'Europe, pendant que le roi étoit malade dans son château du Plessis-les-Tours, s'y rendit à la tête de quatre cents gentilshommes, se fit ouvrir les portes du château et demanda lui-même sa terre au roi. Le roi la rendit alors. C'est ce Louis de la Trémouille, vainqueur à la journée de Saint-Aubin, où il fit prisonnier le prince d'Orange et le duc d'Orléans, depuis Louis XII. (Cette bataille décida la réunion de la Bretagne à la France.) Il servit sous quatre rois, contribua puissamment à la conquête de Naples ; prit Milan, et conduisit l'avant-garde à la bataille d'Aignadelle, en 1509. Cette victoire faillit renverser entièrement la république de Venise sous François Ier. Il vainquit les Suisses, et perdit son fils, le prince de Talmont, tué à ses côtés à la bataille de Marignan. Il força les Anglois à sortir de

(*) Argenton-le-Château est sur une colline d'un accès difficile. Deux petites rivières l'entourent presque entièrement. Le château avoit été bâti par Philippe de Commines. Il a été entièrement détruit dans la dernière guerre.

On retrouve avec plaisir les souvenirs de Saint-Louis, des La Trémouille, des Clisson et de Duguesclin sur cette terre où devoient paroître, avec un descendant des la

---

France; et, après avoir été blessé au visage, et en un cheval tué sous lui, mourut l'épée à la main à l'âge de 74 ans, à la bataille de Pavie.

Thouars fut alors troublé par les guerres de religion. Les protestans s'en rendirent les maîtres et s'y livrèrent à des excès inouïs. Ils donnèrent les premiers l'exemple de la violation des tombeaux. Pendant quinze mois le culte protestant fut le seul qui s'exerça dans Thouars.

Après la Saint-Barthélemi, le duc de Thouars (la vicomté de Thouars avoit été érigée en duché en 1503) prit le parti de la ligue. Son fils, qui lui succéda et qui avoit épousé la fille du prince d'Orange, luthérienne zélée, s'unit au prince de Condé contre les Guises. Bientôt le roi de Navarre, connoissant le mérite du jeune la Trémouille, lui accorda son amitié et lui donna le commandement de la cavalerie légère à la bataille de Coutras. Devenu roi de France, il en reçut des services signalés à Ivry.

Henri de la Trémouille, qui succéda à Claude de la Trémouille, épousa Marie de la Tour-d'Auvergne, fille de Henri, duc de Bouillon. Tous deux étoient de la religion réformée.

C'est Marie de la Tour qui posa la première pierre du château, et voici pourquoi elle le fit bâtir.

Louis XIII étoit venu à Thouars, et le cardinal de Richelieu, qui avoit envie d'avoir une terre titrée, avoit jeté les yeux sur Thouars et avoit envoyé secrètement des émissaires pour l'examiner et lui en apporter le plan. Ils furent pris et conduits devant la duchesse, Marie de la Tour. Elle fut blessée de ce procédé, et pour s'en venger elle fit jeter les fondemens d'un château dans l'endroit même qui avoit été marqué par les émissaires du cardinal. Cet ouvrage coûta plus de 1,200,000 francs.

Trémouille, les Lescure, les la Roche-Jacquelin, les Bonchamp, les Cathelineau.

Saint Louis est venu à Thouars. Clisson et Duguesclin l'assiégèrent le même jour, comme M. de Lescure et M. de la Roche-Jacquelin. Quand on lit l'histoire du *saint roi*, du *bon capitaine*, du *chevalier sans reproche Louis de la Trémouille*, on croit lire une ancienne histoire des héros vendéens. C'est à Thouars, après qu'il eut perdu son fils le prince de Talmont, que Louis de la Trémouille revint pour consoler son épouse.

Nous allons rapporter cette touchante histoire.

Après la bataille de Marignan, où la Trémouille, combattant auprès de François I, perdit son fils, le roi vint lui annoncer la mort du prince de Talmont.

———————————————————————

Pendant que Marie de la Tour bâtissoit le château de Thouars, le duc, son mari, qui étoit au siége de la Rochelle, abjuroit le protestantisme entre les mains du cardinal de Richelieu. Il répara autant qu'il étoit en lui le mal fait contre les catholiques.

Marie de la Tour est enterrée dans un caveau qui est à l'un des angles du château. La muraille qui est au-dessus de ce caveau est tombée quatre fois, et les habitans du pays disent que c'est Marie de la Tour qui ne veut pas laisser réparer cette brèche.

A deux lieues à l'oues de Thouars, on voit un château bâti par Louis XIV pour madame de Montespan. Dans une vaste galerie peinte à fresque, étoient représentés les principaux traits de l'Iliade ; des plafonds or et azur subsistent encore ainsi que la terrasse d'où l'on domine cette plaine de Moncontour, fameuse par la bataille que livra le duc d'Anjou à l'amiral Coligny, en 1569.

« Je vous ai toujours connu, lui dit François I, magnanime et maître de vous-même, ce qui me fait espérer que vous soutiendrez avec fermeté le récit de l'accident qui vient d'arriver à votre fils, et auquel nous sommes tous sensibles. Il est mort sur le champ de l'honneur, et tout couvert de gloire. » « Sire, répondit la Trémouille, qui avoit pâli, et dont les yeux s'étoient mouillés de larmes, mon fils étoit mortel; j'aurois désiré qu'il eût vécu plus long-temps pour ma consolation et pour votre service. Pour moi, je n'attends plus que la mort : suivant l'ordre de la nature, elle devoit précéder la sienne; il ne me reste plus qu'à désirer qu'elle vous soit utile ». La Trémouille ne donna aucune marque publique de sa douleur. Il écrivit lui-même à sa femme : « Si j'avois pu donner ma vie au lieu de celle de notre cher fils, ce seroit lui aujourd'hui qui vous consoleroit de ma mort. Nous avons perdu le fruit de notre mariage, l'espoir de notre maison, et l'appui de notre vieillesse, mais nous ne devons point perdre le courage ni la résignation aux volontés du ciel, à qui nous devons au moins le bonheur d'avoir possédé plusieurs années un si grand bien. Il est mort en héros, les armes à la main pour le service de la patrie et sous les yeux de son roi; c'est une fin trop noble pour y donner de trop grands regrets; cédez aux mouvemens de la nature, ils sont invincibles, mais résistez à ses foiblesses. Que votre douleur touche le ciel et mérite par votre soumission qu'il daigne nous conserver l'enfant de notre cher fils, en qui consiste aujourd'hui toute notre espérance. J'ose à peine vous écrire que je vous envoie le corps, vous conjurant, Madame, de lui faire rendre les derniers devoirs sans succomber à la douleur. Souvenez-vous de moi qui n'ai que vous à présent pour consolation; que je ne perde point la mère avec le fils, si vous ne voulez pas que je me perde moi-même. » La dame de la Trémouille manda toute sa famille et ne voulut pas se consoler parce que son fils n'étoit plus. « Je voudrois, répondit-elle à son mari, pouvoir suivre votre volonté en m'attristant moins; mais sans doute en vous obéissant je vous imiterois mal. Si vous existez encore, car à mon premier malheur se joint celui d'avoir à craindre le plus grand de tous, faites-le-moi savoir. Vous m'envoyez le corps de mon fils; je souhaite de le voir parce que je souhaite de mourir, tant ma situation est affreuse. Comment pourrai-je soutenir cette vue? Je trouve en moi bien des désirs et peu de force; mon corps languit et mon âme n'est plus que demi-vive. Comment me soumettre aux ordres de Dieu et aux vôtres. » Le seigneur de la Trémouille regarda celui qui lui apporta cette lettre, et lui demanda s'il étoit survenu quelque accident à madame de la Trémouille. Il prit la lettre et resta trois jours sans l'ouvrir, craignant sa douleur. Le roi lui permit alors d'aller à Thouars. Il arriva et trouva madame de la Trémouille fort malade. « Vous venez, lui dit cette princesse, pour recevoir mes derniers adieux : je sens que je vais mourir ». La Trémouille passoit les jours et les nuits auprès d'elle. On le voyoit répandre des larmes et redouter les plaintes de sa femme, dit un historien (1),

---

(1) D'Avrigny, à qui nous empruntons une partie de ce récit.

lui qui n'avoit jamais craint le bruit du canon ni le fer des ennemis. Enfin la dame de la Trémouille, se sentant mourir, l'appela. « Il y a, lui dit-elle, trente-trois ans que nous sommes unis, et je ne me souviens pas d'avoir commis aucune faute contre vous que celle qui me fait mourir. La mort de mon fils et la crainte de la vôtre cause la mienne, la foiblesse de ma nature l'a emporté sur la résolution de ma volonté ; j'ai fait ce que j'ai pu, et la douleur a triomphé de moi. N'imitez pas ma foiblesse, et pardonnez-moi le chagrin que je vais vous causer. Aussitôt, tournant les yeux sur un crucifix placé près de son lit, elle récita un psaume à haute voix, demanda l'extrême onction et expira ». Voilà la seconde fois, dit le seigneur de la Trémouille, que, dans un âge peu avancé, je regrette d'avoir vécu trop long-temps; et rien ne pouvoit apaiser sa douleur.

Louis de la Trémouille étoit parti à l'âge de douze ans de la maison paternelle pour servir sous les ordres du sire de Craon son oncle.

A la bataille de Saint-Aubin voici la harangue du seigneur de la Trémouille : « Messieurs et frères d'armes, trop mieux nous vaut mourir en juste bataille, guerre permise et au service de notre roi, qui est le lit d'honneur, que de vivre en reproches, persécutés de toutes parts de ceux qui cherchent notre dommage et destruction : déployons donc nos mains, ouvrons nos cœurs, élevons notre esprit, échauffons notre sang, reculons la crainte ; que l'amour de notre jeune roi tant bénin, mansuet, gracieux et tant libéral, nous conduise, et qu'aucun ne tourne en fuite sous peine de la hart. Mieux vaut mourir en se défendant que vivre en fuyant ; car vie conservée par fuite est vie environnée de mort. »

Charles VIII, dont la Trémouille avoit conduit l'armée à travers les Apennins, lui dit : « Mon cousin, vous avez fait plus que ne surent onc faire Annibal et Jules César, au danger de votre personne que ne voulûtes onc épargner pour mon service et pour les miens. Je promets à Dieu que si je puis vous revoir en France, les récompenses que j'espère vous faire seront si grandes, que les autres y acquerront nouvelle étude de bien faire. »

Louis XII, que la Trémouille avoit vaincu à Saint-Aubin, l'invita à revenir à la cour, et le pria de lui être aussi loyal qu'à son prédécesseur. Paul Jove l'appelle l'honneur de son siècle et l'ornement de la monarchie françoise.

Un autre la Trémouille, sous Charles VII, avoit été garde de l'oriflamme de France, et le roi l'avoit surnommé le vaillant.

Dans la guerre de la Vendée, l'héritier des la Trémouille, le prince de Talmont, se montra digne de leur gloire. A Dol, à la tête de quatre cents hommes, il résista seul à l'armée républicaine, et contribua ainsi à la victoire. Comme les anciens chevaliers, il est fameux par ses grands coups d'épée. Au Mans, défié par un hussard, il lui cria : « Je t'attends, » et il lui partagea la tête. Quand M. de Talmont fut pris, rien ne put ébranler sa constance. On le promena de ville en ville avant de le faire exécuter. On connoît sa réponse à ses juges : « *Faites votre métier, j'ai fait mon devoir.* »

Au commencement de la guerre, les gardes nationales de Parthenay (1) et d'Airvault (2) défendoient Thouars contre les Vendéens.

Parthenay, Airvault, Saint-Maixent (3), Niort (4),

---

(1) Parthenay est la capitale du petit pays appelé Gâtine. C'est une ville ancienne, forte autrefois. Charles VIII, après l'avoir prise en 1486, en fit démolir les fortifications. On y voit encore les restes d'un ancien château entouré de fossés, et la porte Saint-Jacques est construite en ogive avec des créneaux. C'est un ouvrage du douzième siècle. L'église Saint-Jean a été bâtie dans le neuvième siècle. L'église Saint-Paul a appartenu aux templiers.

A Saint-Loup on voit un château bâti par le cardinal de Sourdis, qui lui donna la forme d'un H, en l'honneur d'une Henriette sa cousine. Le père de Voltaire y est né. Il y a encore quelques Arouets dans les environs.

Sur la route de Parthenay à Saint-Maixent, on rencontre le château de la Meilleraie, qui fut bâti par Hortense Mancini, nièce du cardinal Mazarin.

(2) A Airvault on voit les restes d'un vieux château qui domine la ville, et une église gothique du huitième siècle. La tour, élevée sur quatre piliers, a quarante-sept mètres de hauteur.

(3) Saint-Maixent doit sa naissance à un monastère. La population est de 5000 hommes. Le poète Villon demeura à Saint-Maixent, et y fit jouer *la Passion* en langage poitevin.

(4) Niort, située au bord de la Sèvre sur le penchant de deux collines, a été dix-huit ans au pouvoir des Anglois. On admire la légèreté de la flèche, qui a quatre-vingt-huit mètres d'élévation. Son ancien hôtel-de-ville étoit le palais d'Eléonore d'Aquitaine.

C'est un beau projet que celui d'ouvrir au-dessus de Niort et jusqu'à la Rochelle un canal qui déssécheroit le marais, et de faire communiquer la Sèvre à la Loire par le Clain.

Melle (1), Chef-Boutonne (2), qui entourent la partie du département des Deux-Sèvres où le drapeau blanc fut arboré dès les premiers jours, avoient adopté comme Thouars les opinions républicaines.

La guerre civile s'est renouvelée sous les murs de Thouars. Il y dans Thouars une disposition hostile contre les Vendéens; et les paysans des environs ont pris les armes contre eux dans la première et dans la dernière guerre. Ce qu'on appelle la Vendée militaire ne commence qu'un peu plus loin. Coulonge, qui est à quelques lieues de distance, est le village pour ainsi dire à la frontière des deux opinions. Aussi toutes ses maisons ont été brûlées. Après Coulonge nous ne vîmes presque que des landes jusqu'à Bressuire, que Duguesclin prit et saccagea dans les guerres contre les Anglois. C'est à Bressuire que nous allions vraiment découvrir le Bocage. Bressuire n'a de maisons habitables que les maisons neuves. A côté des maisons neuves il en est un grand nombre sur lesquelles on suit encore les traces du feu. L'église de la ville et les ruines du château échappèrent seules à l'incendie. En 1790 la population de Bressuire étoit de trois mille âmes; elle n'étoit pas de six cent trente en l'an 9. Nous avons monté dans le clocher de l'église qui est

---

(1) Melle est bâtie sur une colline. On lit dans les anciennes chroniques que la fée Mélusine prit son nom de Melle et de Hungrain qui lui appartenoient. Près de cette ville est une tour remarquable appelée *Mellezéard*. Tout le pays de Melle embrassa la réforme.

César parle de Chef-Boutonne, bâti à la source de la Boutonne, d'où lui vient son nom.

très-belle et toute bâtie en granit; et de là nous avons découvert un vaste pays légèrement montueux, rempli de champs coupés par des haies et entourés d'arbres. C'est l'aspect de la basse Normandie et de quelques parties de la Bretagne. L'enfant qui nous guidoit nous dit en nous montrant tout le pays qui étoit devant nous : *C'est là que, quand il s'agit de faire la guerre, il sort un brigand de chaque buisson.* Nous voulûmes ensuite visiter les ruines du château. De nombreux pans de murailles, des arbrisseaux et des plantes jetés sur les murs, quelques arbres croissant dans les tours, des voûtes qui ne soutiennent plus rien, le lierre s'entrelaçant partout, des cours devenues des jardins, des oiseaux sinistres, une petite maison neuve bâtie au milieu de ces ruines avec les ruines mêmes, et le ciel qu'on aperçoit à travers des fenêtres restées entières, voilà tout le château de Bressuire; plus loin une église à moitié tombée, et quand nous arrivâmes, un nuage noir s'étendant sur toutes les ruines. On pourroit trouver là une image de la société actuelle, et de cette révolution qui semble menacer encore les débris qui lui ont échappé.

De Bressuire nous partîmes pour Clisson. Près de Bressuire notre guide nous montra le lieu où Baudry d'Asson, en 1792, conduisit au combat les premiers Vendéens. Il fut obligé de se cacher dans un souterrain avec son fils, et il reparut à la bataille de Torfou, où il périt. Un domestique qui l'aimoit tendrement, le voyant tombé, se précipita sur son corps et le tint embrassé jusqu'à ce qu'il reçût lui-même le coup mortel. Après l'affaire de Bressuire, en 1792, cinq cents paysans aimèrent mieux être fusillés que de crier vive la nation.

On n'oubliera jamais ce mot sublime d'un paysan : *Rends-moi les armes*, lui disoit un républicain; *rends-moi mon Dieu*, lui répondit le Vendéen.

Le pays entre Bressuire et Clisson est très-montueux. On ne voit que des champs environnés de haies, des bois, quelques métairies, des moulins brûlés, de grandes landes couvertes de genet, et des ravins, car on ne peut pas donner le nom de vallons à toutes les courbures profondes d'un terrain resserré entre deux coteaux peu élevés. Tout le pays est inégal. Il faut être près des villages pour les découvrir. Ils sont au fond du vallon ou sur le penchant de la colline même. A la Bouchetière, métairie qui est sur la route, deux fils du métayer avoient été au champ des Mathes, et ni l'un ni l'autre ne sont revenus consoler la vieillesse de leur père. Ils ont péri en 1815, auprès de Louis de la Roche-Jacquelin. Enfin nous entrâmes dans Clisson à travers de magnifiques avenues et quelques bois de beaux chênes qu'on avoit commencé à brûler. On s'est battu dans les allées de charmille, au-dessus dans le bois de l'Etoile. Là nous devions trouver tous les souvenirs des Lescure et des la Roche-Jacquelin. Là nous devions voir cette personne si fidèle, Agathe, des mémoires de madame de la Roche-Jacquelin, aujourd'hui madame Cottet. Le château de Clisson a disparu. Il n'en reste plus que quelques débris, la chapelle et une tour : image de la plupart des familles de France, qui n'ont plus que la foi et un nom glorieux

La vue de la terrasse est belle. De vastes prairies entourées d'arbres s'abaissent par un mouvement presque insensible : bientôt ce sont les plis d'un vallon, mais d'un vallon très-étendu; elles s'élèvent ensuite, et l'œil se repose sur de petites collines qui se prolongent des deux côtés de l'horizon. Le pays est agreste plutôt que sauvage. Peu de clochers dominent la campagne. Le plus élevé est celui de Bressuire. Les coteaux prennent toutes les formes, et quelques-uns ont la pente la plus douce. Tous les champs, toutes les landes sont entourées de chênes et de houx, ce qui donne à la campagne une teinte singulière. Le vert est ici beaucoup plus foncé qu'aux environs de Paris et de Tours (1). Près de Clisson est Boémé, paroisse admirable, où il n'y a que deux hommes qu'on appelle *patauds* (2). Sur une des collines qui entourent Clisson on voit le joli hameau de Corbin. Il y avoit un petit château sur la colline, appartenant à M. Desessarts. Toutes les ruines ici sont récentes et rappellent des maîtres qui ne sont plus. Le pays autour de Clisson a été dévasté. Mais ce qui est resté entier, c'est l'âme des Vendéens. A Clisson, où les souvenirs de M. de la Roche-Jacquelin et de Mme de Lescure vivent encore, nous avons trouvé les premiers paysans vendéens qui nous aient parlé à cœur ouvert. Nous étions chez Mme de la Roche-

---

(1) Le houx est un arbuste superbe quand il est paré de ses beaux fruits rouges. Il s'élève quelquefois jusqu'à quarante pieds.

(2) On appelle ainsi les hommes de la Vendée qui avoient des opinions républicaines.

Jacquelin. Leur confiance étoit entière. « M. le maire, disoient plusieurs d'entre eux à M. Cottet au sortir de la messe, où nous avions été, nous voyons bien que ces messieurs sont des royalistes, puisqu'ils prient le bon Dieu. Voient-ils le Roi? — Oui, ils le voient. — Mais lui parlent-ils? — Peut-être. — Qu'ils lui disent donc qu'on le trompe sur nous, que nous n'avons des armes et des cœurs que pour lui; qu'ils lui disent donc aussi de nous envoyer nos sabres d'honneur et le portrait d'Henri IV (c'est ainsi qu'ils appellent la légion d'honneur). Ce n'est pas que nous n'ayons des sabres; mais nous tiendrons les autres de lui. » Je demandai à l'un d'eux s'ils se battoient pour le Roi au commencement de la guerre. « Et pourquoi donc aurions - nous pris les armes? me répondit-il simplement, c'auroit été bien inutile. » Ils aiment à raconter ce qu'ils ont fait. Mais ils ne distinguent pas ce qui est héroïque dans leur conduite. Leur voix ne s'anime même pas dans les momens où ils parlent de ce qu'ils ont fait de plus grand. C'est leur nature qui est généreuse.

« Des pensions! nous disoit Mme Cottet, et que sont des pensions? croit-on que ce soit là ce que demandent nos Vendéens? Une pension meurt avec un homme. La Vendée a mérité des monumens publics. Que le roi crée un collège pour les enfans des Vendéens, qu'il place un arsenal au milieu de nous, qu'il y ait un monument à la gloire de la Vendée, voilà ce que disent les derniers de nos paysans. » On connoît ce mot d'un paysan à qui M. d'Andigné vouloit donner une gratification au nom du Roi: «Donnez-la à d'autres qui en auront besoin pour l'aimer. » Nous avons vu à Clisson un chef de division de Charette, aide de camp de M. Henri, M. Allard. (M. Allard a assisté à cinquante-deux affaires.) Je ne puis dire le plaisir que j'éprouvois à causer avec lui. « On n'a rien fait pour moi, il est vrai (parce que je me plaignois de l'ingratitude qu'on avoit envers lui), mais il me reste le souvenir de ce que j'ai fait. » Il y a eu un moment vraiment singulier pour la Vendée. Madame de la Roche-Jacquelin même avoit été mise en surveillance, et ses parens ne venoient pas la voir de peur de la compromettre. On avoit empêché les Vendéens de crier *vive le Roi*, et on avoit fait ôter le drapeau blanc de quelques clochers. « Comment peut-on nous empêcher de crier *vive le Roi?* disoient les paysans. Les ministres du Roi le trompent, car s'il savoit combien nous l'aimons il est impossible qu'il ne nous aimât pas. Mais ils ont beau faire, ils ne feront pas que nous ne l'aimions toujours! » Un officier de Waterloo disait à un officier vendéen qui avoit eu le bras cassé : on me paie pour t'avoir cassé le bras. Si je n'avois pas été à Waterloo je n'aurois rien.

La trahison en effet sous le dernier ministère étoit récompensée, et la fidélité punie. On ne peut s'expliquer ce temps déplorable. Si le Roi n'avoit pas été sur le trône, les Vendéens auroient pu préférer les jours de leur dévouement et de leur péril, aux jours où les soupçons les plus odieux étoient accueillis par l'autorité, et où des Vendéens étoient considérés comme des traîtres! L'administration, dans ce pays, n'a pas été moins funeste à l'église; il eût été si facile de ramener les dissidens (ceux qui n'ont pas voulu reconnoître le concordat de 1801)! Mais il sembloit que le ministère alors ne voulût pas guérir les plaies de l'église. Que dis-je! ne les a-t-il pas envenimées? on a vendu en 1814 des terres qui avoient appartenu au clergé, et dont Buonaparte avoit laissé la jouissance aux curés.

Le curé de Boémé (1) est un respectable ecclésiastique : les dissidens venoient en foule entendre la messe. On s'afflige d'une division entre des Vendéens, et le concordat de 1817 auroit tout fini, on ne l'a pas voulu. Les autorités ont fait plus : un tribunal a condamné un prêtre, le curé de Clazé, vieux et infirme, pour n'avoir pas donné la sépulture à un homme à qui il jugeoit devoir la refuser. Ce malheureux prêtre est contraint peut-être encore aujourd'hui de fuir de maison en maison, et dans les grâces faites à la Saint-Louis, son nom ne s'est pas trouvé. Les ministres du Roi très-chrétien n'ont pas su compatir au sort d'un malheureux prêtre qui pendant trente ans s'est dévoué pour Dieu et le Roi. On croit assez généralement que les prêtres qui ont passé la Loire sont tous dissidens. Mais plusieurs curés qui ont suivi l'armée et qui depuis n'ont jamais quitté le pays ne le sont pas. L'honneur est partout dans la Vendée, mais on voudroit que l'erreur n'y fût nulle part.

Nous admirions à l'église le recueillement de ces bons Vendéens, et rien ne nous a plus touché que la manière dont ils chantent le *Domine salvum fac regem*. C'est un spectacle attendrissant en effet que de voir des Ven-

---

(1) M. le curé de Boémé est un des prêtres dissidens qui se sont réunis aujourd'hui à monseigneur l'évêque de Poitiers.

déens priant Dieu pour le Roi. Nous distinguâmes entre les autres Fonteny, qui, après avoir fait les premières guerres, s'est encore trouvé aux Mathes, auprès de M. Louis de la Roche-Jacquelin, et Chardonnet, qui a tiré des coups de fusil au premier rassemblement qui eut lieu dans la Vendée. Fonteny est un des vingt-six hommes entourés dans le château de Vermet par quatre cents républicains, et qui parvinrent à se sauver. Fonteny fut blessé. J'ai vu son sourcil brûlé (1). Dans ce noble pays le sang n'a pas cessé de couler pour le Roi, et le drapeau blanc, grâce à la Vendée, n'a jamais manqué de gloire. « Cette notre couleur blanche est signe de liberté, dit un vieil historien. » Je demandois à Chardonnet s'il étoit marié : — « Oui, monsieur, à ma carabine. — Mais on veut vous ôter vos armes, lui disois-je. — On n'y parviendra pas, monsieur : point de divorce, il n'y en a jamais eu dans la Vendée. En 1814 on nous demanda nos armes, nous les déposâmes, et Buonaparte revint. On veut donc faire quelque chose puisqu'on nous les demande encore. » « La convention, me disoit un autre, contre laquelle nous avons combattu, n'a pas pu nous désarmer. Buonaparte, que nous inquiétions, ne l'a pas osé, et sous le Roi, pour qui nous les gardons, on voudroit le faire ! Cette mesure a révolté toute la Vendée.

Ces braves gens sont si royalistes que tout leur langage porte l'empreinte de ce sentiment. Un paysan à qui un autre avoit sauvé la vie, nous disoit en nous le montrant:

---

(1) Fonteny nous montra les avenues où M. de Marigny battit les bleus le vendredi saint 1794.

« Sans lui j'allois voir Henri IV. » Celui qui me parloit ainsi payoit le prix de sa ferme à son maître caché et poursuivi. On peut dire que sur cinquante Vendéens qui ont porté les armes, quarante-cinq ont été blessés, et trente l'ont été plusieurs fois. Les soldats en retraite leur disent : « Vous êtes des brigands, vous avez été au Marais. » « Ils ne nous feront jamais fléchir, me disoit un paysan qui me répétoit leurs insultes, mais il faut avoir *la foi bonne* pour résister à ces gens-là. » Leur foi est en effet le principe de leur royalisme, et une femme du peuple pleine de sens me disoit à Thouars, en parlant des Vendéens du Bocage : « Là ils sont plus royalistes parce qu'ils sont plus *retenus* par les prêtres. » « Ah! si Madame venoit, » répètent tous ces bons paysans. Les Vendéens ont une justesse d'esprit admirable. On disoit à un de leurs chefs qui n'étoit pas gentilhomme : « Vous servez la cause des nobles; ils vous abandonneront quand ils n'auront plus besoin de vous. — Je ne sers pas leur cause, leur répondit ce brave homme, mais ils servent la cause que je défends. »

Nous passâmes quelques jours à Clisson que nous quittâmes avec un grand regret. Nous nous éloignâmes de ces ruines que nous voudrions voir relever par un *don royal*. Ce serait là un don vraiment patriotique. Le château de M. de Lescure doit être relevé par des mains royales.

Nous partîmes pour Courlay. C'étoit toujours cette multitude de champs plus ou moins grands, entourés de haies soutenues par des arbres; mais les chemins étoient plus profonds, les champs moins étendus, les arbres plus touffus, les ruisseaux plus forts, et les terres exigeant un long repos, servent presque toujours de pâturages. On sent bien ici qu'on est dans le Bocage. Nous arrivâmes à Courlay où nous voulions voir Joseph Texier. « Puis-je me fier à eux, » demanda-t-il d'abord à Fonteny qui nous guidoit, et sur sa réponse affirmative ; tout son cœur nous fut ouvert. C'est lui qui en 1814 vint aux Tuileries, et qui disoit, à la vue des aigles et des N : «Rien n'est changé ici, nous n'y resterons pas long-temps.» Il refusa la croix de Saint-Louis, ne voulant pas, disoit-il, de récompense pour lui, mais pour ses compagnons. L'élévation de son âme et de son esprit nous étonna, « J'étois à leur tête pour les pousser, nous disoit-il en parlant des paysans qui servoient sous lui ; quand je dis pour les pousser, je n'en avois pas besoin, et pour cela il auroit fallu être par derrière. » « Vous aurez votre épée d'honneur, lui disions-nous. — Je ne m'inquiète pas de cela, pourvu que ma religion et mon Roi soient bien ; c'est tout ce que j'ai voulu. » Je lui demandai si les sentimens de tous les Vendéens étoient toujours les mêmes. Il y en a beaucoup qui ont dérogé, me répondit-il. Ah! Monsieur, les honnêtes gens deviendront rares. Il faudroit que nous pussions confier nos enfans à de bonnes mains ; mais aujourd'hui on ne leur apprend plus que la belle parole : la religion, on n'y pense pas. »

L'héroïsme, à Courlay, s'étend à toute la population. « Peu t'importe que je meure sur la paille, disoit une mère (1) à son fils désigné pour la conscription, pourvu que tu ne serves pas le tyran. »

---

(1) Sous Buonaparte on mettoit en prison les mères des conscrits qui refusoient de partir.

Il y a quelques paroisses dans la Vendée qui se sont distinguées entre les autres. Les paroisses de Trémentines et de May ont fourni treize cents hommes portant les armes. Les femmes restoient pour faire partir les lâches. Elles ne donnoient pas de pain à ceux qui revenoient avec une pique, parce qu'ils ne rapportoient pas de fusils.

En allant à Saint-Aubin, nous ne passâmes pas loin de Cérisay (1), du bois du Moulin-aux-Chèvres, de Châtillon (2), lieux illustrés par des traits du plus noble courage. Au Pin, village qui est sur la route de Saint-Aubin, sont les frères Vion. Tous quatre ont pris les armes, tous quatre sont d'une piété admirable. « Le cœur est toujours le même, me disoit l'un d'eux. » On trouve dans la Vendée très-peu d'hommes à opinions mitoyennes (3).

---

(1) A Cérizay, dans les premiers jours de la guerre, six cents hommes prirent les armes : quand M. Henri repassa la Loire, il n'y en avoit plus que quarante.

(2) Châtillon existoit du temps des Romains sous le nom de Montléon (*Mons-Leonis*). C'est le duc de Châtillon qui, dans le dix-huitième siècle, lui donna son nom. La ville avoit été entièrement détruite au temps de la ligue. Le conseil supérieur des royalistes y a été établi pendant la révolution. Plusieurs fois pris et repris, trois maisons seulement échappèrent aux flammes. Il y avoit une belle et riche abbaye de génovéfins.

(3) Quel cattivo coro
Degli angeli che non furon ribelli
Nè fur fedeli a Dio, ma per se foro.
A Dio spiacenti ed à nemici suoi.
Cacciarli i ciel per non esser men belli,

Nous arrivâmes fort tard à Saint-Aubin-de-Baubigné, où nous devions voir mademoiselle Lucie de la Roche-Jacquelin, si digne de ses frères, et il n'est pas possible de rien ajouter à cet éloge. Une scène admirable de l'histoire de la Vendée, c'est le moment où mademoiselle Lucie arriva aux Herbiers, à la tête de deux mille hommes. Elle étoit partie, apprenant que ses frères étoient enveloppés au champ des Mathes, après avoir fait sonner le tocsin dans tous les villages, et après avoir publié cette proclamation qui finit par ces mots : « Vous verrez que je suis de la famille de ceux qui vous ont dit : *Si j'avance suivez-moi, si je recule tuez-moi, si je meurs vengez-moi.* » Là elle rencontra quelques paysans qui conduisoient le cheval de son frère tué. L'héroïsme de mademoiselle Lucie, ces soldats ramenant le cheval de leur général, la douleur de tous, quel tableau déchirant! Mademoiselle Lucie revint à Saint-Aubin.

  No l' profondo inferno gli riceve
   Ch' alcuna gloria i rei avrebbe d'elli.

On voit que le Dante avoit placé des anges de ces opinions dans la rébellion contre Dieu. Mais il dit qu'ils n'appartenoient ni au ciel ni à l'enfer. Ils ne sont pas assez purs pour le ciel, ni assez impurs pour l'enfer.

  Cacciarli i ciel per non esser men belli,
  Nè l' profondo inferno gli riceve
  Ch' alcuna gloria i rei avrebbe d'elli.

Rien n'est plus remarquable que le mépris du Dante pour eux.

  Fama di loro il mundo esser non lassa
  Misericordia e giustizia gli sdegna.
  Non ragiona de lor, ma guarda e passa.

Jamais le *Domine salvum fac imperatorem* n'a été chanté à Saint-Aubin. Dans les cent jours, une fleur de lys est restée constamment au bout d'un mât. Dans toute la Vendée il y a eu très-peu de drapeaux blancs enlevés.

On ne trouve ici que le souvenir de M. Henri (1). Tous les paysans étoient de son armée. Aussi disent-ils : *Sous le règne de M. Henri.* « M. Henri, me disoit l'un d'eux, nous l'aimons entre tous. Jamais les soldats n'ont dit non à M. Henri. » Cet étonnant jeune homme est enterré dans le cimetière de Saint-Aubin avec son frère Louis. C'est là que madame de la Roche-Jacquelin veut être ensevelie. Nous nous sommes agenouillés sur le caveau qui renferme ces précieux restes, au pied d'une grande croix où est attachée une couronne d'épines. Hélas! la couronne des héros vendéens n'a été qu'une couronne d'épines. Le hasard s'est chargé d'écrire sur leur tombe leur épitaphe. Il y a fait croître en abondance la fleur qu'on appelle la fleur d'Achille. Rien n'indique d'ailleurs que là reposent deux héros vendéens. On a cru dans ce temps-ci que leurs cendres ne pouvoient être mieux protégées que par l'oubli. Il y a peu de malheurs comparables à ceux de cette noble famille. Deux la Roche-Jacquelin ne sont plus. M. de Beauregard leur beau-frère a été tué dans les cent jours. Leur tante, qui étoit une femme d'un mérite rare, a passé des mois entiers entre des fagots. Elle disoit que le bruit

---

(1) On sait que Henri pleura quand on le nomma général, et qu'il disoit souvent : « Si le Roi revient en France, j'espère qu'il me donnera un régiment qui ira toujours le petit galop.

du canon lui a fait quelquefois plaisir, par l'idée qu'elle n'étoit pas seule dans le monde. Dans ce village, les hommes se battoient, les femmes et les vieillards se cachoient, les enfans qu'on envoyoit sur la route avoient un cri connu de leurs parens quand ils apercevoient des bleus.

Nous voulûmes visiter les ruines du château de la Durbellière, où sont nés les trois la Roche-Jacquelin. Les chardons remplissent la cour, de tous côtés on ne voit que des ruines. Quelques ceps de vignes couvrent de leurs pampres, mêlés à des ronces, le mur en ruine de l'orangerie. Deux Vendéens qui travailloient dans la cour du château me parlèrent de son ancienne splendeur. Ils avoient vu M. de Lescure porté par quatre hommes après le combat où il fut blessé à mort, et M. de la Roche-Jacquelin, quand il fut tué à Nuaillé. Toutes les ruines, tous les morts dans la Vendée ont encore leurs témoins.

La façade du côté du parterre est restée entière. Deux tours carrées avancent en saillie sur le corps du bâtiment. Il n'y manque que le toit ; mais en entrant du côté de la cour on n'aperçoit que de grands pans de muraille. Les ronces s'étendent partout, l'eau des fossés est couverte de plantes, les étangs sont tristes et abandonnés aux roseaux, des arbres sauvages croissent çà et là dans le parterre, les bois magnifiques qui entouroient le château ont disparu. Il ne reste au lieu où est né un héros qu'une tour demeurée intacte comme son cœur. Elle est sacrée pour nous, nous disoit mademoiselle Lucie ; c'est le seul endroit de la Vendée où jamais aucun républicain ne soit entré. A côté de la Durbellière est la lande des Ouleries, où Stofflet battit les bleus.

Je n'aurais jamais pu imaginer la simplicité des Vendéens avant de les avoir vus. Je demandai à un paysan très-brave : « Pourquoi ne passâtes-vous pas la Loire? » Il ne me répondit pas : parce que les bleus étoient en force à Saint-Florent, mais *parce que je n'osai pas*. Et leur noblesse d'âme, rien ne lui est comparable! La pauvre Vendée est fière, nous disoit mademoiselle Lucie. Je demandois à un Vendéen pourquoi il ne réclamoit pas une pension, « non, me répondit-il, pas dans ce moment, les mains qui me donneroient ne sont pas assez pures pour des Vendéens. » Leurs expressions ont une grande naïveté. Je priois un paysan de me faire entendre quelques-unes de leurs chansons : « J'ai eu tant de misère, me dit-il, que j'ai perdu mes chansons. » Voici un compliment que l'un d'eux me raconta avoir fait un soir à M. Henri. Il est remarquable par la tournure. Après une bataille où Henri s'étoit surpassé lui-même; « M. Henri n'est pas plus gros que le pouce aujourd'hui, lui dit un de ses soldats. — Comment cela. — Si vous étiez plus gros que le pouce, vous auriez été tué vingt fois aujourd'hui. » « Dieu est la force des armées (1), » me disoit un paysan en me parlant d'un combat où M. Henri étoit; et quand il me raconta sa mort : « Là nous perdîmes ce que nous avions de plus cher au monde. »

---

(1) Barrère disoit au contraire : La victoire se range toujours du côté des gros bataillons.

Tout ce qu'ils ont fait est encore vivant pour eux. Leurs expressions sont très-pittoresques. « *Quand M. Henri nous apparut dans Maliévre,* nous disoit le grand Guignard, porte-étendard de l'armée de M. de Marigny, en commençant le récit de ce qui arriva après le second passage de la Loire. C'est le même qui nous parloit ainsi : « J'ai le cœur bon et la justice en main, j'avois des guenilles à l'armée, je ne voulois rien prendre, et je gardois ce que j'avois. J'ai bien servi le roi, et il y a bien des gens qui vont mendier leur pain qui sont moins malheureux que moi. Je n'ai que la vie et la santé ; et je ne remercie que Dieu. Je vois bien que les choses rêvent à présent ; mais pour tout sauver, s'il me falloit périr seul, me voici. » Son mouvement en me disant cela étoit de s'élancer comme au-devant du canon. « Oh ! monsieur, j'aime toujours le roi, je combattrai toujours pour lui, mais les bleus reviennent trop. Sans doute il faut leur pardonner, mais il faut les régler. »

« On parle d'union et d'oubli, ajoutoit-il, oui sans sans doute, mais il ne faut pas enfermer les méchans dans l'union, et il ne faut pas oublier ce qu'on doit punir. » « Aimez-vous les Bourbons, lui demandai-je ? » « Ah ! si je les aime, j'ai été tant maltraité pour ce nom. »

« Engage-toi pour la république, disoit-on à Bibard de la Tessouale, pris à Fontenay, où quatre-vingt-deux hommes tinrent un moment l'armée républicaine en échec. — Non, jamais. — Mais tu périras. — J'aimerois mieux être écorché dix fois que de servir la république une heure. — Comment, tu aimes mieux être déshonoré, et déshonorer ta famille en montant sur l'échafaud. —

Non, je ne serai pas déshonoré. Louis XVI mon roi, votre roi, car il est aussi bien le vôtre que le mien, a passé du trône sur l'échafaud sans déshonorer sa famille, et moi je ne suis rien et je mourrai pour lui. » Je n'ajoute pas un mot à ce que nous dit Bibard. Ce sont ses propres paroles, et on n'a pas besoin d'avoir entendu les paysans Vendéens pour croire à de tels discours ; leurs actions sont plus étonnantes encore.

« *L'inexplicable* Vendée, » disoit Barrère. Cet homme-là avoit raison. Un athée ne pouvoit expliquer l'héroïsme d'un chrétien. D'ailleurs nous avons ouï les réponses d'un monstre, réponses tout aussi étonnantes dans le mal, que celles de nos Vendéens le sont dans le bien. Et celui qui a dit : *le Tout-Puissant, le voilà, en parlant du bourreau,* n'est pas moins surprenant que ce brave Lefort, qui avoit été à vingt-cinq combats, et qui me rapportoit sa prière avant d'y aller : « Je demandois à Dieu de me prendre pour lui, et si j'échappois de rester toujours le même ! Cela me remplissoit le cœur, et j'allois. » Bibard a reçu vingt et une blessures dans une seule affaire. Il aurait péri sans la victoire de Fontenay. « Je ne désemparerai jamais, » me disoit cet admirable homme, à qui on a d'abord donné 100 fr. pour tout secours. Dans les récits des Vendéens on étudie leurs mœurs. « Quand ils nous attaquèrent à Fontenay, me disoit Bibard, ils étoient en foule comme au sortir de la grand'messe. » Le courage que les paysans Vendéens avoient déployé dans les premières affaires étonna tellement les soldats républicains qu'ils les croyoient tous prêtres ou nobles. Ils ne s'expliquoient leur dévouement que comme un acte de désespoir.

De Saint-Aubin nous allâmes à Nueil et aux Aubiers. Notre nouveau guide avoit perdu ses quatre frères et son père dans la guerre. Le pays est assez découvert. Près des Aubiers est un grand champ où Henri battit les bleus. C'est à peu près la vue de Clisson, mais d'un lieu plus élevé. Les Vendéens étoient armés de bâtons et de faux; ils environnèrent la colline, et forcèrent les républicains à s'enfuir sur Bressuire. Nous avons été conduits sur ce champ de bataille par M. La Chesnay, chirurgien-major de l'armée royale, qui a guéri souvent, après le combat, les blessures qu'il avoit faites pendant l'action. C'est une de ces âmes ardentes et calmes, si rares ailleurs, mais qu'on rencontre souvent dans la Vendée. Le bois du Moulin-aux-Chèvres, où le sang a si souvent coulé, est sur la hauteur qui termine l'horizon. Au-dessus de Nueil, ces deux champs qui se détachent par leur couleur jaune, ce sont deux champs de bataille. A gauche est Bressuire, où M. de Lescure étoit encore enfermé, quand Henri battoit les bleus aux Aubiers. A droite est Saint-Aubin, demeure des la Roche-Jacquelin, dont le clocher s'élève sur cette contrée comme le phare de l'honneur. Le pays est riant: on découvre peu de landes; les haies sont plus éloignées les unes des autres, et un grand nombre de champs sont bien cultivés. Derrière nous est Izernay, l'admirable paroisse des Échaubroignes, la Tessouale. Quel pays que celui-ci! tous les noms rappellent la fidélité et la gloire. En 1815, à l'affaire des Échaubroignes, on vit encore plusieurs Vendéens se mettre à genoux avant de courir au feu, et les femmes prioient le long des chemins.

Le village des Aubiers est beau, les maisons sont neuves, parce que le village a été brûlé. Il y a encore des halles sur lesquels Henri monta pour découvrir le champ dont nous venons de parler, et où étoient les bleus. C'étoit son premier combat. Dans les rues nous avons vu passer, à côté de ces maisons réparées, des Vendéens blessés, plusieurs avec une jambe de bois. Ces blessures, on ne les adoucit qu'avec de la reconnoissance ! Une chose très-remarquable et particulière aux campagnes de la Vendée, c'est qu'on n'entend jamais parler, après la guerre, d'une insulte faite par un Vendéen à un homme qui a suivi un autre parti.

De Saint-Aubin nous partîmes pour Maulevrier. La dévastation s'est étendue dans tout le pays. M. de Colbert a déjà fait rebâtir quarante-cinq fermes. C'est dans son château, qu'on rebâtit aussi, que Stoflet étoit garde-chasse. On a calomnié Stoflet. Stoflet avoit beaucoup de rudesse, et l'action qui a terni sa gloire doit lui être moins imputée qu'au curé de Saint-Laud. Lorsque Stoflet arriva à Fontenay, madame *** lui montrait les portraits du roi et de la reine, Stoflet les baisait en fondant en larmes. Personne n'a suspecté son courage. Il étoit toujours aux premiers rangs. Après le passage de la Loire, il dit : « C'est moi qui devrois être généralissime, mais je cède ce titre à M. de la Roche-Jacquelin. » Le mot qu'on lui attribue, après la mort de Henri, n'est pas vrai. J'ai su par un paysan qui étoit témoin qu'il dit seulement, quand il arriva à l'endroit où M. de la Roche-Jacquelin est tombé : « M. de la Roche-Jacquelin est mort, mais les choses n'en iront pas moins. »

Voici les détails qui m'ont été donnés par M. Soyer, à Beaupréau, sur la mort de M. de Marigny et de Stoflet lui-même. M. de Marigny fut pris dans une métairie près de Cérisay; Stoflet avoit promis à M. Soyer l'aîné qu'il ne lui seroit fait aucun mal, il lui en donna sa parole d'honneur. Le curé de Saint-Laud arriva, eut avec Stoflet une conversation qui dura vingt minutes, et Stoflet envoya un capitaine pour fusiller M. de Marigny. Le premier envoyé n'avoit ordre que de l'arrêter. C'est là sans doute une grande tache à la gloire de Stoflet; mais il faut se rappeler que les trois généraux Charrette, Stoflet et Marigny s'étoient promis de ne pas s'abandonner, sous peine de la vie. Stoflet en a témoigné beaucoup de regret depuis, et sa mort a expié cette action. Stoflet étoit à la Saugrenière, paroisse de la Poitevinière, couché sur un matelas, dans un grenier, et il alloit commencer un nouveau rassemblement. M. Soyer venoit de le quitter avec M. de la Béraudière, quand il entendit frapper à la porte, et prononcer le nom de Chatou, brave officier vendéen. On ouvrit, et les républicains entrèrent. Stoflet voulut s'échapper, et renversa deux ou trois hommes. Il reçut plusieurs coups de sabre; fut amené à Chemillé, et de là conduit à Angers, où il mourut avec beaucoup de courage. M. Soyer entendit crier : Vive la république! nous avons le général Stoflet. On envoya chercher un rassemblement commandé par M. Cady, qui étoit à une lieue et demie du côté de Beaupréau, mais il arriva trop tard. On suivit les traces des républicains, et on ne put les rejoindre. Le secrétaire de Stoflet,

M. Conlon, se cacha derrière un coffre, déchirant les papiers et les dépêches qu'on expédiait aux princes. Il a quatre blessures et le menton emporté.

De Maulevrier nous allâmes à Chollet. Chollet est bâti en amphithéâtre sur une colline assez élevée. Des prairies descendent jusqu'à la Moyne, qui se jette dans la Sèvre à Clisson. De la promenade qui formoit autrefois les terrasses de l'ancien château du duc d'Havré, la vue s'étend au loin; une chaîne de collines termine l'horizon. Presque toutes les maisons de Chollet sont neuves : vingt à peine ont échappé aux flammes. Les prairies étoient couvertes des toiles des manufactures de Chollet. Chollet compte sept à huit mille âmes; près de deux mille habitans de Chollet ont passé la Loire. Il en resta tout au plus trente. Des étrangers ont repeuplé la ville neuve. La grande route de Bourbon-Vendée passe auprès des murs. C'est à Chollet que les Vendéens trouvèrent Marie-Jeanne, pièce de huit en bronze, si célèbre dans la guerre.

De Chollet nous allâmes à Beaupréau. Nous nous arrêtâmes dans la lande de la Papinière, où a commencé la bataille de Chollet. C'est cette bataille qui décida du sort de la Vendée. Les Vendéens étoient vainqueurs quand MM. de Bonchamp et d'Elbée furent blessés en même temps. Quoique frappé du coup mortel, M. de Bonchamp voulut remonter à cheval, mais il ne put se soutenir. Ses soldats formèrent un brancard et le portèrent à Beaupréau, où M. d'Elbée fut transporté de la même manière. Dix mille Vendéens restèrent sur le champ de bataille. Henri se trouvoit alors chef de l'armée. Cathelineau n'étoit plus ; Charrette combattoit ailleurs, et M. d'Elbée, M. de Bonchamp et M. de Lescure, tous trois blessés, n'avoient plus que peu de temps à vivre.

Nous fûmes conduits dans cette lande par un capitaine vendéen, nommé Viau, homme plein d'âme et de sens. C'est là qu'étoit l'avant-garde républicaine ; c'est là que M. de Bonchamp fut blessé à mort. La lande est remplie de bruyères et de genêts épineux. La campagne au loin est couverte d'arbres. L'horizon est terminé par le Puy de la Garde, couvent de religieuses trappistes, d'où l'on aperçoit Angers. A gauche est la forêt de Chollet et le May. Devant nous Trémentine, à droite Nuaillé. Toutes les métairies qu'on aperçoit sont nouvellement bâties. Nous nous détournâmes un peu de notre route pour aller visiter les trappistes de Belle-Fontaine. Nous en vîmes plusieurs dans un pré, *travaillant comme des hommes de journée*, nous disoit une femme du pays. Un frère convers nous reçut. Il avoit une robe brune avec un capuchon. Il demanda à l'abbé la permission de nous conduire. « Mon temps, nous disoit-il, n'est destiné qu'à l'obéissance. » Un frère vint le remplacer auprès de nous. Il avoit une robe blanche ceinte d'une courroie; un chapelet pendoit à son côté. On travailloit à rétablir une partie de l'ancien couvent. Nous vîmes le cimetière où une fosse reste toujours ouverte, une chambre où étoit un frère chargé de la direction des enfans, portant écrits sur sa poitrine, dans un morceau d'étoffe rouge, ces mots : *Voluntas sancta Dei;* puis la chapelle et le réfectoire où nous lûmes ces inscriptions :

A la porte du réfectoire des frères convers :

« Servir Dieu c'est régner. »

A la porte de la chapelle :

« Celui qui n'aime pas son frère demeure dans la mort. »
« Heureux, Seigneur, vos serviteurs qui sont toujours en
» votre présence, et qui entrent dans votre sagesse. »

Des prés entourent le couvent. Les ruines de l'ancienne abbaye sont de l'effet le plus pittoresque. Un calvaire est auprès, sur les bords d'un étang entouré d'arbres. Le terrain est fort inégal. Un grand nombre de croix sont répandues autour de la chapelle. Les habitans du pays viennent ici en foule. Nous vîmes rentrer les pères, nous entendîmes leurs chants dans la chapelle, nous assistâmes à leur dîner. Nous avions le cœur plein d'une tristesse qui n'est pas celle que le monde donne, quand nous quittâmes ce lieu. Il nous sembloit que nous étions sortis un moment de la vie.

De Belle-Fontaine à Andrezey la route passe dans un vallon délicieux. En se rapprochant de Beaupréau, la vallée s'élargit, les mouvemens des coteaux sont plus adoucis que ceux du Poitou. Au fond des vallons sont des prairies arrosées par un ruisseau qui forme mille contours. Ce n'est plus l'âpre Poitou : tout ici est plus riant. Le parc du château de Civrac domine le vallon par où nous sommes arrivés. Le clocher de la paroisse de Saint-Martin, célèbre par son amour pour le roi, s'élève entre les arbres, à l'extrémité du coteau couvert de bois d'une verdure admirable. Au seizième siècle, le château de Beaupréau étoit une des demeures du prince et de la princesse de la Roche-sur-Yon. C'est là que dans la chapelle ils avoient préparé leur tombe, à côté de celle de leur fils, jeune prince d'une grande espérance, tué dans un tournoi. Cette tombe avoit été épargnée au milieu des horreurs de la guerre : il étoit réservé à l'usurpation de la faire disparoître. On ne vouloit pas que les Vendéens pussent venir prier sur le tombeau d'un Bourbon. Les restes des princes ont été religieusement recueillis, les débris du monument existent encore, mais la chapelle est devenue une salle d'audience, et sur le même emplacement s'est élevée une prison.

Le château a été brûlé, ainsi que vingt métairies autour. Dans ce château étoit la belle (1) Jeanne de Scépeaux, qu'un huguenot, la Rochefoucault, voulut enlever. Arrivé à une fenêtre de la tour, un des satellites y appuyoit déjà la main. La belle Jeanne prit une hache et la coupa. Les cloches du château, dit-on, se mirent à sonner toutes seules, et les vassaux arrivèrent. Le cardinal de Retz a habité ce château lorsqu'il se sauva de Nantes. C'est là que, pendant les cent jours, un général de Buonaparte disoit qu'il falloit pour en finir, retourner de trois pieds le sol vendéen.

Près de Beaupréau est la maison où habitoit M. d'Elbée.

---

(1) La belle Jeanne de Scépeaux, duchesse de Beaupréaux, étoit de la même famille que la veuve de M. de Bonchamp.

M. d'Elbée avoit un courage extraordinaire et calme. Quand Noirmoutier fut pris, les bleus entrèrent dans la chambre où étoit M. d'Elbée blessé. « Voilà donc d'Elbée, disoient-ils ? — Oui, répondit-il, voilà votre plus grand ennemi. Si j'avois eu assez de force pour me battre, vous n'auriez pas pris Noirmoutier, ou vous l'auriez du moins chèrement acheté. » Il fut cinq jours mourant et livré à leurs outrages. « Messieurs, il est temps que cela finisse, leur dit-il, faites-moi mourir. » Il fut placé dans un fauteuil, et on le fusilla. Sa femme voulut mourir avec lui.

Le pays des Mauges (1) qui, si l'on en croit la tradition doit son nom à la résistance qu'il opposa à César, et où a commencé la guerre de la Vendée, est à peu de distance de Beaupréau. C'est au Pin en Mauge qu'habitoit Cathelineau avant la guerre.

Le jour où Cathelineau se mit à la tête des jeunes gens qui avoient refusé de marcher à Saint-Florent, il dit à sa femme : Je te confie à la divine Providence, je prends les armes pour la religion et pour le roi, adieu je pars. « Jamais, dit Mme. de la Roche-Jacquelin, on n'a vu un homme plus doux, plus modeste et plus vaillant. Il avoit une intelligence extrordinaire, une éloquence entraînante, des talens naturels pour faire la guerre et diriger les soldats; il étoit âgé de 34 ans; les paysans l'appeloient le saint d'Anjou, et se plaçoient, quand ils le pouvoient, auprès de lui dans les combats, pensant qu'on ne pouvoit être blessé à côté d'un si saint

---

(1) Mala gens.

homme. » Aujourd'hui son fils est porte-étendard dans la garde. C'est un intrépide jeune homme qui s'est admirablement montré dans les cent jours, ainsi que son beau-frère Lunel, dont le courage étonna le général Delaage qui le fit mettre en liberté après l'avoir fait prisonnier. Trente-six parens du jeune Cathelineau ou de sa femme ont péri sur les champs de bataille. Deux qui restent encore sont couverts de blessures: l'un a une pension et l'autre n'a rien, et l'on paie l'arriéré des soldats d'Espagne. Une des choses les plus déchirantes que j'aie entendues dans la Vendée, et que j'ose à peine rapporter, c'est le trait suivant : M. de Cathelineau alla dernièrement voir sa sœur et envoya chercher du pain blanc pour ses enfans; ils le prirent avidement et le mangèrent avec un morceau de pain noir, leur unique nourriture. Un des cousins-germains de M. de Cathelineau a été tué dans la dernière guerre et a laissé un enfant de trois ans dans la plus grande misère. Voilà dans quelle situation sont les petits enfans et les parens du premier généralissime de la Vendée! on éprouve sans cesse deux sentimens dans la Vendée, l'admiration et l'indignation. On retrouva cependant encore des Vendéens en 1815. *L'amour est fort comme la mort.* Quand on apprit à Beaupréau, le lundi de la Quasimodo, le départ de M. le duc de Bourbon, les paysans faisoient tourner leurs bâtons en signe de fureur. Nous avons vu à Beaupréau un Vendéen qui avoit vendu le titre d'une pension qui ne portoit pas son prénom en disant qu'il paroissoit qu'elle n'étoit pas pour lui. Près de là est le village de Gété, où trois colonnes de bleus furent battus après le passage de la Loire par la petite armée de Stoflet.

Nous trouvâmes à Beaupréau M. François Soyer. C'est le frère de M. Soyer, major-général de l'armée de Stoflet, et couvert de cicatrices. Si Stoflet avoit écouté MM. Soyer, il ne se seroit pas séparé de Charrette et il n'auroit pas fait périr M. de Marigny. M. Soyer étoit à Fougères quand les Mayençais, en fuyant, entassèrent du bois des deux côtés de la route, et y mirent le feu. Il n'y avoit qu'une ouverture pour les canons et les caissons, et une étincelle pouvoit faire tout éclater. Les Vendéens firent passer les canons au milieu des flammes pour ne pas perdre de temps. M. Soyer étoit aussi à ce terrible combat de Laval, où l'on se battit la nuit. Les Vendéens s'avancèrent; les Mayençais, qui s'étoient couchés pour éviter la décharge, se relevèrent quand les Vendéens furent plus près: Couchez-vous, dit Henri aux siens; les Vendéens se couchèrent à leur tour, et le général ne le fit pas. Henri fut seul un moment debout devant une armée. On se battit avec tant d'ardeur et de si près, que les Vendéens et les bleus prenoient des cartouches aux mêmes caissons. « Nos guerriers commençoient à s'étonner de la longueur et de l'opiniâtreté inaccoutumée de cette lutte à mort, disoit Barrère à la convention, en rendant compte d'un engagement contre l'armée de Condé, quand le soleil levant fit apercevoir le drapeau blanc à nos bataillons, et leur apprit qu'ils avoient eu affaire à des Français. » Il pouvoit en dire autant à Laval.

Un des premiers rassemblemens de la Vendée eut lieu

dans la cour du château de Beaupréau. C'est là que furent amenés les canons pris les premiers jours de la guerre. Plusieurs combats se livrèrent dans Beaupréau et dans les prairies voisines. Tous les chefs vendéens y ont fait quelque séjour. C'est là qu'en 1814 on fit hommage à monseigneur le duc d'Angoulême du drapeau de Stoflet, percé de balles, il l'accepta et le remit à l'ancien porte-drapeau, en lui disant qu'il le lui confioit, et qu'il ne pouvoit être en de meilleures mains : ce drapeau a encore guidé les Vendéens dans les combats en 1815.

De Beaupréau nous revinmes à Chollet ; nous prîmes une autre route ; nous passâmes par la Jubaudière et Trémentine, paroisses admirables par leur dévouement au Roi. Le pays qu'on traverse de la Jubaudière au May et à Trémentine, est plein de vallons et de côteaux. Des hauteurs du May on a une vue très-étendue. On aperçoit, d'un côté, le Puy de la Garde, abbaye de femmes trappistes d'où l'on découvre Angers, et de l'autre la forêt de Vezins, Nuaillé et Chollet. Dans la forêt de Vezins, l'armée de Stoflet avoit construit un hôpital. On y portoit de toutes parts tout ce qui étoit nécessaire pour les malades et les blessés ; et, le dira-t-on à la honte des républicains, l'armée vendéenne étoit obligée de veiller sans cesse sur ce lieu sacré, pour préserver de malheureux blessés de la mort que les bleus leur réservoient. Non loin de Vezins est Coron, où M. de Biron, avec dix mille hommes, battit quarante mille bleus. C'est après cette bataille que M. de Biron, connu sous le nom de Lauzun, fut dénoncé à la convention et conduit à l'échafaud. Il dit en mourant : Infidèle à mon Dieu, à mon ordre, à mon roi, je meurs plein de foi et de repentir. Il sut bientôt « quelle (1) servitude c'est que de commander à des rebelles parmi lesquels, outre que les meilleures actions ont besoin d'abolition, que les victoires sont des parricides, et qu'il n'y a pas seulement apparence de recevoir une mort honnête, il ne se peut encore ni apporter ni trouver de confiance, à cause qu'il y a du mérite à tromper, et qu'en quittant son parti on fait son devoir. »

Nuaillé nous rappelait les plus tristes souvenirs. C'est en quittant Nuaillé que Henri fut tué le 6 février. Nous vîmes la prairie où il est tombé, près de la grande route de Saumur à Chollet, à une lieue de Chollet. Elle est aux trois quarts labourée. Quelques arbres sont jetés çà et là, et au bas est un chemin creux qui conduisoit à une ferme. On n'avoit pas enterré Henri dans cet endroit même. Stoflet l'avoit fait porter de l'autre côté de la route. Il fut déposé au pied d'un arbre, et le paysan qui avoit creusé la fosse, avoit confié en mourant ce secret à sa femme. Quand on fit la recherche des ossemens, cette femme indiqua où on les trouveroit. On creusa, et il fut bien facile de les reconnoître à la grandeur et surtout au trou que la balle avoit fait dans le crâne. On vint les chercher de Chollet en grande pompe, et un service fut célébré dans cette ville.

De Chollet nous vînmes à Mortagne. Mortagne est sur un des côteaux qui bordent la Sèvre. La Sèvre forme mille détours dans des prairies. Tous les bords de la

---

(1) Balzac.

Sèvre sont très-pittoresques. La route monte sur la colline opposée. Des ruines sont répandues sur les côteaux, et il y a un grand nombre de maisons détruites à Mortagne. C'étoit là et non à Bourbon qu'il falloit créer une grande ville. Les bois de Mortagne viennent s'unir à Saint-Légé. Les forêts sont devenues rares dans ce pays, parce qu'on en a beaucoup brûlé pendant la guerre, et que depuis on a employé beaucoup de bois de charpente pour la reconstruction des maisons et des moulins.

Non loin de Chollet est le bourg Saint-Laurent, dans une situation très-riante, entre Mortagne, Chollet, Châtillon et la Verrie, entouré par quatre collines et par la Sèvre, que bordent beaucoup d'arbres d'un sombre feuillage; les flots y sont sans cesse brisés par les rochers et les petites îles qu'elle renferme. « Le père Montfort, dit M. de Sapinaud (1), établit autrefois à Saint-Laurent deux maisons de religieuses; l'une de sœurs grises, nommées sœurs de la Sagesse, l'autre de Missionnaires. Les religieuses, qui avoient plusieurs hôpitaux dans la Vendée et même dans le royaume, secouroient les indigens et instruisoient les enfans. Les missionnaires faisoient tous les ans des missions dans les bourgs et les petites villes où le zèle et les bonnes mœurs avoient éprouvé quelque altération. A peine y avoient-ils passé quelques jours, que ces lieux devenoient les modèles de la contrée. Adoucir les rigueurs de la guerre, exercer leur bienfaisance (2)

---

(1) Elégies vendéennes.
(2) Tous les blessés royalistes et républicains étoient transportés à Saint-Laurent, et les sœurs et les missionnaires du Saint-Esprit leur prodiguoient tous leurs soins.

envers les deux partis, étoit l'objet continuel de leurs soins dans nos jours malheureux. Leur maison, qui est vaste et jointe à un magnifique enclos, étoit le refuge de quiconque étoit dans le malheur. A la bataille de Chollet, une colonne républicaine, arrêtée dans sa marche par celle du brave Piron, qui alloit se joindre à Bonchamp et d'Elbée, fut forcée de se replier vers Saint-Laurent, où, sans les missionnaires, elle eût été exterminée par les paysans. Ils leur rappelèrent la clémence de Dieu et leur persuadèrent que conserver la vie à son ennemi est l'acte le plus agréable au Seigneur. La Providence les a récompensés; leur établissement est resté debout sur tant de ruines, et Buonaparte même l'a protégé et soutenu. »

Non loin de Mortagne, près du château de la Tremblaye placé sur une hauteur qui domine deux vallons, s'élève un grand cyprès qu'on aperçoit seul dans la campagne de la montagne de Limonier. C'est là près de ce cyprès que M. de Lescure a été frappé du coup mortel. Monté sur un tertre comme Louis de la Rochejaquelein au champ des Mathes, il crioit : *En avant*, quand une balle l'atteignit près du sourcil gauche et sortit par derrière. On le nommoit *le saint du Poitou* et Cathelineau *le saint d'Anjou*. On a gravé ces mots des Psaumes au bas de son portrait, « Quand une armée en bataille s'avanceroit contre moi, je ne craindrois rien ». Le peintre a très-bien choisi le moment où il représente M. de Lescure. M. de Lescure s'étoit avancé seul à cinquante pas devant les paysans pour les animer, une batterie ayant fait sur lui un feu de mitraille sans qu'il fût blessé : « Vous voyez, mes amis, les bleus ne savent pas tirer. » Les paysans se mirent à courir ; mais à la portée du canon ils aperçurent une grande croix et se jetèrent à genoux. Un de ses chefs de division vouloit les faire relever. « Laissez-les prier, lui dit tranquillement le général, et lui-même unit sa prière à la leur. » M. de Lescure mourut après la bataille de Laval, entre Ernée et Fougère. Voici ses dernières paroles: « J'ai servi mon Dieu et mon roi, mon âme est tranquille. »

M. de Lescure avoit les vertus de saint Louis et son intrépidité. Il est mort comme lui. Qu'on lise dans Mme de la Rochejaquelein le récit de la mort de M. de Lescure, et dans Joinville les récits des derniers momens de notre saint Roi. « En la nuit devant le jour qu'il trépassoit, dit Joinville, il soupira et dit à voix basse : « O Jérusa-
» lem ! ô Jérusalem ! » et le jour de lundi il tendit ses mains jointes au ciel et dit : « Biau sire Dieu, aye merci
» de ce peuple qui ici demeure, et le condui en son
» pays, afin qu'il ne tombe en la main de ses ennemis,
» et qu'il ne soit contraint à renier ton saint nom. » Et après il dit en latin : « *Père, je commant mon esprit*
» *en ta garde*, » et après qu'il eut ce dit, il ne parla plus, mais un peu de temps après trépassa de ce siècle entour l'heure de none, en laquelle le fils Dieu Jésus-Christ mourut en la croix pour la vie du monde. »

De la montagne des Alouettes (1) la vue est très-étendue. C'est l'infini, nous disoit notre conducteur. On aper-

---

(1) La montagne des Alouettes, celle de Saint-Michel Mout-Mercure, et celle de Pouzauge, sont les points les plus élevés du département. On croit qu'elles ont 300 mètres au-dessus du niveau de la mer.

çoit, ajoutoit-il, le clocher de Saint-Martin de l'île de Rhé, le château de Pierre-Levée des Sables, la flèche de la cathédrale de Luçon, la flèche de Fontenay, les hauteurs de Pouzauge, les côteaux de la Rochelle, et Saint-Pierre de Nantes. Le pont Charron paroît à l'extrémité de cette vaste plaine, coupée de bois, de vignes et de prairies; c'est un horizon immense. Au pont Charron périt M. Sapinaud de la Veyrie. « Je suis naturellement *poltron*, disoit-il, mais l'honneur me dit, tu dois être là, et je sais y mourir ». Nous descendîmes aux Herbiers. Nous trouvions partout des châteaux ruinés. A peu de distance des Herbiers une prairie vient finir à la grande route, et forme, par son aspect riant, un triste contraste avec les débris d'un beau château.

Nous avons vu à la Gaubretière M. de Sapinaud, neveu de celui dont nous venons de parler. M. de Sapinaud, commandant de l'armée du centre, étoit entré dans Nantes avec Charette. Quand les événemens de Quiberon mirent de nouveau les armes à la main aux royalistes, M. de Sapinaud fit avertir le général républicain, campé près de Mortagne, qu'il l'attaqueroit, et le lendemain il l'attaqua et le battit. Il fut toujours ami de Charette. En 1814, il avoit préparé la Vendée à une nouvelle insurrection. Les Vendéens devoient se trouver le lundi de l'âques au rendez-vous désigné, et le mardi reprendre le drapeau blanc. En 1815, il fut nommé généralissime après la mort de Louis de la Rochejaquelein.

Des Herbiers nous allâmes à la Rochelle; nous passâmes aux Quatre-Chemins (1), au camp de la Patte-

---

(1) Une jeune personne très-belle prise aux Quatre Chemins

d'Oie, à Chantonnay, au pont Charron, et il étoit nuit quand nous étions à Marans. Aux environs de Chantonnay demeuroient MM. Jallais de la Boucherie, sept frères qui servoient dans la légion de Damas. C'est là que fut détruit le bataillon nommé le vengeur, qui se vantoit de n'avoir jamais épargné aucun Vendéen. C'est près de Chantonnay que fut gagnée la bataille de la Guérinière, un des premiers triomphes des Vendéens. A Chantonnay, nous avions quitté le Bocage et nous étions entrés dans le marais de Luçon pour nous rendre à la Rochelle.

La Rochelle (1) est une place très-importante pour la

---

disoit à des soldats : « Vous pouvez déchirer mon corps, mais mon cœur restera fidèle à Dieu. »

(1) Comme l'histoire de la Rochelle se rattache aux époques les plus remarquables de l'histoire de France (*), nous avons cru devoir présenter ici les principaux événemens qui se sont passés dans ses murs.

Le pays d'Aunis passa des rois d'Aquitaine aux comtes de Poitou, ducs d'Aquitaine. Eléonor, en épousant Henri, comte d'Anjou, lui porta en dot la Rochelle et le pays d'Aunis. Ce mariage rendit plus redoutable le duc de Normandie devenu roi d'Angleterre, et les rois de France devinrent plus attentifs à l'accroissement de la puissance d'un roi étranger. Philippe-Auguste reprit la Normandie et presque toutes les places du Poitou, excepté Niort, Thouars et la Rochelle. Jean, roi d'Angleterre, passa la mer et vint débarquer dans cette dernière ville. Henri III, qui succéda à Jean, eut à la défendre contr Louis VIII qui prit Niort, Saint-Jean-d'Angely, et vint mettre le siége devant la Rochelle. La ville ouvrit ses portes au roi de France après vingt-un jours de siége. Louis promit de ne l'alié-

(*) *Voyez* Histoire de la Rochelle.

Vendée, et propre à lier ses opérations avec celles du Midi. La Rochelle pourroit être en effet la tête de pont de Bordeaux, l'arsenal de la Vendée et son appui. Aux envi-

---

ner jamais, et de n'en pas faire démolir les murs. Mathieu de Montmorency, connétable de France, suivant l'usage du temps, jura l'observation de ses promesses *sur l'âme du Roi.* C'étoit le temps de la chevalerie et des troubadours. Savari de Mauléon commandoit dans la Rochelle. Il unissoit le talent de la guerre à l'art de chanter les exploits des guerriers, il étoit *grand poëte provincial et tenoit cour d'amour dans sa maison, où il attiroit les plus excellens de cette profession, par les prix que sa main libérale leur départoit.* Dans l'armée des assiégeans, on distinguoit Thibault, comte de Champagne et de Brie, depuis roi de Navarre. Louis IX donna à son frère Alphonse, en 1241, l'investiture des comtés de Poitou et d'Auvergne. Philippe-le-Hardi, après la mort d'Alphonse son oncle, vint à la Rochelle pour voir l'état des domaines que sa mort laissoit à la couronne. Il y avoit alors des templiers dans cette ville : ils furent abolis en 1311, et les hospitaliers prirent leur place en 1317. Les hospitaliers qui venoient de rendre d'éminens services à la cause Européenne dans l'île de Rhodes, prirent possession de la commanderie de la Rochelle, qui se nomme encore la commanderie du Temple. La perte de la bataille de Crécy (en 1346) mit en péril la Rochelle. Le poste de Manans fut emporté par les Anglois qui tenoient encore le château de Rochefort. « Le peuple de la Rochelle, autant belliqueux que trafiqueur, dit Lanoue, se montra plein de zèle pour la cause de la France. » Mais la défaite du roi Jean à Poitiers et le traité de Bretigny, mirent la Rochelle au pouvoir des Anglois. Le prince de Galles, à qui Edouard son père céda dans la suite le duché d'Aquitaine et la seigneurie de la Rochelle, fit son entrée publique dans cette ville le 27 d'août 1363.

Le prince de Galles voulant imposer à l'Aquitaine un subside contraire aux priviléges de la province, les principaux seigneurs en appelèrent au roi de France comme seigneur suze-

rons de la ville il y a de fort jolies maisons de campagne. Le port est petit, le bassin très-beau ; les tours qui forment l'entrée du port d'un bel effet. On y remarque

---

rain. Les Rochellois avoient tant d'aversion pour le gouvernement étranger, qu'on dit que le roi d'Angleterre vouloit les chasser de leurs demeures, et faire de leur ville une colonie angloise. Charles V cita le prince de Galles à la cour de Paris, et le prince de Galles ayant refusé de comparoître, tout ce qu'il possédoit fut confisqué et réuni à la couronne. Un combat naval se livra devant la Rochelle, les Anglois furent vaincus, et Duguesclin entra dans l'Aunis. Poitiers, Saintes, Angoulème, Saint-Jean-d'Angely venoient de tomber au pouvoir du héros françois. On se rappelle la réponse de Duguesclin à celui qui lui disoit qu'il étoit difficile de pénétrer dans la Rochelle. « Si les rayons du soleil percent dans l'enceinte de la ville, Duguesclin saura y pénétrer. » Le maire et les officiers municipaux de la Rochelle se délivrèrent par ruse de la garnison, et ouvrirent leurs portes aux François. Les bannières de France rentrèrent dans une ville françoise : « Bien vieigne la
» fleur de lys, s'écrioit-on, qui dignement fut envoyée des
» saints au roi Clovis ; bien devons-nous amer l'heure et le
» jour qu'elle nous vient visiter. » Des enfans s'écrioient : « Mon-
» joie au roi de France notre sire. » Après la bataille d'Azincourt, quand une mère dénaturée voulut exclure du trône son fils, Charles, dauphin de France, se réfugia à la Rochelle. La levée du siége d'Orléans fut célébrée à la Rochelle par une fête solennelle.

Louis XI, étant à Amboise, transporta à Charles de France le duché de Guyenne, la ville et le gouvernement de la Rochelle. La ville se soumit et reçut son nouveau maître. Les deux frères, le duc de Guyenne et le roi de France se haïssoient, et ne cherchoient qu'à se tromper. Louis XI, dans la crainte que son frère ne se joignit aux mécontens, fit marcher des troupes en Guyenne. Au moment où il se disposoit à se rendre maître de la Rochelle, son frère mourut empoisonné à Bor-

quelques hôtels et l'église de Saint-Barthélemi. J'eus une conversation fort curieuse avec un Rochellois sur la Vendée qu'il n'aimoit pas, mais dont il faisoit un grand

---

deaux. Il fit son entrée à la Rochelle le 24 mai 1472. Il voulut tout voir dans la ville, il monta à la tour de la chaîne, et de là il observa long-temps le pays. Il sentit l'importance de la ville, et avec la pointe du diamant qu'il avoit au doigt, il écrivit sur une vitre de la fenêtre où il étoit ces mots : *Ah! la grande folie!*

François I vint dans cette ville après quelques troubles et une sédition. Il entra avec un détachement de gens de guerre, et fit défendre aux habitans de se présenter devant lui : la ville étoit dans la consternation. Le roi tint son lit de justice, et au bas des degrés du trône étoient debout les représentans de la Rochelle, poussant des cris lamentables. François I, touché de leur repentir, leur dit qu'il pourroit appesantir son bras sur eux, mais qu'il aimoit mieux suivre la pente de son cœur en leur pardonnant, et qu'il ne vouloit être leur roi que pour être leur père.

« Amis, dit-il, en s'adressant aux Rochellois, car amis
» vous puis-je appeler maintenant que vous retournez à la re-
» connoissance de votre offense ; je sais que vous êtes enfans de
» si bons pères, desquels la fidélité a été expérimentée par tant
» de nos prédécesseurs et nous-mêmes : jusqu'ici vous m'avez
» été si bons et si loyaux sujets, que j'aime mieux oublier ce
» méfait récent et nouveau que vos vieils et anciens bienfaits ;
» et aussi peu convient à vos coutumes précédentes de désobéir,
» comme à ma nature de ne vous pas pardonner cette offense. »
Puis, s'adressant au gouverneur : « Jarnac, ajouta-t-il, rendez-
» leur les clefs, et faites vider tous les gens d'armes, car en eux
» entièrement me fie. » On vit alors le roi répandre des larmes, et toute la ville répondre par des transports d'ivresse à la clémence de son roi. « Il y avoit tant de feux allumés, dit un an-
» cien historien de la Rochelle, qu'il sembloit un autre jour. »
Au souper, où les plats furent portés par vingt-six bourgeois, en habits uniformes, de velours violet et noir, Jean Clairbaut

éloge sans le vouloir. « C'étoit un gouffre que la Vendée. Les plus belles armées sont venues s'y anéantir. Ces gens-là se croyoient invulnérables, ils prenoient les canons

---

ancien maire, apportant au roi un bassin rempli de confitures, un officier l'arrêta, mais le prince qui le vit lui ordonna de s'approcher, et sans permettre qu'on fît l'essai, en prit et en mangea. Il gagna ainsi tous les cœurs. Nous touchons à l'époque des grands malheurs de la Rochelle. En 1554, le calvinisme s'introduisit dans cette ville : il y devint bientôt menaçant, et Charles IX, qui étoit à Bordeaux, y vint, croyant sa présence nécessaire pour calmer l'agitation des esprits. Il y eut quelque trouble, même pendant le séjour du roi; et peu de temps après la ville se déclara pour le parti du prince de Condé. Le prince de Condé, l'amiral Coligny, Jeanne d'Albret, reine de Navarre et son fils Henri, se réfugièrent dans ses murs. Henri se promenoit sur les bords de la mer; il tomba dans l'eau, disparut, et auroit péri, si un capitaine de marine, nommé Jacques Lardeau, ne l'eût sauvé. Les Rochellois persistant toujours dans leur rébellion, le duc d'Anjou, après les batailles de Jarnac et de Moncontour, vint mettre le siége devant leur ville. Lanoue commandoit dans la Rochelle. On livra plusieurs combats sanglans. Le duc d'Aumale fut tué. Ce prince avoit eu des pressentimens de sa mort, et Brantôme lui avoit entendu dire : Voici le lieu où je mourrai.

Lanoue, qui gémissoit de combattre contre son roi, voulut décider les Rochellois à la paix : un ministre osa lui donner un soufflet. Lanoue arrêta les gentilshommes de sa suite, qui alloient tuer le ministre, et le fit conduire à sa femme, en lui recommandant de pourvoir à sa garde à cause du dérangement de sa raison. Lanoue, voyant que les esprits s'envenimoient de plus en plus, sortit de la ville. Il avoit promis au roi de quitter la Rochelle s'il n'y rétablissoit pas la tranquillité, et il fut fidèle à sa promesse. Le duc de Rohan parle ainsi de la conduite de Lanoue : « La Rochelle étoit aux abois, ce qui obligea M. La-
» noue, illustre en piété, prudence et valeur, de tâcher à la

avec des bâtons et des sabots. — Comment, Monsieur! lui disois-je, avec des bâtons. — Oui, l'on en trouvoit beaucoup sur les champs de bataille. Jamais armée n'a fait

» faire rendre afin de la tirer de la plus grande désolation. » Le siége dura long-temps. Le duc d'Anjou ne fut sauvé que par le dévouement d'un de ses écuyers. Il visitoit un bastion, un soldat du haut du rempart le coucha en joue. Devins, qui aperçut ce mouvement, se jeta devant Henri III et fut tué de la balle qui devoit tuer le roi. C'est aux pieds des remparts de la Rochelle que les ambassadeurs de Pologne vinrent annoncer au duc d'Anjou son avénement au trône de Pologne. La Rochelle enfin capitula. Avant la mort de Charles IX, la Rochelle prit de nouveau les armes. Henri III ordonna au duc de Montpensier de pousser la guerre avec activité. Celui-ci fit marcher M. de Châteaubriant contre Marans, dont on s'empara. De là on se dirigea sur Fontenay et sur Lusignan qu'on prit. Pendant la guerre on représenta à la Rochelle une tragédie intitulée *Holoferne*. Judith étoit Catherine de Parthenay, si connue sous le nom de duchesse de Rohan, femme d'un courage héroïque et d'un esprit rare. L'édit de pacification de 1576 suspendit les troubles. Ce fut alors que se forma la ligue. Le roi de Navarre venoit de déclarer à Niort qu'il étoit toujours protestant, et il protesta contre la rétractation qu'on avoit exigée de lui après la Saint-Barthélemi. Il arriva à la Rochelle, où il fut reçu en triomphe. Henri III ayant rendu un édit pour ne permettre que l'exercice de la religion catholique, les protestans prirent les armes. Le prince de Condé entra à la Rochelle pour y prendre de la poudre et des munitions. René de Rohan mourut dans cette ville. C'est le père de Henri de Rohan le grand capitaine. Le roi partit de la Rochelle pour aller gagner la bataille de Coutras. Henri, avant le combat, disoit au prince de Condé et au comte de Soissons : « Je ne vous dis autre chose, sinon que vous êtes du sang » des Bourbons; et vive Dieu, je vous ferai voir que je suis » votre aîné. » Le roi de Navarre, après la mort du prince de Condé à Saint-Jean-d'Augely, marcha sur Marans et sur le

de pareils prodiges. Voilà pourtant ce que peut le fanatisme! » Depuis la perte de Saint-Domingue les grandes fortunes de la Rochelle ont disparu ; aussi le commerce y

---

fort Charron. Il présenta la bataille aux catholiques à l'île de Marans. Les réformés, avant la bataille, se mirent à genoux pour prier. Ils prient Dieu, dirent les catholiques, ils nous battront comme à Coutras. » Les catholiques furent battus. Henri IV prit le château de Marans, Niort, Saint-Maixens et Maillezais. Henri tomba malade, et la Rochelle fut dans la consternation. Le vieux cardinal de Bourbon, qui avoit été nommé roi de France par les ligueurs, fut fait prisonnier et envoyé à la Rochelle. Il mourut à Fontenay-le-Comte. La publication de l'édit de Nantes pacifia la Rochelle

Cependant, sous Henri IV même, l'esprit du protestantisme suscita de nouvelles agitations, et Rosny vint à la Rochelle pour arrêter tous les complots. Rosny monta à la tour, et c'est de là qu'on lui donna le spectacle de combats simulés.

A la mort de Henri IV, on se défia à la Rochelle du nouveau gouvernement. On se préparoit déjà à l'insurrection, car les magistrats de la Rochelle écrivoient : « Dieu sera pour nous s'il » lui plait, mais pour les hommes, ils ne nous trouveront pas » endormis. » Le duc de Rohan arriva pour commencer la révolte. Le prince de Condé ayant été arrêté au sortir du conseil du roi, comme il étoit lié à la cause des Rochellois, ceux-ci s'emparèrent de Rochefort, pour être maîtres de la Charente. Il se forma bientôt une ligue protestante, que le roi fit tout ce qu'il put pour abattre. Duplessis-Mornay s'employa réellement pour la conciliation Enfin il fallut prendre le parti des armes. Louis XIII, après s'être assuré de Saumur, vint à Niort. Trente mille hommes, quelque temps après, furent employés au siège. Les Rochellois s'unirent au roi d'Angleterre. Le roi de France étant tombé malade, le duc de Richelieu continua la guerre avec une grande activité. C'est alors que fut construite cette digue, ouvrage immense, qui arrêta tous les secours de l'Angleterre, et força la Rochelle à se rendre à son roi. Le fameux

languit, et au lieu de trente mille habitans qu'on comptoit à la Rochelle avant la révolution, il n'y en a plus que treize à quatorze mille. Près de la Rochelle, à la

---

Guiton, ce maire fanatique, qui avoit déposé son poignard sur la table du conseil pour en percer le sein de celui qui parleroit de se rendre, céda à l'orage et se soumit. Quand le roi entra dans la Rochelle, les principaux citoyens alloient sur son passage, criant *Vive le roi! miséricorde!* De vingt-sept mille habitans il n'en restoit plus que cinq mille. Le roi fut touché et pardonna à la Rochelle. Le siége avoit duré un an, deux mois et seize jours. On devoit élever une pyramide sur la digue et y placer cette inscription :

Sta, viator, ubi stetit Oceanus. Hanc specta molem quam mundus stupuit, Britanniæ compedem, Rupellæ laqueum, Neptuni balteum, Galliæ triumphalem currum; Stent hoc in marmore sculptæ æternitati undæ quæ justo Ludovico suo steterint in æquore. O principis religionem præpotentem! Marc vidit et stetit. Vidit Britannus et fugit. Paruit haud invitus Oceanus cui Rupella ad vitam non paruit. Fames ipsa perüt invicta, victa paruit et revixit.

La paix de la Rochelle fut encore troublée par la Fronde. Le prince de Condé, qui avoit le gouvernement de la Guyenne, avoit des vues sur cette ville. Le commandant de la Rochelle s'étoit déclaré pour le prince de Condé; mais les habitans n'entrèrent pas dans la révolte, et les tours ayant été prises, les projets du prince furent arrêtés. La révocation de l'édit de Nantes fit cesser l'exercice du calvinisme dans toute la France. L'édit de Nantes n'étoit point une loi irrévocable. Ecoutons Grotius à ce sujet.

« Ceux qui prennent le nom de réformés ne doivent pas regarder comme des traités d'alliance tous ces édits des rois de France en faveur de la réforme ; ce sont de simples déclarations que ces souverains ont données par amour du bien public, et que ces mêmes considérations peuvent leur faire révoquer. » (*Rivetiani apologet. discussio*, p. 684, 3. *Inf. Amstel.*, apud *Hier. Joan. Blaeu*; 1679.)

marée basse, on voit encore les restes de la digue que le cardinal de Richelieu avoit fait construi-. Elle avoit sept cent quarante toises.

On fait remonter l'origine de la Rochelle jusqu'à Charlemagne. Le port actuel n'étoit, il y a cinq ou six siècles, qu'un très-petit enfoncement que la mer commençoit à creuser. La Rochelle n'étoit d'abord, dit un ancien historien, qu'un simple bourg et village, habité de pauvres pêcheurs, gens de labeur et commun peuple. L'Arioste, décrivant dans l'*Orlando* les aventures de la reine de Galice, la fait pousser par les vents sur des écueils qui hérissent les côtes de la Rochelle, lieu désert, où l'on ne voyoit, dit-il, qu'une montagne dont le sommet étoit exposé aux tempêtes. Il n'y a qu'une chaîne de falaise haute de vingt pieds. On voit souvent les goélands s'approcher de la côte ; c'est un signe de tempête. La Rochelle est au fond d'un petit golfe qui lui sert d'avant-port. Le hâvre, à l'embouchure duquel sont deux tours, est à couvert du vent du midi par la pointe des Courcilles, jetée naturelle qui rompt la violence des vagues. La première enceinte des murs de la Rochelle est due à Guillaume, duc d'Aquitaine, dixième du nom ; telle quelle est aujourd'hui, elle a été construite en 1689, sous Louis XIV. Auparavant il n'y avoit que le front du côté de la mer. Tous les autres côtés ne présentoient que des débris depuis la prise de la Rochelle.

Près de la Rochelle sont les îles de Rhé et d'Oléron. Il est probable qu'elles ont été détachées du rivage par la mer. On nomme le Pertuis d'Antioche l'espace qui se trouve entre elles : il est d'environ six mille toises. Dans l'espace de deux cent soixante-huit ans, la mer a mis un intervalle d'une grande demi-lieue entre l'île d'Oléron et le rocher d'Antioche. Le contour de l'île de Rhé est de quatorze lieues et demie. Elle a près de six lieues de longueur, et sa largeur est fort irrégulière. Là est la petite plaine d'Ars, où le prince de Soubise fut battu en 1624. En 1627, la citadelle de Saint Martin fut défendue contre les Anglois avec une étonnante intrépidité par Thoiras, qui sauva l'île de Rhé et le pays d'Aulnis. Il y avoit vingt mille habitans avant la révolution. L'île d'Oléron a six lieues de longueur, et dans sa plus grande largeur, près de deux lieues. La Rochelle (1) est le chef-lieu du département de la Charente (2).

---

(1) La façade de l'hôtel de ville est soutenue sur des colonnes toscanes, qui forment un porche. Le second ordre est une espèce d'ionique composé.

Un poëte parle, sous Louis VIII, des tours de la Rochelle. Ces quatre tours protegent l'entrée du port. La tour Saint-Nicolas, réparée en 150 , a neuf toises et demie de diamètre y compris les murs, et dix-neuf toises jusqu'au sommet du donjon ; les voûtes de ces deux étages sont à ogive.

La petite tour de la chaîne fut aussi rebâtie entièrement en 1476. C'est en 1445 que fut élevée la tour de la Lanterne, qui devoit servir de phare pour les vaisseaux.

On ignore la date de la construction de la grosse orloge. C'est aujourd'hui une arcade magnifique, large et fort haute. En 1746 on a abattu la lanterne de la grosse horloge, et l'on a élevé le massif de la tour, un carré en pierres de taille, décoré d'un ordre d'architecture et terminé par un dôme.

(2) La Charente, qui prend sa source sur les confins du Poitou, près d'un vieux château qui étoit autrefois un affreux désert, retraite d'un saint anachorète, passe au bas du côteau

De la Rochelle nous revînmes à Marans. De Marans jusqu'à Luçon (1) il n'y a qu'une vaste plaine très-fertile, conquise sur les étangs.

Près de Luçon, nous vîmes le champ de bataille où les Vendéens furent battus. M. de Charrette combattoit ce jour-là avec la grande armée.

Ce pays est tout-à-fait séparé par les opinions de la Vendée. « Ils ne connoissent pas de bon Dieu dans les marais près de Luçon, me disoit un paysan ». En allant à Bourbon - Vendée, nous retrouvâmes le Bocage à quelques lieues de Luçon. Le Bocage recommence en effet à Mareuil, avec ses coteaux, ses rivières, ses châteaux pittoresques. Mareuil est un joli bourg sur le Lay. Un château et une église remarquables sont à

---

sur lequel Angoulême est bâti. Elle passe à Cognac, où naquit François I; à Saintes, au pied du côteau de Taillebourg, lieu que saint Louis a rendu célèbre. De là elle descend à Rochefort et se jette dans l'Océan, à deux lieues au-dessous de cette ville. Les bords de la Charente sont très-rians et ornés de villes et de châteaux. Autrefois on pêchoit des perles dans la Charente; mais il falloit ouvrir un grand nombre de coquillages avant d'en rencontrer une.

(1) On assure que la grande mer venoit flotter jusqu'à Luçon. Une chapelle dédiée à Saint-Jean, éloignée des bords de la mer de plus de six toises en 1680, étoit ruinée par les eaux en 1728.

Avant que le canal de Luçon fût creusé, les eaux du Lay et de la Sèvre se répandoient sur tout le marais. Les levées du canal de Luçon arrêtèrent les deux rivières. Dans le bassin de la Sèvre, vingt mille hectares, autrefois sous les eaux, sont aujourd'hui rendus à la culture. Au nord des desséchemens il reste une plage de marais non desséchés, de deux mille mètres à peu près de largeur, dont la superficie est de quatre mille six

l'entrée. A Luçon, nous avions vu un champ de bataille; à Mareuil nous retrouvions des ruines. C'est bien là la Vendée (1).

---

cent cinquante-six hectares. Elle reçoit toutes les eaux des débordemens de la Vendée, qui se répandoient sur toute la surface des marais.

(1) Le département de la Vendée se divise en quatre parties bien distinctes : la plaine, le Bocage, le marais et les iles.

L'aspect de la plaine est triste et monotone, quand elle est dépouillée de ses moissons. Quelques bois, quelques vignes interrompent seuls cette monotonie. Aucune source d'eau vive n'arrose ce sol. On trouve encore dans la plaine des traces du séjour de la mer. On rencontre une assez grande quantité, sur les hauteurs des environs de Fontenay, de petits galets de quartz, roulés par la mer.

Tout le Bocage a l'air d'une grande forêt. « Le sol du Bocage du département de la Vendée est léger et aride sur le sommet des côteaux les plus élevés; il prend plus de consistance, sans changer de nature, en descendant dans les vallées, où un heureux mélange de sable et d'argile, facilement arrosé par un grand nombre de sources et de ruisseaux, présente l'image de la fertilité. » Le plus grand nombre de ces vallées contiennent d'excellentes prairies. Les collines sont employées à la culture, à l'exception des parties les plus élevées de la chaîne granitique, où, à l'exposition du nord, l'on ne voit croître que l'ajonc et la bruyère. On évalue à un dixième la portion de la superficie du Bocage occupée par les landes stériles. Ce sont de petites plaines, où les troupeaux de tout un village trouvent un maigre pâturage. Quelques parties sont enfermées par des haies, et défrichées quelquefois par des métayers qui les abandonnent ensuite pour de longues années. Il n'y a pas beaucoup de forêts dans le Bocage. On n'y compte pas plus de douze mille hectares de bois; mais tout le pays est composé de carrés de terre, de quatre à six arpens, entourés de haies très-fortes, soutenues par des chênes, des ormes, des érables, des frênes, des châtaigniers

La route de Bourbon-Vendée, autrefois la Roche-sur-Yon, passe sur un côteau garni d'arbres et de pampres. Il y a de jolies prairies à Mareuil et de jolies maisons. Les environs de Bourbon sont rians. La rivière de l'Yon serpente dans les prairies. Il pleuvoit. Je retrouvais l'aspect des sommets des montagnes. Il y a, à l'entrée de la ville, un château ruiné, d'un fort bel effet. Nous entrâmes dans Bourbon-Vendée, qui nous surprit singulièrement. On reconnoît d'abord une ville bâtie par Buonaparte. Une place immense, quelques beaux édifices, de belles maisons çà et là, des pierres amoncelées, des lignes tracées, des plafonds d'or et d'azur; les tribunaux avec une architecture grecque; l'Eglise à demi bâtie, et tout le pays qui entoure la ville rempli de chaumières ruinées, de châteaux démolis, les propriétaires logés dans leurs anciennes écuries ou dans les dépendances de leurs châteaux.

Nous étions dans le pays de Charette, et sur le théâtre de la dernière guerre. Dans la Vendée, chaque pays est distingué par le nom de son chef; on dit le pays de Bonchamp, le pays de la Rochejaquelein, le pays de Charrette. On retrouve donc à Napoléonville (nom que Buonaparte avoit donné à Bourbon-Vendée) les souvenirs de Buonaparte et de Charrette. Eh bien! qu'on compare Buonaparte, ce fils de la révolution, avec le

---

et des cerisiers. Comme dans la Bretagne, le chêne y est en plus grande quantité. Peu s'élèvent à la hauteur naturelle. A huit à neuf pieds on abat leur tête, et l'on en coupe les branches tous les sept ans.

général Charette. On verra le vrai grand homme dans le général royaliste. Voyez l'un à Waterloo, à Leipsick, à Moscou, et l'autre dans les bois de la Chaboterie. Buonaparte se livrant aux Anglois, et Charette répondant à madame de la Roche-Lépinais qui lui offroit un asile sûr en Angleterre. « Je n'irai jamais chercher un abri en » Angleterre. Si j'acceptois vos offres, que deviendroient » ces gens qui m'entourent ; ils périroient seuls, je veux » périr sur cette terre et au milieu d'eux. »

Poursuivis depuis quinze jours, ses compagnons furent bientôt obligés d'abandonner leurs chevaux, ils vouloient que Charette gardât le sien : mon sort est lié au vôtre, leur dit Charette, nous ne sommes plus que des compagnons d'infortune. Un de ses soldats, le voyant dans un grand danger, lui donna son chapeau, et prit le sien où était son panache blanc : « Sauvez-vous, lui dit-il, ils me prendront pour vous et me tueront. » Quand Charette fut pris, il avoit le bras en écharpe, une barbe longue, la figure couverte de terre. Après son jugement, on lui fit parcourir toutes les rues de Nantes où il avoit passé triomphant après l'amnistie. Un curé constitutionnel étoit venu dans sa prison. Il s'étoit confessé. Mais l'ingénieuse piété de sa sœur lui avoit préparé une consolation, on lui avoit fait savoir la rue, la maison et la fenêtre où un prêtre catholique devoit se trouver un mouchoir blanc à la main. Charette passoit fièrement dans les rues de Nantes ; quand il arriva au lieu indiqué, on put s'apercevoir à sa tête inclinée, à l'expression d'humilité de tous ses traits que Charette s'abaissoit devant la seule puissance qu'il reconnût alors en France, celle de Dieu. Il reçut la bénédiction du prêtre, et arriva sur la place d'armes. On s'approcha de lui pour lui bander les yeux : « Non, je ne crains pas la mort (1), je veux voir mon ennemi jusqu'à la fin, et portant la main sur son cœur: *Allons, feu, quand on a su vivre, on sait mourir. Vive le Roi.* » La chapelle de *la Merci* étoit près de l'endroit où est tombé Charette.

Rien n'est comparable à la constance de Charette. Il disoit souvent : « Je me défendrai en soldat, et mourrai en chrétien. » Charette habitoit une de ses terres située non loin de la Garnache. Il étoit à table quand les Vendéens de Machecoul vinrent le presser de se mettre à leur tête. « Le sort en est jeté, dit-il, on veut que j'arbore le drapeau blanc, je le suivrai jusqu'à la mort; mais je vous déclare que je saurai punir les lâches qui l'abandonneront. » Il a tenu parole. « Mes enfans, disoit à ses soldats Charette, toujours en avant ; je veux perdre le nom de Charette si le roi ne vous récompense pas. » Charette faisoit ses attaques de nuit, pour que la déroute fût moins funeste. Les paysans connaissoient les chemins. Voici une de ses harangues, telle que me l'a rapportée un paysan de son armée: « Vous êtes chrétiens, vous vous battez pour votre Dieu, pour votre roi. Notre roi nous porte tous dans son cœur, et notre

---

(1) Les républicains eux-mêmes admirèrent la mort de Charette, et l'on trouva ces vers écrits près du lieu où il fut fusillé :

De Charette, passant, respecte le repos.
Il vécut en brigand, et mourut en héros.

Dieu veille sur nous. » Il aimoit ses soldats comme ses deux bras, me disoit le même paysan, et tous auroient passé le feu pour le joindre. » Au bourg du Brouzils, une balle lui traversa le bras près de l'épaule sans qu'il donnât aucun signe de souffrance, et il pleura la mort de Guérin. Il disoit en parlant des troupes de Stoflet : «Si j'avois des soldats comme les siens, j'irois prendre à dos les troupes de la république sur le Rhin. »

« On n'oubliera jamais, dit madame de la Rochejaquelein, que ce général blessé, poursuivi d'asile en asile, n'ayant pas douze compagnons avec lui, a inspiré encore assez de crainte aux républicains pour qu'on lui ait fait offrir un million et le libre passage en Angleterre, et qu'il a préféré combattre jusqu'au jour où il a été saisi pour être traîné au supplice. »

Après la mort de Charette, tout fut fini dans la Vendée (1).

Nous allâmes au Petit-Bourg, chez M. Voyneau. Une des sœurs de M. Voyneau, madame de Montsorbier, a suivi constamment l'ambulance de Charette, toujours soignant les blessés. C'est là que des gentilshommes vendéens me disoient en parlant des paysans : « Nous ne pouvons pas parler de ce que nous avons fait quand nous voyons l'héroïsme de ces gens-là. « Il est établi parmi les

---

(1) On peut diviser la guerre en trois époques. — Neuf mois jusqu'à la destruction de l'armée d'Anjou. — Second envoi d'un émissaire de Londres, jusqu'au traité de la Jannais, décembre 93, jusqu'en décembre 94. — Enfin, depuis le traité jusqu'à la mort de Charette.

paysans que quand on a une cartouche on peut aller au combat.

Du Petit-Bourg nous vinmes aux Gats, chez madame Guerry-de-Beauregard, sœur de MM. de la Roche-Jaquelein, et dont le mari a péri dans la dernière guerre. Une de ses filles a épousé l'un des trois MM. de Chabot, qui se battoient tous trois dans les cent jours. Nous trouvâmes aux Gats M. de Marans, chef de division en 1815. A tout l'héroïsme des paysans nous retrouvions unis en lui l'urbanité et l'honneur de la noblesse françoise, et M. de Clabat, officier vendéen, loyal et brave comme ils le sont tous, qui nous accompagna au marais où il combattoit dans les cent jours.

Il y avoit dans la dernière guerre un assez grand nombre de vieillards de soixante-dix ans, et un vieillard de quatre-vingt-seize ans qu'on refusa de recevoir dans l'armée, qui voulut rester dans un clocher pour sonner le tocsin, et quand tous les paysans furent partis, il gardoit les munitions. Des pères conduisoient leurs fils et ne vouloient se retirer qu'après *leur avoir appris la guerre* (1). Quand M. de Marans alla annoncer aux paysans qu'on vouloit commencer la guerre : *pour demain, nous serons prêts*, fut leur seule réponse. Un grand nombre suivit l'armée sans fusils. On leur disoit : « Mais vous n'avez pas de canons. — Nous en prendrons encore avec nos bâtons. » Une jeune paysanne mariée depuis 15 jours, après

---

(1) Il y en eut un entre autres qui conduisit ses sept fils dans la dernière guerre.

avoir fortement engagé son mari à partir, disoit qu'elle ne l'auroit jamais revu, s'il n'avoit pas fait la guerre.

» Ici tout est cœur pour la royauté, me disoit un jeune Vendéen. » « Les Bourbons ne connoissent pas encore tout ce que ce pays est pour eux, me disoit un autre. Les ministres invoquent la charte, pourquoi n'invoquent-ils pas le bon Dieu et la Sainte-Vierge. »

C'est aux Gats que je vis Jean-Lefort, dont j'ai déjà parlé, et qui a été à vingt-cinq combats. Il avoit conduit ses deux enfans dans la dernière guerre. Sa politique étoit toute dans ce principe que les divisions entre les chefs avoient encore plus gravé dans son esprit : Il faut un homme qui fasse tout obéir, c'est comme dans une famille. » « Tout se gâte, ajoutoit-il, aujourd'hui les
» jeunes gens qui sont allés avec Buonaparte parlent sur
» le père et sur la mère. L'ingratitude endurcit le cœur.
» Les royalistes sont rejetés, les républicains accueillis,
» l'autorité soutient les jacobins. » (Qu'on se rappelle que ceci étoit dit à l'époque où la loi des élections étoit défendue par les ministres du roi, et où le mot religion étoit retranché des lois.) « Les jacobins veulent ôter
» Monsieur, ils s'introduisent de place en place, de bu-
» reau en bureau. Comme l'eau, ils pénètrent partout
» peu à peu. Si on les laisse faire, ils seront vainqueurs;
» mais ce qui est injuste ne peut durer. »

Il me disoit, en parlant de la première guerre : « Tout le pays fut soulevé en huit jours. C'étoit un orage. Alors on brûloit tout, on outrageoit tout du côté des bleus, de notre côté, tous les jours on présentoit sa vie pour le Roi. » Il peignoit ainsi le temps actuel : « La révolu-

tion a déposé sa lie, c'est ce temps-ci. » Je lui parlais de la dernière guerre. « Ah! monsieur, il y avoit des gens qui se traînoient, mais moi je suis né dans la religion, je veux y périr. » « Qu'avez-vous gagné, me disoient des pataudsl'autre jour.—Et vous, avez-vous gagné l'honneur, leur ai-je répondu. » «On nous parle d'oubli, monsieur, mais il faut au contraire garder un souvenir ferme contre ces gens-là jusqu'à la mort, pour se préserver de ce qu'ils ont fait.»Il composoit le discours qu'un prince devroit leur adresser : « Vous voilà, mes chers amis, vous avez combattu pour la religion et le roi, vous serez tous *reconnus*». Ce bon paysan avoit rencontré le discours que leurauroit fait Henri IV. C'est lui qui nous apprit qu'en 1791 les paysans avoient déjà dit aux gentilshommes:« Mettez-vous à notre tête. » Il parloit avec attendrissement de Charette et de ses maîtres. « L'humanité, la religion, le
» bon cœur, me disoit-il, voilà la famille Chabot.
» MM. de Chabot vivent à côté de leur château ruiné
» où trois fois on a mis le feu. Ils ont perdu une grande
» fortune, et ils crient *vive le Roi* au milieu de leurs
» ruines. » Le rétablissement de la conscription a affligé les Vendéens. Cependant quelques-uns sont entrés dans la légion de la Vendée. Un entre autres se présentoit au lieutenant-colonel. Il étoit fort petit, on vouloit le mesurer. « C'est de la tête au cœur, dit-il aussitôt, qu'il faut mesurer un Vendéen. »

Le chenil des Gats a servi de quartier-général à Charette. Tout le château avoit été brûlé. Il est réparé aujourd'hui. Nous revînmes ensuite aux Quatre-Chemins, où, dans dix combats, les Vendéens furent dix fois vainqueurs; c'est là que Joli, qu'on appeloit *le vieux Joli*, traversa toute l'armée républicaine avec un manteau bleu; il disoit aux républicains qu'il alloit examiner les dispositions des brigands ; il vint se concerter avec Charette, et traversa une seconde fois toute l'armée.

C'est ce Joli qui, apprenant, à la prise de Léger, que son fils étoit frappé d'un coup mortel, court à son secours; dans ce moment, ses soldats viennent lui dire qu'ils ont fait un de ses enfans prisonnier parmi les bleus, et lui demandent ce qu'il ordonne : « De le fusiller, répondit-il (1) ». Il fit cette réponse sans détourner les yeux de son autre fils qu'il arrosoit de ses pleurs et tenoit mourant dans ses bras. Joly n'étoit pas vendéen : il n'étoit que royaliste. On ne dit pas qu'il eût de la piété. Ceux qui, dans la Vendée, n'étoient pas chrétiens, n'avoient que les vertus des héros de l'antiquité. Nous passâmes ensuite près du chêne Girard, lieu du rassemblement de l'armée du centre, commandée par M. de Sapinaud. Nous voulions voir MM. de Chabot.

Enfin, nous arrivâmes chez M. de Chabot, père des trois MM. de Chabot dont nous avons déjà parlé. C'est une famille échappée à un autre âge, et on n'a pas su employer ces trois nobles jeunes gens, qui ne demandoient qu'à continuer à servir Dieu et le Roi. Mademoiselle de Chabot, fort jeune encore, se rappeloit Charette. Elle l'avoit vu ; et elle se souvenoit fort bien de son panache blanc. Prise par les bleus à Montaigu, elle

---

(1) Nous avons recueilli cette anecdote dans les notes des *Elégies Vendéennes* de M. de Sapinaud.

disoit tout bas *vive le Roi* à sa nourrice qui répétait son chapelet. Le château de M. de Chabot seroit facilement réparé. Ce château a appartenu à Catherine de Rohan. Henri IV disoit, dans une harangue au parlement : « J'ai remis les uns en les maisons dont ils étoient bannis, les autres ont la foi qu'ils n'avoient plus. »

Des fenêtres du château on voit l'abbaye de la Genetière, où se rassembla la première armée composée de quarante mille hommes qui partit pour Chantonnay en disant son chapelet. Près de là est la commune de Vandraine, où dans un seul jour soixante-trois femmes, enfans ou vieillards, furent égorgés par l'armée républicaine.

Nous retournâmes aux Gats pour aller dans le Marais, et M. de Marans et M. de Clabat nous accompagnèrent. Des Gats au Poiré, nous traversâmes la forêt, puis la route de Bourbon à Nantes. Le Poiré est sur une hauteur, une chapelle détruite est à l'entrée, de là à Aizenay le pays est toujours coupé, c'est le Bocage. Aizenay est une petite ville sur la route des Sables à Nantes. En remontant sur la route du côté de Nantes, on aperçoit Saint-Christophe de Ligneron, où les chefs en 1815 se réunirent, et où l'on délibéra pour savoir si l'on iroit au Marais. La vue est très-belle, et le pays ressemble à une forêt immense. Sur la route des Sables s'élève le Calvaire, au pied duquel périrent M. de Beauregard et Luvic de Charette. Tous les Calvaires dans la Vendée sont rétablis. Les Vendéens se sont hâtés de les rebâtir à neuf avec les ruines de leurs maisons. Ludovic avoit refusé du duc d'Havré des gardes et de l'argent en partant de

Paris, et il lui avoit dit : « Dans la Vendée, mon nom, mon cœur et mon bras me suffisent ».

Quand les Vendéens furent surpris par Travot (1) à Aizenay, Ludovic fut atteint du coup mortel. On vouloit le faire retirer. « Non, non, dit-il, tant qu'une goutte de sang coulera dans mes veines et que mes paysans auront de la poudre à tirer, je commanderai le feu. Il étoit couché tenant un mouchoir sur sa plaie. Il encourageoit ses soldats et leur crioit sans cesse : « Vengez-moi, et jurez d'obéir à M. de la Rochejaquelein. » Enfin il perdit connoissance et on l'enleva du champ de bataille. Il expira quelques jours après, à l'âge de vingt-sept ans. Après lui son frère continua de se battre à la tête des Chouans. Le Calvaire, vis-à-vis de la Maronnière, château ruiné, au milieu de prairies délicieuses, sépare l'endroit où Charette tomba du lieu où mourut le beau-frère de M. de la Rochejaquelein, M. de Beauregard, à l'âge de soixante ans. Une balle lui avoit traversé le corps, et un coup de sabre avoit fendu sa tête.

D'Aizenay, nous allâmes à Coex, de Coex à Saint-Gilles. Nous passâmes à côté de l'Aiguillon, dans l'endroit où Travot vouloit forcer le passage pour s'emparer des objets du premier débarquement. A l'Aiguillon le drapeau blanc étoit dans l'endroit le plus exposé au feu. Vingt paysans furent tués en le portant. Celui qui étoit frappé étoit remplacé à l'instant par un autre. Ces héros étoient commandés par un homme digne d'eux, M. de Puytesson.

---

(1) Travot, qui vouloit arriver à Bourbon, attaqua sur trois colonnes.

Nous n'apercevions plus que de grandes landes terminées par la mer. Avant Saint-Gilles nous vîmes des vaisseaux à l'horizon. La mer étoit d'un bleu superbe; la lune pâlissoit et le soleil se levoit. Saint-Gilles est une jolie petite ville, en face est Croix-de-Vic, et la rivière de Vic est dominée par des dunes recouvertes d'ajoncs.

Les bancs de sable mouvant qu'on rencontre de Croix-de-Vic jusqu'à Saint-Jean-de-Mont, sont transportés du sein de la mer par les vents d'ouest et de sud-ouest qui soufflent avec beaucoup de violence; dans quelques endroits ces amas de sable forment des dunes ou monticules de quinze ou vingt mètres de hauteur perpendiculaire. Les progrès de ces dunes sont effrayans près d'Olonne et de Saint-Gilles. Le pin maritime ou l'ajonc suffisent pour arrêter ce fléau. Sur toute la côte, la mer ne forme pas d'anse assez profonde pour offrir des abris aux navires. Les ports des Sables et de Saint-Gilles sont leur seul refuge dans les temps d'orage.

Nous avons voulu voir le lieu où Louis de la Rochejaquelein débarqua. Nous visitâmes ensuite le lieu où il périt. De grands espaces sablonneux, d'anciens sillons remplis d'herbes, quelques arbres, quelques maisons blanches, très-basses à cause des vents de mer, des bourines, espèces de cahutes couvertes de jonc, des dunes dans le lointain, et au bas d'un fossé une pierre entourée d'immortelles qui croissent au hasard; voilà les Mathes. Sur cette pierre on lit ces mots: *Ici fut tué et couvert de terre Louis de la Rochejaquelein.* Quand

Louis tomba, le général Canuel, qui étoit auprès du moulin où périt le jeune Guignes (1), vit en même temps M. Auguste de la Rochejaquelein, qu'une balle venoit d'atteindre à la jambe, chanceler sur son cheval. Là fut tué aussi un homme de soixante-dix-huit ans qui avoit accompagné son fils *pour lui apprendre la guerre*.

Des Mathes nous allâmes près de Saint-Jean-de-Mont, chez M. Robert. Nous suivions les fossés du Marais. Le Marais a huit lieues de longueur. La largeur est comprise entre Saint-Jean-de-Mont et Soulans. On peut comparer le Marais avec ses innombrables canaux aux plaines de la Lombardie. Le marais est sans cesse menacé par la mer. Mais des digues protègent chaque desséchement ; des canaux garantis du flux de la mer par les écluses construites vers leur embouchure, portent à la mer les eaux de la pluie. Ces grands canaux communiquent avec de plus petits, et ceux-ci avec les fossés de clôture qui séparent les différentes propriétés. Les propriétaires se réunissent tous les ans pour s'assurer des moyens les plus propres à garantir le Marais. Les habitans du Marais sont très-forts. C'est une race d'hommes particulière. Le Marais peut fournir dix mille hommes à la cause royale. Quarante mille hommes le cernèrent sous Charette ; mais ce qui rend ce pays inexpugnable, c'est la facilité de lâcher les écluses et d'inonder le pays. Le Marais est

---

(1) Ce jeune homme s'étoit échappé du collége de Fontenay, en bas de soie et en culotte noire, pour venir rejoindre l'armée vendéenne.

couvert de barques dans l'hiver, et on traverse les fossés à l'aide d'une grande perche dans l'été.

Sur la côte du Marais sont les îles de Bouin, de Noir-Moutier et d'Yeu. A l'ouest de l'île de Bouin et du continent, on aperçoit l'île de Noir-Moutier (1).

---

(1) La plaine de Noir-Moutier, exposée à l'invasion des sables, contient trois mille hectares, dont mille huit cents sont employés à la culture du blé ; le reste est occupé par les marais salans, les prairies, les canaux, les chemins et quelques landes stériles. L'île de Noir-Moutier offre un aspect très-monotone ; on n'y trouve pas une source d'eau vive, pas un ruisseau, pas un arbre. Il y avoit autrefois un bois de chênes verts sur la côte nord, qui, courbés par les vents d'ouest et de sud-ouest, penchoient sur la mer. La révolution a dépouillé cette côte aride, et on ne voit plus à la place du bois de la Chaise, qu'un roc hideux, dont les arbres garnissoient les fentes, et des sables stériles. On y compte cinq mille habitans. L'île se nommoit autrefois Héro ; une abbaye de moines noirs ou de bénédictins s'y étoit établie (*nigrum monasterium.*) elle prit le nom de Noir-Moutier.

L'Ile d'Yeu est terminée par une côte inaccessible, formée de rochers énormes qui s'élèvent de vingt-cinq mètres. Ces masses gigantesques présentent des formes singulières, des contours, des enfoncemens, des saillies. Au centre de cette côte est un château ruiné, de forme quadrangulaire, avec ses quatre tours, sur le penchant d'un énorme rocher, séparé de la terre voisine par un fossé profond que la mer remplit et laisse à sec deux fois par jour. Sur ce fossé étoit jadis un pont de bois qui formoit la communication du château avec une foule d'ouvrages aujourd'hui en ruines, et qui le couvroient du côté de la terre. La côte orientale offre un abordage sûr aux chaloupes et aux petits bâtimens. Le port est un port de marée, qui peut recevoir jusqu'à deux cents bâtimens de cent cinquante à deux cents tonneaux. Trois cent soixante maisons forment le principal établissement de l'île nommée Port-Breton. La moitié de l'île,

Nous allâmes à Saint-Jean-de-Mont, où Buonaparte vouloit établir un collége pour les fils des Vendéens, puis chez M. Robert où nous fûmes reçus comme des frères. M. Robert est un preux chevalier. Sa franchise n'a rien d'égal que son intrépidité. *Dieu et le roi*: cette noble devise de la Vendée mérite aussi d'être la sienne. Sous le dernier ministère, sa maison étoit surveillée par des gendarmes. C'est sous ce ministère qu'on lui a ôté sa place d'inspecteur des côtes, de receveur; on l'a ruiné pour récompenser son dévouement. Jamais, sous Buonaparte, on n'avoit fait de visites domiciliaires chez les Vendéens; un ministre du roi les a commandées. Le nom de ce ministre est plus odieux aux Vendéens que les noms les plus funestes de la révolution et de l'empire. Il a soupçonné leur dévouement et accusé leur loyauté.

M. Robert voit d'un côté la mer et ses dunes recouvertes de quelques lichens et de quelques plantes qui croissent dans le sable, de l'autre le Marais avec ses maisons basses et ses toits aux tuiles scellées avec de la chaux. Dans l'hiver les vaisseaux abordent d'un côté et les barques de l'autre. De Saint-Jean-de-Mont nous allâmes au Périer, lieu où M. de la Rochejaquelein fut enterré après le combat des Mathes et où M. de Clabat vint chercher son corps. La mer mugissoit, le clergé, le peuple étoient sur les barques, et les canons laissés dans le Marais tiroient par intervalles. Nous passâmes à côté de

---

à peu près, est consacrée à la culture; l'autre moitié est couverte de bruyères. Des sources vives se trouvent partout. On y a établi des batteries et construit un fort. (*Stat. du département de la Vendée.*)

Challans et de Saint-Christophe-du-Ligneron, de là à Soulans. En avant d'un petit bois, non loin de Soulans, est un champ couvert d'ajoncs où une pierre énorme à plusieurs pointes semble encore dressée pour le sacrifice des Druides. La république étoit un dieu plus terrible que le dieu des Druides. Elle avoit demandé le sacrifice de la Vendée, et ses adorateurs se sont empressés d'entasser les victimes dans ce malheureux pays. De Soulans nous vînmes à Comequier, puis chez M. Gotet, chef de la cavalerie de Charette, à qui nous demandâmes cette hospitalité que les Vendéens savent si bien accorder. M. Gotet est plein d'enthousiasme pour Charette. Il nous a donné beaucoup de détails curieux sur ce général. Son fils est sous-lieutenant depuis deux ans, et il n'est pas employé. Craint-on aussi le dévouement héréditaire!

De chez M. Gotet nous vînmes à Lanoue, puis à Apremont, où nous remarquâmes les restes d'un vieux château fort. La situation est très-pittoresque. De là à Aizenay, dont les environs sont très-rians. D'Aizenay à Bourbon par Venensault. Les ajoncs et les genêts couvrent tous les champs de ce pays.

De Bourbon, nous passâmes au bois de la Chaboterie où Charette fut pris, non loin de la Roche-Servière où en 1815 périt M. de Suzannet, un des preux de la Vendée, et deux nobles frères d'armes, MM. Dureau et de Cambourg. Modèles de toutes les vertus chrétiennes, ils rappeloient les anciens croisés par leur dévouement religieux. Dès 1814 ils étoient prêts à verser leur sang pour la cause sainte. Après avoir suivi le roi à la frontière avec sa fidèle maison militaire, ils accoururent dans la Vendée. A peine eurent-ils le temps de dire un dernier adieu à leurs jeunes épouses et à leurs enfans au berceau. Il trouvèrent une mort glorieuse sur le pont de Roche-Servière, et ces deux frères d'armes, si unis dans cette vie par une sainte amitié, furent réunis dans la mort. Nous traversâmes Belleville, où Charette rangea ses soldats en bataille devant M. de Rivière et leur demanda ce qu'ils vouloient que M. de Rivière rapportât au roi de leur part: l'armée entière cria *vive le Roi*, et Charette dit à M. de Rivière : « Ce que vous venez d'entendre est leur réponse et la mienne »; et Montaigu, où furent écrasés les restes de l'armée de Mayence échappés au combat de Torfou. C'est à Torfou et à Montaigu que la grande armée vint secourir Charette. « Où est l'ennemi, demanda M. d'Elbée à Charette, lorsque la grande armée le rencontra à quelques lieues de Chollet. — Il suit mes traces, répondit Charette, voyez ces tourbillons de fumée.» Torfou étoit livré aux flammes.

Nous arrivâmes à Nantes à l'entrée de la nuit. Le lendemain nous allâmes à la Dennerie. Rien n'est plus riant que les bords de l'Erdre. La Houssinière, Belle-Ile, les ruines du château du duc de Rais, frère du duc de Bretagne, et surnommé Barbe-Bleue, la Dennerie, la Gacherie, qui appartenoit à l'écuyer de Barbe-Bleue et qui est aujourd'hui à la famille de Charette, toutes ces maisons répandues sur les côteaux qui s'élèvent sur les deux rives de l'Erdre, rendent son aspect le plus délicieux qu'on puisse imaginer. Ce sont en petit les bords de la Saône. Une eau tranquille, des bois, des rochers, des prairies, des maisons charmantes.

Nous voulûmes voir aussi de l'autre côté de Nantes le rivage de la Loire, témoin des noyades. On nous dit que les Trapistes venus d'Angleterre descendirent dans cet endroit même, et quand ils surent où ils étoient, tous se mirent à genoux et prièrent pour ceux qui n'étoient plus. Ils remontèrent ensuite au milieu de la nuit la rivière de l'Erdre pour se rendre à la Meilleraie, où ils sont aujourd'hui. Une croix étoit sur leur bateau, et ils chantoient des hymnes à la gloire de l'Eternel. L'abbé est un homme d'un rare mérite. « Je puis tout dire, répète-t-il quelquefois, on ne rendra ni mon pain plus noir ni ma couche plus dure ». On lui parloit d'un changement de ministres. « On a changé de médecins, mais non pas de remède. »

Dans un premier voyage que j'avois fait à Nantes, j'avois vu Clisson qui en est éloigné de 6 lieues. Après avoir passé les ponts, on trouve le faubourg dont Charette s'étoit emparé. La route jusqu'à Clisson est peu variée, le pays est assez couvert. J'étois heureux de fouler cette terre de liberté et d'honneur. Je demandois aux enfans que je rencontrois qui ils étoient, pour leur faire répondre: *Vendéens*. Je vis au Pallet les ruines de la maison d'Abeilard où Héloïse mit au monde un fils d'une si rare beauté qu'elle le nomma Astralabe, astre brillant. J'arrivai enfin à Clisson-la-ville.

Clisson est situé au confluent de la Moyne et de la Sèvre nantoise. « Ces deux rivières, dit l'auteur de la notice historique sur Clisson, roulent l'une et l'autre à travers un rocher de granit, qui oppose des obstacles continuels à la rapidité de leur cours. Dans la Moyne, ces accidens forment à chaque pas de superbes cascades; mais dans la Sèvre, qui est beaucoup plus large et plus profonde, la grande différence des niveaux y produit des chutes d'eau d'un effet imposant. On ne peut se lasser, en suivant ces rivages sinueux et quelquefois escarpés, d'admirer l'heureuse variété de ces sites et le jeu brillant de ces eaux dont les nappes transparentes vont avec impétuosité et avec fracas se briser contre des rocs énormes. Tantôt cette rivière traverse en serpentant des prairies émaillées de fleurs, elle semble alors s'y reposer de ses chutes violentes, et quitter à regret les ombrages délicieux qui couvrent ses rives. Des chênes sont répandus sur ses bords. A chaque pas des rochers écroulés, couronnés d'arbres verts, couverts de mousse et de lierre, sont comme suspendus à une hauteur prodigieuse. »

Du plateau le plus élevé du bois de la Garenne, au milieu des rochers, au pied des vieux chênes, on voit la Sèvre au bas du vallon, et la ville sur plusieurs collines avec ses maisons bâties à l'Italienne et ses ruines anciennes et ses nouvelles ruines, les maisons brûlées par les bleus, et ce vieux château de Clisson (1) avec son donjon, ses tours, ses créneaux et son architecture moresque. Ces

---

(1) Le sire de Clisson, Olivier I, qui avoit fait rebâtir le château de Clisson au commencement du règne de Louis VIII, avoit fait construire cette forteresse dans le genre de celles qu'il avoit vues en Syrie et sur les bords du Jourdain. Ce n'est pas du style gothique, mais de l'architecture moresque. es profils et la forme des créneaux et des machicoulis sont semblables à ceux du château de Césarée appelé la *Tour des Pèlerins*, en Palestine. Voyez la *Notice historique sur la ville et le château de Clisson.*)

tours abandonnées, ces vestibules furent habités autrefois par un connétable de France et le dernier duc de Bretagne, François II, père de la duchesse Anne, qui fut deux fois reine de France. Ces portes en ogive, ces doubles herses, ces triples ponts-levis, ces galeries, sont livrés au silence, aux oiseaux de proie et aux ronces, et le lierre et les plantes sauvages croissent sur ses murailles et recouvrent des inscriptions et des vers.

Nous citerons encore la notice historique sur le château et la ville de Clisson : « Qu'est devenue cette cour galante de François II ? que reste-t-il des fêtes brillantes que ce duc de Bretagne donnoit dans cette enceinte à la belle Antoinette de Villequier ? où sont les armées royales et les nobles cortéges qui accompagnèrent dans ce château Philippe-Auguste, le preux Louis IX, la prudente Blanche de Castille sa mère, le farouche Louis XI, le conquérant Charles VIII, le père du peuple Louis XII, le magnanime François Ier, la reine Eléonore, le sombre Charles IX, et cette altière Catherine de Médicis ? Que sont devenus les souverains de France et de Bretagne qui visitèrent ou habitèrent cet antique manoir ? Ce donjon où tout respiroit l'effroi est à moitié écroulé, et le soleil éclaire maintenant l'intérieur de ces prisons dans lesquelles Jean Ier, duc de Bretagne, victime de la plus noire trahison, expia par une détention horrible la perfidie de son père envers le connétable de Clisson.

« On voit encore les ruines de cette chapelle où la belle Marguerite de Foix, dite sein-de-lis, mère de la duchesse Anne, reçut la foi de François II. Mais ces chevaliers renommés, ces héros fameux, ces souverains illustres, ces femmes célèbres, ces armées formidables, tout a disparu! et ces fiers remparts qui résistèrent jadis au fougueux duc de Bretagne Jean Ier, à la valeur de Henri IV, à l'ambition et aux armes du duc de Mercœur, ont été livrés eux-mêmes à la destruction par le temps, l'insouciance et les ravages de la guerre de la Vendée. »

D'une des tours du château de Clisson (1) où les bleus plaçoient une sentinelle pour éviter les surprises des Vendéens, la vue est immense.

Au milieu de la cour est un if. Il croît sur un puits taillé dans le roc. Ce puits, extrêmement profond, a été comblé avec de malheureux Vendéens.

---

(1) Le héros de la maison de Clisson, Olivier, quatrième et dernier du nom, naquit au château de Clisson en 1336. Il n'avoit que sept ans quand son père fut décapité par ordre du roi de France qui le soupçonnoit de trahison. Il fit ses premières armes avec sa mère, qui se battit contre Charles de Blois sur mer et sur terre avec un rare courage. Elle vendit tous ses bijoux, et quand il lui fut impossible de continuer la guerre, elle se retira à Hennebon auprès de la comtesse de Montfort, qui conduisoit la guerre pendant que son époux étoit prisonnier dans la tour du Louvre. Ces deux femmes singulières réunirent leurs fils. Après la mort de son père le jeune comte de Montfort prit le titre de duc de Bretagne. Olivier Clisson eut la plus grande part à la gloire de la journée d'Auray, où le brave comte de Blois perdit la vie, et où Duguesclin, qui commandoit dans l'armée de Charles, fut fait prisonnier. Irrité d'avoir été trompé par le duc de Bretagne, qui l'avoit envoyé en ambassade auprès de Charles V, et qui traitoit avec le roi d'Angleterre en faisant assurer Charles de son union avec la France, il passa au service de Charles et

Nous regrettâmes de ne pas aller à Tiffauges par Torfou. C'est, dit-on, un des lieux les plus beaux de la Vendée. A Tiffauges nous aurions vu M. de la Bretèche, qui fait le plus noble usage de sa grande fortune, et qui s'est fait admirer dans la dernière guerre. C'est à Torfou qu'un soldat de la paroisse de Thouarcé traversa toute une colonne de bleus pour aller tuer le premier cheval attelé au premier canon qui passoit sur le pont de Torfou et arrêter ainsi l'artillerie en encombrant le pont. Il revint après avoir tué le postillon avec un pistolet qu'il lui arracha. C'est là que demeure Subileau. On connoîtra suffisamment Subileau après ce que je vais raconter. Au combat de Roche-Servière, il se trouva avec un de ses

---

s'unit d'une étroite amitié avec Bertrand Duguesclin. Il contribua puissamment à chasser les Anglois du royaume. Après la mort de Duguesclin, il fut le quatre-vingt-deuxième connétable de France, et gagna, en présence du roi, la fameuse bataille de Rozebecq contre les Flamands. Clisson s'occupa d'une descente en Angleterre. Richard effrayé détermina Jean IV à le délivrer de Clisson. Le duc de Bretagne invita Clisson, le sire de Laval, le sire de Beaumanoir à venir visiter le château de l'Ermine qu'il faisoit bâtir, et sous prétexte de faire examiner les fortifications de la principale tour par Olivier, il l'y fit entrer et enfermer. Le sire de Laval, beau-frère d'Olivier, protesta contre cette trahison. Le sire de Beaumanoir s'informant avec inquiétude de ce qu'étoit devenu le connétable, le duc voulut frapper de sa dague Beaumanoir au visage; Beaumanoir mit un genou en terre et le pria de ne pas faire une action qui le déshonoreroit. Le duc le fit enchaîner dans la tour avec Olivier. On connoit et l'ordre du duc de faire mourir Clisson, et la désobéissance de Bavalan, et les remords du duc, et sa joie quand il sut que Bavalan ne lui avoit pas obéi. Peu

cousins, entouré dans un champ par une troupe de bleus qui les attaquèrent. Le cousin de Subileau, se voyant dans un si grand danger, fut tellement frappé de terreur, qu'il se laissa tuer sans se défendre. Pour Subileau il se battoit toujours, alors les bleus lui dirent : « Tu es un brave, rends-toi, on ne te fera pas de mal. » Subileau, épuisé de fatigue, se rendit. Quand les bleus le virent désarmé, ils se jetèrent sur lui, le percèrent de coups de baïonnette et de coups de sabre; un officier passa, et il fut indigné de voir cinquante hommes s'acharner sur un seul qui n'avoit pas d'armes. Il le prit sous sa protection et le fit conduire dans une maison du bourg. On le coucha sur une paillasse près d'un bleu blessé. Deux

---

de temps après Pierre de Craon, qui attribuoit au connétable sa disgrâce, l'attaqua dans la nuit, et il fut couvert de blessures par les ducs de Bourgogne et de Berri. Clisson fut persécuté quand Charles VI fut devenu fou. Il eut à soutenir ensuite une guerre contre le duc de Bretagne, avec qui il se réconcilia si complètement que celui-ci lui laissa par testament le gouvernement de son duché et la tutelle de ses enfans en bas âge. Clisson, à qui le duc avoit fait parler de paix, lui avoit demandé son fils en ôtage. Voyant arriver à Josselin ce jeune prince qui n'avoit pas six ans, il ne voulut pas le laisser descendre de cheval, et le ramena lui-même à son père qui étoit à Vannes. Ce trait de générosité triompha du ressentiment du duc de Bretagne. Clisson mourut en 1407 dans son château de Josselin à soixante-onze ans. Le coup de lance de Duguesclin et le coup de hache d'armes d'Olivier étoient célèbres en ce temps.

Le fils de Jean IV fut enfermé par la trahison du gendre de Clisson dans le château de Clisson dont il sortit enfin, et il fit confisquer les biens de Ponthiérie.

François II, duc de Bretagne, faisoit sa résidence habituelle

autres bleus gisoient dans un autre lit. Cette chambre avoit déjà renfermé plusieurs blessés, et le sang ruisseloit sur le plancher. Les deux bleus qui étoient dans le même lit se plaignoient bien haut, et moururent bien-

---

à Clisson, et donnoit des tournois dans les prairies situées sur la rive droite de la Loire. Ce terrain s'appelle encore aujourd'hui la *prairie des guerriers.*

François II, très-faible, et qui se laissoit gouverner par ses favoris, vit se liguer contre lui les seigneurs de Laval, de Rohan, de Rieux, qui favorisoient les prétentions de Charles VIII sur le duché de Bretagne. Laudois son favori fut pendu à Nantes à l'insu du duc qui vouloit lui faire grâce.

La France étoit alors agitée par l'ambition de madame de Beaujeu. Le duc d'Orléans se mit à la tête d'un parti, et négocia avec le duc François II dont il espéroit épouser la fille. Découvert il se réfugia au château de Clisson. On sait que le duc d'Orléans fut fait prisonnier par Louis de la Trémouille, à la bataille de Saint-Aubin, et que François II étant mort à Coiron d'une chute de cheval, la duchesse Anne épousa Charles VIII, et unit ainsi la Bretagne à la France.

Après son mariage, Charles VIII donna des fêtes à Clisson à la noblesse de Bretagne.

Le château de Clisson tint constamment pendant la ligue pour Henri III et Henri IV. Henri IV poursuivit un lieutenant du duc de Mercœur de Clisson jusqu'au faubourg de Pilmil, à Nantes.

Henri III mit le siège devant Clisson que le duc de Mercœur avoit pris. Enfin l'acte de pacification conclu avec le duc de Mercœur à Angers termina la guerre, et Henri fit son entrée à Nantes en 1598 où il rendit l'édit de tolérance qu'on appelle l'édit de Nantes. Il n'est plus question de Clisson dans l'histoire jusqu'en 1795, où ces murs qui avoient vu Henri IV virent Charette et des François fidèles jusqu'à la mort du Béarnais.

tôt l'un après l'autre. « Celui qui étoit à côté de moi, dit Subileau, se plaignoit plus doucement; il disoit: « Ah! » je souffre bien, mais pas encore assez! Las! que je » souffre!... Ah! si une âme charitable pouvoit me don- » ner à boire! » moi j'entendais; je me dis: Je pourrais prendre la cruche où l'on m'a fait boire; mais je ne pus me lever. Je me roulai et je me laissai tomber du lit sur le côté gauche, parce que mon bras droit n'étoit pas blessé. Je pris la cruche quand je fus à terre, je tournai le bras, et je la lui donnai. Il but! il but! puis il me la rendit en disant : « Ah! Dieu ne peut pas avoir pitié de moi; » mais si pourtant j'allois en paradis, tenez mon ami, » je prierais Dieu pour vous; je vous remercie. » Et il mourut en disant cela. Je me dis : Bon! voilà un homme qui se reconnoît, il parle de Dieu. Et je priai Dieu pour lui. Je restai toute la nuit par terre dans le sang de ces trois morts et de *ceux d'avant*. Le lendemain une femme vit couler du sang par-dessous la porte, elle l'ouvrit, me trouva dans la chambre, et je fus soigné. »

Subileau a conservé le chapeau tout troué qu'il avoit ce jour-là. Ne pouvant plus s'en servir il l'a accroché au mur de sa chambre, ce qu'il appelle lui avoir donné les Invalides.

De Nantes, nous allâmes à Prinquiaux par Savenay; nous voulions voir le lieu où s'étoient réfugiées madame de la Rochejaquelein et madame de Donissan, sous des habits de paysannes. Nous suivîmes la Loire jusque vis-à-vis de Paimbœuf. La Loire est très-large au moment de se jeter dans la mer. Nous n'étions plus qu'à six lieues de la Basse-Bretagne. Non loin de là M. de Coislin commandoit les Bretons dans les cent jours. Le nom de Cadoudal étoit encore une fois exposé aux dangers et à la gloire. Les Bretons se montroient dignes des Vendéens, et ces deux nobles provinces vengeoient l'honneur de la France.

Les rives de la Loire sont très-belles près de cette paroisse de Prinquiaux, étonnante par son dévouement. Ces Bretons-là ne sont qu'un cœur et qu'une âme avec les Vendéens. A Prinquiaux, quand on voulut envoyer un intrus, tous les paysans armés de pierres et de faux se placèrent devant l'église, et déclarèrent que jamais un prêtre constitutionnel n'y entreroit. C'est dans la chapelle de Prinquiaux qu'on tira sur les paysans rassemblés dans l'église. Près de là on remarque à peu de distance de la route deux monticules; dans l'un sont enterrés les Vendéens, dans l'autre les bleus. C'est à Savenay que furent anéantis les Vendéens de l'armée qui avoit passé la Loire.

Nous revînmes à Nantes, où nous vîmes le château, la fenêtre par où le cardinal de Retz s'échappa, et l'église de Saint-Pierre. Un Prussien conduit dans les tours de cette église, et à qui on montroit la Vendée de l'autre côté de la Loire, leva son chapeau en disant : « Salut, terre de l'honneur et de la félicité. »

C'est dans cette église qu'est le tombeau de François II et de Marguerite de Foix sa seconde femme; ils sont représentés couchés. Trois anges soutiennent les coussins sur lesquels reposent leurs têtes; à leurs pieds sont un lion et une levrette. Autour du tombeau sont les douze apôtres, saint François, sainte Marguerite, Charlemagne et saint Louis. Aux quatre angles du tombeau, quatre statues de grandeur naturelle : la Prudence, la Force, la Tempérance et la Justice. Cet ouvrage est d'un sculpteur d'Italie (Paul Ponce Trébati), au commencement du seizième siècle. Nous allâmes sur la place de Viarme, à l'endroit où Charette a été fusillé. Ses ossement furent transportés dans un champ, sur la route de Rennes, et ce champ est encore labouré (1). *Ingrata patria !*

Nous avons visité l'entrepôt, le lieu où l'on entassoit les Vendéens pour les mariages républicains et pour la guillotine. C'est aujourd'hui un magasin de fer. Un jour, quatre-vingts Vendéens conduits à la mort y allèrent en chantant des hymnes. Ceux qui étoient placés dans les maisons voisines ne distinguoient le nombre des morts que par les chants qui alloient toujours en s'affoiblissant. Le dernier continuoit encore ce chant sublime avant d'être frappé. Les enfans exhortoient leurs pères quand ils marchoient au supplice. Mme de la Roche-Saint-André, très-avancée en âge, voyant ses enfans conduits à la mort, s'attachoit aux barreaux de sa prison pour leur crier de mourir avec courage. Nous quittâmes Nantes pour nous rendre à Angers. Nous remarquâmes à cinq lieues de Nantes le château de la Seilleraye, plus loin la tour d'Oudon ; vis-à-vis, de l'autre côté de la Loire, le

---

(1) Du soc de la charrue on dit qu'un laboureur
　　Entr'ouvrit une tombe, et, saisi d'épouvante,
　Vit Marius lever sa tête menaçante,
　Et, les cheveux épars, le front cicatrisé,
　S'asseoir, pâle et sanglant, sur son tombeau brisé.

　　　　　　　　　　　　　　　La Pharsale

vieux château de Champtoceaux, la demeure des anciens ducs de Bretagne. Ancenis nous rappela les désastres de l'armée vendéenne, et à Varades nous nous arrêtames pour aller à Saint-Florent et à la Baronière, lieu où a été élevé M. de Bonchamp.

Après avoir visité à Varades le monument qu'on élève à M. de Bonchamp, nous descendimes à la Meilleraie pour traverser la Loire et nous rendre à Saint-Florent.

C'est à la Meilleraie que M. de Bonchamp rendit le dernier soupir. Nous entrâmes dans la maison où fut déposé ce grand homme au sortir du bateau, et où il mourut comme autrefois *le bon Connétable*.

Nous remontâmes l'Evre, dont les rives sont charmantes. Des prairies descendent jusqu'aux bords. La nature a fait là ce que l'art a produit à Morfontaine et à Ermenonville. On rencontre à chaque pas des côteaux, des rochers, des ruisseaux, de jolies maisons. C'est le Bocage, c'est l'aspect des vallons que nous avions trouvés avant Beaupréau. Nous écoutions notre guide qui avoit traversé la Loire avec l'armée vendéenne. Il ne nous entretenoit que de M. de Bonchamp et de M. Henri. « Ils s'entr'aimoient tous deux, nous disoit-il. » Tous deux, en effet, avoient trois excellentes choses et qui bien conviendroient à parfait chevalier : assaut de levrier, défense de sanglier et fuite de loup. Il nous rappeloit les reproches sévères qu'adressoit M. de Bonchamp à M. de la Rochejaquelein, parce qu'avec trente hommes il s'étoit glissé dans les genêts pour compter à ses bivouacs l'armée républicaine. « A Laval, nous disoit-il, c'est là qu'il y avoit un joli coup de feu tant d'eux que de nous ». C'est à Laval que Henri de la Rochejaquelein donna la vie à un soldat qu'il avoit désarmé, et lui dit ces paroles remarquables: « Va, retourne vers les républicains, dis-leur que le général des royalistes, sans armes et privé de l'usage d'un bras, t'a terrassé et t'a laissé la vie. »

Nous arrivâmes à la Chapelle de Saint-Florent où le curé nous reçut à merveille. De la Chapelle Saint-Florent on domine Saint-Florent et un pays immense. « De là, nous disoit le curé, quand le feu fut mis à Saint-Florent, on voyoit les flammes s'élever en gerbes de six pieds au-dessus du clocher. » Le curé, qui avoit beaucoup connu M. de Bonchamp, et qui avoit passé la Loire avec lui, nous conduisit à la Baronière, où les paysans sont venus chercher M. de Bonchamp. Il n'y a plus aujourd'hui qu'un pavillon en pierres de taille qui servoit d'escalier au château, et dont la forme est assez pittoresque, des restes de terrasses, de charmilles et de jardins. Une suite de côteaux couverts de genêts, de houx et de chênes, et dont le mouvement est fort doux, s'élèvent au dessus de l'Evre, vis-à-vis de ces ruines. Du lieu où M. de Bonchamp a été élevé on voit le clocher de Saint-Florent, près duquel il est mort. Nous avons trouvé là un ancien métayer qui l'avoit vu grandir, et le curé qui l'a confessé à son lit de mort, et qui a commencé auprès de lui les prières des agonisans que sa douleur ne lui permit pas d'achever. Un paysan passoit près de nous: *Voilà un porte-étendard*, nous dit notre guide. Ce n'est pas moi qui l'ai perdu, s'écria aussitôt cet homme dont les oreilles avoient été frappées du mot d'étendard. En effet il avoit rapporté son drapeau de Granville. Nous parlâmes à ce bon paysan de M. de Bonchamp, qu'il avoit aidé à transporter de Chollet à Saint-Florent. « Brave Bonchamp, où es-tu, s'écria le Vendéen les larmes aux yeux. » Il s'appeloit René Pérault, et on voit sur son front la cicatrice d'une balle dont il a été frappé à la Roche-d'Erigné.

Au-dessous de la Baronière sont des moulins dans la situation la plus pittoresque qu'on puisse imaginer. Des rochers presque à pic descendent jusqu'à l'Evre, qui serpente et semble former plusieurs rivières dans des prairies délicieuses. Les côteaux se réunissent de toutes parts et forment une enceinte. Au fond du vallon, près des moulins de Coulen, la rivière se brise en plusieurs cascades. Sur l'un des côteaux sont des prairies séparées comme celles de la vallée de Campan; sur l'autre des bois de chêne et des rochers. On entend le bruit d'un torrent et le murmure d'un ruisseau, qui vient se jeter dans l'Evre à travers un autre vallon. Là aussi on s'est battu dès les premiers jours; là quelques paysans arrêterent huit cents républicains.

Nous redescendîmes à la chapelle de Saint-Florent et nous allâmes visiter le cimetière où sont les tombeaux de la famille Bonchamp. Près de là est la chapelle de Notre-Dame-de-l'Ouie; et dans un cercueil en bois sont déposés les restes de M. de Bonchamp. Tous les souvenirs de la mort de M. de Bonchamp se représentèrent au bon curé. Il nous rappela ses derniers momens. Au moment d'expirer il me fit appeler. « Je n'en puis plus, me dit-il, »

et après avoir reçu le saint viatique : « Que j'ai de joie de mourir ainsi ». Le curé ajouta : « Je commençai les prières des agonisans, mais je fus bientôt obligé de cesser ; le cœur me faisoit mal. Je priai le vicaire de Luçon de continuer ».

M. de Bonchamp est véritablement celui de tous les généraux de la Vendée qui étoit le plus fait pour concevoir de grands plans et commander de grandes armées. Il n'y a que deux chances de succès, disoit-il dès le commencement ; la guerre étrangère vigoureusement poursuivie, et je n'y crois pas, ou l'insurrection d'une autre province. Il ne vouloit faire la guerre qu'avec des corps de deux mille hommes, une guerre de partisans. Il avoit deviné la guerre d'Espagne. Quand l'armée de Mayence vint attaquer la Vendée, M. de Bonchamp proposa de passer la Loire avec dix mille hommes, de soulever la Bretagne ; et quand on auroit attiré les Mayençois à Angers et à Nantes, de repasser la Loire avec les Bretons. Lorsqu'on s'occupa de remplacer Cathelineau, M. de Bonchamp ne voulut pas aller au conseil, et il exigea que ses officiers donnassent leurs voix à M. d'Elbée. Il préféroit obéir à commander. Il inspiroit la plus grande confiance à ses soldats. « Allons, viens, *grande désarmée*, » disoient les républicains à la grande armée qui avoit perdu Marie-Jeanne ; « Tu vas nous voir, répondirent les Vendéens, et ce n'est plus à d'Elbée, mais à Bonchamp que tu as affaire. »

On peut dire de lui ce que le *loyal serviteur* disoit de Bayard : « Il a été en plusieurs batailles gagnées et perdues. Mais où elles ont été gagnées, Bayard en étoit toujours en partie cause, et où elles se sont perdues, s'est toujours trouvé si bien faisant, que gros honneur lui est demeuré. »

Son humanité le faisoit aimer même de ses ennemis. Les soldats de M. de Bonchamp vouloient tuer les bleus qui avoient incendié son château : « Arrêtez, leur dit-il ; le sang qui appartient au roi ne doit pas être versé dans l'intérêt d'un seul.

M. de Bonchamp, voyant des colonnes vendéennes presque ébranlées à l'aspect d'une armée très-supérieure en nombre, cria aux siens pour toute harangue : « Blancs, les bleus vous regardent. » La France ancienne et la France nouvelle combattoient alors. La convention et ses envoyés représentoient l'une, l'armée vendéenne et ses généraux représentoient l'autre. Quand M. de Bonchamp mourut, les républicains se réjouirent comme s'il *n'y avoit plus eu de Vendée.*

Nous redescendîmes à Saint-Florent, et nous passâmes près du champ des Martyrs, lieu ainsi nommé parce qu'une foule de Vendéens y ont été ensevelis. Saint-Florent domine les deux rives de la Loire et un pays magnifique qui forme un cercle immense autour du côteau, où sont les restes de la belle abbaye de ce nom. La Loire passe auprès de la colline, et deux îles coupent la rivière en cet endroit. Ce sont les îles fameuses par le passage de l'armée vendéenne. L'une portoit depuis long-temps le nom de Batailleuse. Vis-à-vis est la Meilleraie. Varades est sur une hauteur opposée. Ancenis est à gauche, le beau château de Serran à droite, derrière nous la Baronière, et sous nos yeux des bois, des vignes, des prairies, un horizon immense. Saint-Florent est certainement un des aspects les plus beaux de la Loire.

L'armée vendéenne quittoit son pays qu'elle n'avoit pu sauver. Elle avoit vu ses villes embrasées, ses campagnes ravagées, et elle traînoit dans sa défaite cinq mille prisonniers qu'elle étoit obligée d'abandonner et qui alloient se tourner contre elle : « Usons de représailles, dirent quelques officiers, » et ce cri fut répété par quelques soldats. M. de Bonchamp mourant demande la grâce des prisonniers. Dès que ses vœux sont connus, de tous côtés on entend répéter : « Grâce, grâce, sauvons les prisonniers, *Bonchamp le veut, Bonchamp l'ordonne.* » Les bleus que M. de Bonchamp et l'armée vendéenne venoient de sauver tournèrent contre leurs bienfaiteurs les canons que ceux-ci laissèrent à Saint-Florent.

C'est à Saint-Florent qu'eut lieu le premier mouvement pour la levée des trois cent mille hommes. Les jeunes gens se révoltèrent, on tira sur eux. Quatre hommes restèrent fermes. Les autres revinrent, s'emparèrent de Saint-Florent et de Beaupréau. Cathelineau se mit à leur tête. M. d'Elbée se joignit à Cathelineau et marcha sur Chollet. Le jour de la prise de Chollet, on envoya à la Baronière chercher M. de Bonchamp. Quatre-vingts républicains se portant sur Chalonne se trompèrent de chemin et arrivèrent à Beaupréau, où ils furent faits prisonniers par quinze hommes qu'on y avoit laissés. Leurs chevaux servirent à monter quelques paysans, et voilà les commencemens de la guerre de la Vendée.

C'est à Saint-Florent que la grande armée avait pris naissance, c'est à Saint-Florent qu'elle passa la Loire abandonnant la Vendée.

Madame de Bonchamp ne possède plus rien dans le lieu où son mari avoit son patrimoine. Elle loge chez le curé quand elle va voir cette terre qui doit lui être si chère. Ses biens ont été vendus par la justice pour acquitter les dettes que M. de Bonchamp a contractées pour le roi. On sait tout ce que madame de Bonchamp a souffert. Elle a passé sept jours dans le creux d'un arbre; les paysans lui portoient à manger. Elle a gardé deux jours son fils mort dans ses bras.

Les Bretons élèvent à Varade un monument à la gloire de M. de Bonchamp, et les Vendéens à Saint-Florent, dans l'endroit même où il fit épargner 5,000 prisonniers.

Les Vendéens désiroient que ce monument fût placé sur l'esplanade, à la pointe du rocher. On ne l'a pas voulu et on l'a relégué dans le chœur de l'église, pour ne pas exposer sans doute à l'admiration publique la statue d'un général mort pour son Dieu et pour son roi.

Les ruines se releveront peu à peu dans la Vendée; les souvenirs s'affoibliront aussi. « Avec le temps toutes choses se passent, dit un vieil historien, fors Dieu aimer. » La Vendée pourra bien aussi tout oublier, fors Dieu aimer.

Nous passâmes rapidement à Ingrande, célèbre par ses mines de charbon, à Champtocé, où sont les ruines d'un château des anciens ducs d'Anjou, à Serran, château superbe, et nous arrivâmes à Angers, d'où nous allâmes le soir même aux ponts de Cé.

Les ponts de Cé ont été, dit-on, construits par Jules César. Ils sont au nombre de quatre (1).

Nous vîmes la Roche d'Erigné, d'où les Vendéens précipitoient les bleus dans la Loire. La vue est magnifique. C'est dans un chemin entre les deux montagnes qu'on appelle *buttes d'Erigné* que M. de Bonchamp se trouva comme autrefois le roi Louis VII dans la Palestine, entouré de cinq ennemis qui le sommèrent de se rendre. Il en tua un, en blessa un autre, et quelques-uns des siens arrivèrent et le sauvèrent : mais il fut encore blessé; jamais général ne l'a été plus souvent.

Nous revînmes à Angers. Les anciennes chroniques de l'Anjou font descendre les Angevins d'Ajax, qui après le siége de Troie, vint bâtir Angers. Au-dessous d'Angers on voit encore le fameux camp de César, qui formoit un triangle presque équilatéral dont l'un des côtés étoit formé par la Loire, l'autre par la Maine, et la base par une levée de terre qui s'étendoit de l'une à l'autre rivière.

---

(1) Le premier est composé d'une chaussée et de sept arches en pierre. Il se termine au faubourg Saint-Aubin, séparé de la ville par un autre pont qui a dix-sept arches en pierre et trois travées en bois. Le troisième est composé de dix-neuf travées en bois et deux arches en pierre. Le quatrième a cinquante-deux arches en pierre et neuf travées en bois. Ces quatre ponts comptent cent neuf arches en pierre et en bois.

Cent mille hommes pouvoient se renfermer dans l'espace que comprenoient ces trois lignes. On trouve tous les jours dans ce camp des médailles de Constantin.

Angers a été témoin d'une foule de morts héroïques. Stoflet y mourut en criant *vive le roi*. Buonaparte appeloit les Vendéens le peuple de géans. Il avoit raison. Leur grandeur étoit d'un autre âge. La religion avoit fait ce peuple tout entier.

Nous partîmes ensuite pour le Mans, ville remplie des souvenirs de la guerre de la Vendée et de ses terribles suites. Quarante jeunes gens condamnés par le tribunal du Mans furent conduits au supplice en chantant le *Salve regina*. M. de la Bigotière, l'un d'eux, dit à un républicain qu'il voyoit attendri : « C'est vous et non pas moi qu'il faut plaindre. » Nous avions traversé la Flèche, où est déposé le cœur de Henri IV. Tous ces lieux rappeloient le triste passage de la Loire et des combats plus tristes encore. Victoires, défaites, tout amenoit également la fin terrible de cette armée magnifique qui sortit de la Vendée quand elle ne put plus la défendre. Nous avons suivi sa marche. Dans un voyage que nous avions fait quelque temps auparavant, nous avions passé à Dol, à Pontorson et à Dinan (1), et de l'île de Césambre près

---

(1) Dinan est sur une hauteur et ressemble un peu à Lausanne; les environs sont très-rians. On y voit encore une vieille tour où habitoit la duchesse Anne de Bretagne, et qui est aujourd'hui une prison ; une place où Duguesclin combattit en champ clos contre un Anglois félon et déloyal ; une rue où l'on montre encore la maison du connétable.

de Saint-Malo (1), nous avions vu Granville, que les Vendéens attaquèrent vainement quelques jours avant d'aller s'ensevelir dans les forêts de la Bretagne.

---

(1) Duguay-Trouin, M. de Châteaubriand et M. de la Mennais sont nés à Saint-Malo.

VOYAGE

DANS

LE MIDI DE LA FRANCE.

Un voyage dans les provinces du midi de la France semble être une continuation d'un voyage dans la Vendée. Dans les cent jours Bordeaux, Toulouse, Nîmes, Avignon, Marseille ont partagé la gloire de ce noble pays. Comme nous désirions aller à Bordeaux, nous voulûmes traverser de nouveau le pays que nous avions parcouru l'année précédente. Nous revîmes Versailles, demeure digne d'un roi, et bâti par un homme qui a su tellement s'approprier ce nom, qu'on disoit dans toute l'Europe *le Roi est mort* quand Louis XIV mourut; Rambouillet, Epernon, Maintenon, Chartres, lieux qui rappellent François Ier, Louis XIV et Henri IV; Châteaudun, le séjour de Dunois; Vendôme, nom que portoit un grand capitaine du sang des Bourbons, et Tours, où les soldats de Mahomet reculèrent devant les soldats de Jésus-Christ. Tours présente de ce côté un aspect superbe. La route de Paris ne forme qu'une avenue avec le pont et la rue Royale, et la Loire coule devant la ville à travers une riche campagne.

La situation de la ville de Tours est très-célèbre. « On pourroit appeler la Touraine, disait Gui de Bentivoglio, nonce du Pape, l'Arcadie de la France; mais si elle n'a pas le nom d'Arcadie, elle a du moins mérité celui de jardin de la France, et en vérité on trouve que ce n'est pas sans raison, quand on considère cette belle Loire qui l'arrose, ces rivages si rians, ces campagnes si riches et ces vues si pittoresques. Que vous semble (le nonce écrivoit à un grand d'Espagne qui habitoit à Rougemont, maison abbatiale de Marmoutier) de la position de la ville de Tours et de ce village voisin où est situé le célèbre monastère de Marmoutier. Que vous semble de ces petites îles qui de loin forment un pont que la nature paroît ajouter à celui que l'art a élevé et sous lequel le fleuve se déploie pour entrer dans la ville. Que vous semble enfin de cette multitude d'arbres qui s'élancent du milieu des habitations d'une partie de la ville, et du village et de ces îles qui de tous côtés groupent ou diversifient ces scènes riantes ? »

Dans ce beau pays a dû toujours vivre une race d'hommes à part, *gente molle e lieta*, nation molle et heureuse, dit le Tasse. Tous les sentimens y sont calmes, et la Touraine ne demande que le repos, aussi le retour des Bourbons y a-t il été appris avec enthousiasme, parce que ce retour lui rendoit la paix. Les Bourbons s'interposoient alors comme médiateurs entre nous et les étrangers. Eux seuls ne pouvoient être accusés par l'Europe ni par la France. Ils nous arrachoient à nos propres fureurs et à la vengeance de l'Europe.

Durant les cent jours il n'y a eu que sept fédérés à Tours, quatre seulement étoient de la ville, et pas un seul cri de *vive l'Empereur* ne s'y est fait entendre. Quand nous y avons passé, deux écoles des frères venoient d'être établies, et les parens y envoyoient en foule leurs enfans. Une souscription avoit produit 20,000 fr., et le conseil général avoit proposé 10,000 fr. pour cette fondation. On a accusé Tours de n'avoir aucun nom dans les lettres, mais c'est une injustice ; Rabelais, Racan, Descartes, Commire, Rapin, sont nés dans la Touraine.

Philippe-Auguste et Richard Cœur-de-Lion se disputèrent ce beau pays les armes à la main.

Jean Boucicaut et Jean de Saintré, tous deux nés en Touraine, étoient réputés les plus braves chevaliers de leur temps. Le fils de Jean de Boucicaut fut nommé maréchal de France à vingt-cinq ans.

Les états-généraux ont souvent été assemblés à Tours.

Tout ce pays est plein de châteaux habités par nos rois. On voit encore les restes du château de Plessis-lez-Tours « lieu, dit un ancien historien, où s'étoit retiré le roi Louis XI pour trouver repos à son accoutumé labeur, et se séparer des princes et seigneurs qu'il avoit en suspection, laquelle procédoit de ce qu'il vouloit être craint de tout le monde. Or il advient que ceux qui veulent être craints, non-seulement craignent les grands mais les petits. »

Ce château a donné son nom au cardinal d'Amboise : sage pilote de la France, dit Mézeray, ministre sans avarice et sans orgueil, cardinal avec un seul bénéfice, qui, n'ayant en vue d'autre richesse que celle du bien public, s'est amassé un trésor de bénédictions dans toute la postérité.

Amboise est célèbre entre les autres châteaux de la Touraine : c'est à Amboise que François Ier, qui célébroit les noces de Renée de Montpensier avec le duc de Lorraine, alla seul au-devant d'un sanglier furieux qui étoit monté jusqu'à l'appartement des dames, et le tua en le perçant de son épée.

La Touraine a été un moment l'apanage de cette belle Marie Stuart, dont le cœur étoit si Français, et qui est morte avec tant de courage après dix-huit ans de captivité.

La Touraine fut aussi le théâtre des dissensions de la ligue ; c'est près de Tours qu'eut lieu l'entrevue de Henri III et du roi de Navarre. « De toute sa troupe, dit cet historien en parlant du roi de Navarre, nul n'avoit de manteau et de panache que lui. Tous avoient l'écharpe blanche, et lui vêtu en soldat, le pourpoint tout usé sur les épaules. Tous les arbres même du château du Plessis étoient chargés de peuple, ajoute le même historien. » Ce fut là que les deux rois résolurent de marcher sur Paris.

Le château de Tours qui a été détruit occupoit une partie de l'enceinte de l'ancien palais que les empereurs Romains avoient dans cette ville. Mais il en reste une tour qui porte le nom du duc de Guise. « On [1] voyoit il y a peu de temps la chapelle royale où Charles VII et Louis XI furent mariés. Cette chapelle existoit en 1591 lorsque Charles, duc de Guise, s'échappa de la tour où il étoit renfermé, puisqu'on rapporte que ce fut immédiatement après y avoir fait ses prières. Il y avoit été conduit le jour que son père périt au château de Blois. Il étoit fils de Henri-le-Balafré et se nommoit alors le prince de Joinville. Après deux ans et trois mois de détention, le 15 août 1591, il se sauva par l'une des deux fenêtres voisines du toit, que l'on distingue encore quoiqu'elles soient fermées en maçonnerie [2]. »

---

[1] Voyez les Recherches sur la Touraine.
[2] Cette évasion fut assez singulière et assez importante dans

La mission qui a été donnée à Tours par M. de Janson a fait beaucoup de bien. On ne peut se dissimuler son résultat, pour que j'entre ici dans quelques détails peu connus.

Le jour de l'Assomption, le duc entendant sonner midi entra dans la chapelle pour y faire ses prières. C'étoit l'heure à laquelle on fermoit les portes de la ville, dont les clefs étoient portées chez le maire. En sortant le duc proposa aux quatre archers qui le gardoient un prix pour celui qui monteroit tout l'escalier à cloche-pied. Comme il étoit en avance de trois ou quatre marches, il prit aussitôt sa course, monta rapidement les degrés, se saisit de la porte qu'on avoit fait faire exprès pour le tenir plus sûrement, et la fit garder par ses gens avec ordre de ne l'ouvrir à personne; ensuite il monta dans sa chambre, muni d'une corde qu'un blanchisseur lui avoit apportée parmi son linge. D'autres disent, avec moins de vraisemblance, qu'un joueur de flûte l'avoit introduite dans son instrument; il l'attacha à un bâton qu'il plaça entre ses jambes, et se fit ainsi couler par ses gens le long de la tour.

Les gardes l'ayant aperçu des fenêtres du château tirèrent sur lui quatre coups d'arquebuse, dont aucun ne l'atteignit. Ses domestiques épouvantés lâchèrent la corde, de manière qu'il tomba un peu brusquement de la hauteur de quinze à vingt pieds, et fut légèrement blessé aux genoux et aux reins. Il se releva cependant, et, sans même songer à reprendre son chapeau, il s'enfuit le long des murs de la ville jusqu'au faubourg de Biene, où il rencontra un valet qui menoit à l'abreuvoir un cheval dont il s'empara, et sur lequel il courut au galop jusqu'à l'endroit qu'il avoit indiqué à ses gens. Ceux-ci le voyant venir sans chapeau et sur un cheval à poil, prirent le change et s'enfuirent; cependant un laquais s'étant retourné, le reconnut à ses habits, et lui donna un autre cheval.

L'alarme s'étant mise au château et dans la ville, plusieurs personnes montèrent à cheval, entre autres deux Ecossois de la garde du roi, qui l'eussent joint infailliblement sans un habitant du faubourg de Biene, qui en arrêta un par la bride, en lui

que la Touraine, comme les provinces des environs de Paris, a perdu ses antiques mœurs. La foi s'y est altérée, et il est impossible de ne pas remarquer que si la révolution a rapproché de la religion les classes supérieures de la société, elle a singulièrement affoibli la foi dans les campagnes et parmi le peuple des villes. Les missions réparent cette grande plaie de la France. Honneur donc à ces hommes admirables qui régénèrent notre patrie! Les missionnaires sont les véritables restaurateurs de la monarchie françoise. C'est ce que sentoit admirablement M. Freyssinous, quand il s'écrioit : *Oui, je les aime de toute la haine que leur portent leurs ennemis.* Par-tout où nous avons passé après les missionnaires, nous n'avons recueilli que des bénédictions pour eux.

On se préparoit à Tours aux élections. Les candidats portés par les royalistes sont MM. de Jouffrey et d'Effiat, deux hommes qui siégeroient à côté de MM. de Marcellus et de Maccarthy, et qui seroient dignes d'eux. Les jacobins, dit-on, présentent le destructeur de l'abbaye de

---

disant : « Que veux-tu faire au jeune prince? » Son compagnon étant venu à son secours, le peuple s'attroupa, et cet incident inattendu donna le temps au prince de passer le Cher et de joindre à Saint-Avertin le baron de la Maisonfort, qui l'y attendoit avec deux cents gentilshommes, et qui le conduisit à Bourges, où il fut reçu avec de grands témoignages d'allégresse. Cet événement, dont on s'alarma d'abord, produisit un effet tout contraire à celui qu'on devoit en attendre. Le duc, idole de la ligue, devoit être placé sur le trône de France. Le roi d'Espagne à cette condition offroit de lui donner sa fille; mais le duc de Mayenne, jaloux de son neveu, se hâta de conclure, contre l'avis du légat et des Espagnols, une trève qui fit échouer tous ces projets.

Marmoutier et un régicide. Leur audace ne se lassera jamais qu'elle ne soit confondue. « Sire, disoit Villeroy à Henri III, c'est extravagance et impertinence que de croire gagner ces gens-là par gratifications, ils ne sont sensibles qu'à vertu de justice. »

Nous passâmes à Luynes, à Cinq-Mars, près des restes d'un camp romain ; et à peu de distance de Luynes, nous quittâmes la levée pour aller visiter le beau château d'Ussé qui appartient à M. de Duras. C'étoit le château de la dame des belles cousines. Il domine un pays enchanteur. Ses belles terrasses et ses vieux machecoulis sont couronnés par un bois. La vue se repose sur des prairies et sur des côteaux. L'Indre passe au pied des murs du jardin, et dans le lointain des voiles blanches paroissent à travers les arbres; c'est la Loire.

Nous arrivâmes le soir à Saumur, et de Saumur, au lieu de passer par Thouars, nous entrâmes dans la Vendée par Doué, Vihiers et Coron. Doué, comme presque toutes les petites villes qui forment la lisière de la Vendée, ne s'est point associé au sort de ce glorieux pays. C'est à Vezins seulement que nous devions retrouver les cœurs que nous avions si bien entendus. C'est là qu'est Mme de Vezins, si bonne, si charitable, si digne en un mot du pays qu'elle habite. « Depuis que vous êtes partis, nous dirent les premiers paysans vendéens que nous revîmes, il y a eu bien du mal ; et nous en avons perdu un. » La mort de Mgr. le duc de Berry étoit sans cesse présente à leurs yeux. Nous regrettâmes de ne pas rencontrer Loiseau, surnommé *l'Enfer* à cause de son courage, qui à tous les combats où il s'est trouvé a toujours donné le premier coup de sabre, et qui reprit Marie-Jeanne. A Fontenay, il avoit le corps traversé d'une balle, et il ne voulut pas qu'on l'enlevât du champ de bataille, avant d'avoir vu de ses yeux les siens triompher.

Nous revîmes Maulevrier et les ruines de la Durbellière. M. de la Rochejaquelein revenoit dans la Vendée pour la première fois depuis la guerre de 1815. Il y reparoissoit avec sa jeune et brillante épouse, la princesse de Talmont. Les Vendéens étoient venus en foule pour fêter l'arrivée de leur général, et connoître celle qui en s'unissant à un la Rochejaquelein s'étoit unie à leurs destinées. Ils s'étoient rassemblés au milieu de ces ruines que nous avions vues si désertes un an auparavant. La nuit étoit très-sombre. Un immense feu de joie étoit allumé. Les flammes se projetoient sur les ruines et sur l'étang, dont la moitié étoit dans l'ombre de la grande tour. Les feux éclairoient d'un côté les ruines, et de l'autre les danses et la joie de ces bons Vendéens qui oublioient leurs malheurs à la vue de ceux qui les avoient tous partagés. Les cris de *Vive le Roi* se mêloient aux cris de *Vive les la Rochejaquelein*, et jamais deux noms ne furent plus justement réunis. Rien ne m'a plus touché que cette nuit, et ce feu de joie qui rappeloit des feux de douleur, et cette noble personne entrant dans cette noble famille, au milieu des ruines et des chants de triomphe. On lui présenta des couronnes de fleurs. Tous les cœurs étoient pleins d'une joie mêlée à des souvenirs tristes mais héroïques. En parcourant les débris de la Durbellière, Madame de la Rochejaquelein répétoit ce vers de Racine :

Et de Jérusalem l'herbe cache les murs !

Ce nom de Jérusalem se plaçoit heureusement dans cette terre de sacrifices à la religion et au roi. Les armes mêmes des la Rochejaquelein, qui sont encore sur la pierre de la principale porte, sont les armes des croisés : une croix et des coquilles de pélerins.

Nous revîmes à Saint-Aubin les Vendéens que nous y avions vus, et beaucoup d'autres qui accouroient auprès de leur général et de sa nouvelle épouse. On ne s'étonne pas de l'enthousiasme qu'inspirent à ce pays les la Rochejaquelein quand on connoît le dernier des trois frères. En 1815, M. Auguste, après la bataille de Waterloo posa les armes lors de la pacification proposée par un général de Buonaparte, qui menaçoit de mettre tout à feu et à sang dans le pays qu'il occupoit si l'on n'y consentoit pas. Comme on faisoit quelques objections à M. Auguste contre cette mesure, il répondit. « Puisqu'il n'y a plus de motifs de faire la guerre (il croyoit le roi à Paris) je ne compromets que ma gloire en cessant de combattre; en ne le faisant pas, je compromets tous ces braves gens. » Il avoit fait déposer chez un notaire à Bressuire l'ordre de faire vendre ses biens pour acquitter les bons qu'il avoit faits au nom du Roi en cas que Buonaparte eut réussi. « Avec un habit de soldat, disoit-il, je trouverai toujours du pain en Angleterre. » (1) Quoi de plus héroïque dans aucune histoire!

En allant à Clisson, où cette fois nous devions trouver madame la marquise de la Rochejaquelein et sa mère madame de Donissan, nous voulûmes passer à la Rochejaquelein, petit château fort ancien à demi ruiné sur la route de Saint-Aubin à Bressuire. Quelques tours seulement sont restées entières. M. et Mme de la Rochejaquelein

---

(1) MM. de la Rochejaquelein et d'Andigné étoient seuls exceptés de l'amnistie de Buonaparte.

furent reçus à Clisson comme à la Durbellière, au milieu des ruines, des feux de joie et des transports d'allégresse. Ces bons paysans vendéens sont absolument comme les paysans Bretons, dont madame de Sévigné disoit : « Je » trouve ici des âmes de paysans plus droites que des » lignes, aimant la vertu comme naturellement les chevaux » trottent. » Nous avons vu à Clisson une pétition au roi d'un paysan, elle finissoit par ces mots : « Mon sang » a coulé trois fois, Sire, pour Dieu et pour vous ; je » le verserai tout entier s'il est nécessaire ; et il avoit » effacé la phrase suivante, *quoiqu'on ne m'ait pas » rendu justice.* » *Pour Dieu et pour vous* : jamais en effet ils ne séparèrent leur dévouement au roi de leur amour pour Dieu. On a dit que la religion peut seule expliquer le miracle de l'obéissance. La religion seule explique le dévouement des Vendéens. « Je dirai franchement, » disoit une femme, qui s'est battue dans la guerre de 92, » qu'aux premières affaires où je me suis trouvée, le » bruit des coups de fusil me faisoit une impression, » et que je fus désespérée de ne pas me trouver plus de » courage. Je m'adressai alors à Dieu, et en levant les » mains au ciel, je lui dis : Bon Dieu, ne me donnerez-» vous pas plus de cœur pour combattre vos ennemis. » Aussitôt après je me suis sentie animée comme par un » miracle, je n'ai plus eu peur de rien, et grâces à Dieu » le courage ne m'a jamais manqué depuis. » Une paysanne chez qui étoit cachée Mme Morisset de Chollet pendant la guerre vit entrer chez elle des bleus qui lui demandèrent si elle n'avoit pas caché de Vendéens, ajoutant qu'ils la tueroient si elle les trompoit. Mme Morisset, qui étoit près du feu habillée en paysanne, vit cette femme pâlir et sortir, et rentrer un moment après en disant : « Non, je n'en ai point ; voilà ma servante, en montrant Mme Morisset, vous pouvez chercher dans toute la maison. » Les bleus s'étoient retirés, et Mme Morisset lui demanda pourquoi elle étoit sortie : « J'ai eu peur, je vous aurois denoncée, j'ai été me jeter à genoux pour demander à Dieu le courage de ne pas vous trahir, et je l'ai obtenu. » La foi, voilà leur héroïsme. La foi peut seule sauver les empires. « Voyez » un vaisseau, l'équipage sueroit inutilement à baisser les » voiles et à les lever, si le pilote ne trouvoit sa route » dans les étoiles ».

Depuis six ans, on n'a pas vu un seul Vendéen condamné par une cour d'assises. En Anjou habite un Vendéen, nommé Crouston ; il étoit parti comme tambour à l'âge de huit ans dans la première guerre, aujourd'hui, quand il n'a pas de pain, il bat du tambour. « Voilà Crouston qui manque de pain, » disent les paysans, et on lui en porte de tous les côtés. Leur constance dans leurs sentimens mérite de passer en proverbe. « De tous ceux qui ont fait la guerre, me disoit un paysan, il n'y en a pas un qui ait défailli » (1).

Leur amour pour le roi est quelque chose d'admirable. Dans une métairie, en battant le blé, les paysans crioient sans cesse : *Vive le Roi*. Interrogés pourquoi, ils répondirent : « Ah ! c'est que nous sommes si pauvres cette récolte-ci que nous n'avons pas pu acheter du vin, et nous crions : *Vive le roi !* pour nous donner cœur à l'ouvrage.

Voilà ce que sont les Vendéens. Croiroit-on, cepen-

---

(1) « Si la guerre recommençoit, disoit un autre assez avancé en âge, j'essaierois encore d'aller à pied, et si je ne pouvois pas j'irois à cheval. —Mais si vous n'aviez pas de cheval — Je vendrois mes deux bœufs pour en acheter un. »

dant, qu'on ait pu les accuser de méditer des révoltes contre leur roi, et quand le roi appelle auprès du berceau du duc de Bordeaux Joseph Cadondal, en lui disant : que le frère de Georges devoit se trouver à la naissance du fils de Mgr le duc de Berry, comprendra-t-on qu'on oublie les malheureux Vendéens, qui ont tout sacrifié pour le roi. Le nombre des veuves et des blessés qui n'ont pas reçu de pension et dont on ne veut pas entendre les réclamations est immense. En 1814, des commissaires ont traversé rapidement le pays. Tous ceux qui n'ont pu se trouver au moment de ce passage n'ont rien, et comme il ne s'agissoit que de récompenses et non de périls, les Vendéens y étoient en petit nombre ; les autres ont reçu des pensions si modiques qu'ils sont dans la plus grande détresse.

Le pays est couvert de blessés qui mendient, ce qui est un sujet de joie pour ceux qu'ils ont combattus. Ajoutez aux blessés les veuves et les paysans riches avant la guerre et qui ont été incendiés, ceux qui ont couché en plein air des années entières, et qui sont couverts de rhumatismes, d'autres qui, étant enfans pendant la première guerre, ont gagné le haut mal par les frayeurs multipliées auxquelles ils ont été exposés. C'est un spectacle déchirant que celui de cette profonde misère, et cependant les veuves et les blessés des armées royales ont pour eux la loi de l'état, mais elle n'est pas exécutée. Qu'on y songe bien cependant la justice seule, et une justice éclatante, peut réparer le mal que nous fait chaque jour l'exemple de l'impunité du crime et du dénuement de la vertu. C'est parce que saint Louis étoit pénétré de cette vérité qu'il a été le plus grand des hommes et notre plus grand roi.

Voici un trait rapporté par Joinville qu'il est bon de rappeler : « Un cordelier vint à lui au Chatel de Yères, là où nous descendîmes de mer, et, pour enseigner le roi, dit en son sermon qu'il avoit lu la bible et les livres qui parlent des princes mécréans, et qu'il ne trouvoit ne ès-créans ne ès-mécréans que ocqunes royaume se perdît, ne changeât de seigneurie à autre, sinon par défaut de justice. Or, que prenne garde, fit-il, le roi qui s'en va en France, qu'il fasse bon droit et hâtif à son peuple, par quoi notre sire Dieu tiendra son royaume en paix le cours de sa vie. Le roi n'oublia pas cet enseignement, ains gouverna sa terre bien et loyablement et selon Dieu, et il garda souverainement justice, nulle chose laissant qui appartînt à droiture. » Dans ses instructions à son fils, on retrouve ces mêmes sentimens : « A justice tenir droite sois roide et loyal, sans » tourner à destre ne à senestre. »

A Clisson, le soir toute la famille de Mme de la Rochejaquelein se réunit dans l'ancienne chapelle du château, et la prière se fait en commun. Il est difficile d'imaginer un intérieur plus simple que l'intérieur de Clisson. On reconnoît en tout la personne qui a écrit ces admirables mémoires qu'on relit dix fois sans se lasser, et qui ont le charme du roman et l'intérêt de l'histoire. Nous avons vu des enfans de dix ans, pleins des souvenirs de ce livre, nom que Mme de la Rochejaquelein est toujours étonnée d'entendre donner à ses mémoires. Cet ouvrage est un monument de gloire élevé aux royalistes; et comment en effet ne pas être frappé de l'éclat de tant de vertu, et douter de la sincérité de l'historien quand on trouve des récits comme celui-ci qui semble emprunté à la bible? Mme de la Rochejaquelein raconte

son séjour à Prinquiaux. « Nous passâmes un mois fort
» tranquillement. La cabane que nous habitions étoit
» censée abandonnée : les bleus n'y venoient pas. On
» s'aperçut après quelques jours que la petite Joséphine
» (sa fille dont elle étoit accouchée dans ce lieu même)
» avoit le poignet démis : cela me fit une grande peine,
» et je résolus, quand elle seroit plus grande, de m'en
» aller, en mendiant mon pain, la porter à mon cou
» jusqu'à Barèges : ce projet ne me paroissoit pas du
» tout extraordinaire. Je n'avois ni espoir ni idée de
» l'avenir; je ne savois rien de ce qui se passoit au
» monde, je me voyois proscrite et misérable, et j'avois
» l'âme trop abattue pour songer que ma position pour-
» roit changer; le pauvre enfant mourut douze jours
» après sa naissance. On m'apprit cette nouvelle sans
» préparation, à la façon des paysans. La fille de Gouret,
» en entrant dans la chambre, me cria : Votre fille du
» Bois-Divet est morte. Je répondis : Elle est plus heu-
» reuse que moi; et cependant je me mis à pleurer ».

De Clisson nous allâmes à la Pélissonnière chez M. de
Bagneux, chef de division en 1815. M. de Bagneux a
épousé la nièce de Henri de la Vieuville, qui s'est fait un
nom glorieux dans la guerre de la Bretagne, et qui a
péri avec le second fils du duc de Sérant (1). Des Her-

---

(2) Le duc de Sérant, gouverneur de M. le duc de Berry, a
vu périr ses deux fils pendant la guerre dans le même mois. Sa
petite fille, mariée au duc de Rohan, qui vient de donner un grand
exemple au monde en le quittant au milieu de toutes ses séduc-
tions, s'est brûlée d'une manière horrible. Et pour comble de malheur ce respectable vieillard, à l'âge de quatre-vingt-deux ans,
a vu tomber son royal élève sous le fer d'un assassin. Il a voulu
s'enfermer au Louvre auprès de son corps pendant deux heures.

bins à la Pélissonnière, le pays ressemble à un jardin. La vue du château est très-belle. Des terrasses on aperçoit une grande prairie terminée par des bois qui se prolongent jusqu'au pied des côteaux de Pouzauge.

La Forêt sur Sèvre est entre Clisson et la Pélissonnière, entourée par la Sèvre. Les cendres de Duplessis-Mornay y étoient déposées avant la guerre. Nous retournâmes aux Herbiers pour nous rendre à la Gaubretière. Le chemin est très-couvert, et une croix nous indiqua la maison du Gal Sapinaud. M. de Sapinaud nous reçut à merveille, et nous fûmes très-frappés de son extrême simplicité. De son salon on aperçoit les coteaux de la Sèvre, la maison de M. de la Bretèche et les bois qui entourent Tiffanges.

M. Dupérat n'étoit pas à la Chataigneraye. Nous n'aurions certainement pas quitté la Vendée sans voir cet intrépide général vendéen, qui fit la guerre dans son pays tant qu'on y put combattre, qui alla ensuite se joindre aux Chouans, puis revint dans la Vendée dès que le drapeau blanc y reparût, et qui aima mieux passer dix ans dans les cachots de Buonaparte, que de servir dans ses armées.

Il est beaucoup d'autres Vendéens que nous regrettons de ne pas connoître : M. Renou, à qui sa valeur a fait donner le surnom d'un ancien chevalier (Bras de Fer), M. de Bauvau (1), qui au pont de la Roche-Servière se

---

On ne peut pas exprimer sa douleur. M. le duc de Sérant voudroit faire passer sa pairie à Athanase de Charette son parent, et il a fait acheter les ruines du château de Bayard pour en faire présent au neveu du général Charette.

(1) M. Eugène de Bauvau, blessé, arracha le drapeau blanc au porte-étendard qui fuyoit, et vint à la tête du pont le planter à quinze pas de l'ennemi.

couvrit de gloire; M. de Menars, dont le dévoûment est si pur; M. Soyer l'aîné, qui se distingua entre les Vendéens mêmes, et dont les blessures ne sont pas encore fermées; M. Dudoré, MM. Martin, M. Athanase de Charette, frère du malheureux Ludovic, et neveu du Marius de la Vendée; M. de Saint-Hubert, MM. de Kersabiec, et une foule d'autres que j'aurois voulu voir et entendre. On est heureux de retrouver sous mille aspects divers le courage, la piété, le désintéressement; car c'est là tout le caractère vendéen.

De Clisson nous allâmes à Niort, en passant par Parthenay et Saint-Maixent. Les environs de Niort sont assez rians, la ville fort irrégulière, et ses maisons presque toutes neuves ou nouvellement blanchies. La flèche de l'église de Notre-Dame, bâtie par les Anglois, domine la ville et les vieilles tours du palais d'Aliénor ou d'Eléonore d'Aquitaine. La demeure de la reine de France et d'Angleterre est aujourd'hui une prison, comme à Dinan le château de la duchesse de Bretagne. C'est une chose très-remarquable qu'une partie des anciens monastères ou des grands châteaux, qu'on appelle les monumens de la féodalité et de la superstition, soient transformés aujourd'hui en prisons, monumens du crime, du vice, et naguère de l'esclavage. Les gendarmes et les cachots, voilà ce qui remplace partout les prêtres et les couvens, et au lieu de l'absolution du prêtre, on a la hache du bourreau. Niort compte à peu près dix-huit mille habitans.

C'est dans les environs de Niort, à Murçay, près du château de Salbart, que madame de Maintenon a gardé les troupeaux dans son enfance. La destinée de madame de Maintenon étonne surtout notre siècle, à qui doit paroître fort extraordinaire cette maxime qu'elle tiroit de sa conduite : rien n'est plus habile qu'une conduite irréprochable. Ce n'est pas ainsi que les grandes fortunes se font aujourd'hui. Elles sont presque toutes de grands scandales.

Nous avons visité les restes du château de Salbart, non loin de Latailler, village sur la route de Niort à Parthenay. On y arrive par un chemin très-sauvage, qui suit les bords de la Sèvre-Niortoise, et qui monte sur un côteau assez élevé, où sont les vieilles ruines. L'aspect de ce château rappelle tous les souvenirs de la chevalerie, et la lance des chevaliers et le cor des châtelains, la harpe du troubadour et le rosaire des ermites. Six tours irrégulières à moitié conservées, unies par de grands pans de murailles, où sont encore pratiquées les anciennes communications, adossées à un coteau très-sauvage, sur lequel est bâti le joli village de Ternanteuil, sont d'un effet très-pittoresque. La Sèvre coule au bas, et entoure presque entièrement le vieux château. De grandes prairies, s'étendent de l'autre côté de la rivière. Nous avons trouvé dans la grande tour des noms inscrits en 1590, et une cheminée gothique, autour de laquelle on se pressoit sans doute dans les soirées d'hiver pour raconter ces histoires où figuroient les géans, les grands coups d'épée, et l'anneau qui rendoit invisible, et l'oriflamme de Clovis et la bannière de nos rois. On ne sait rien sur l'origine de ce château. On trouve seulement dans l'histoire du Poitou que 'lorsque Marguerite de Penthièvre, fille d'Olivier de Clisson, fit enlever le duc de Bretagne et son frère, elle les fit enfermer d'abord au château de Salbart, avant de les renvoyer à Clisson.

La partie la plus entière du château est le côté opposé

à l'entrée. Deux grandes tours en pierres de taille sont aux deux extrémités, et au milieu est une tour plus petite liée aux deux autres par deux murs. Elle est couverte de lierre. Une petite tour sort de la plus grande. Toutes ces ruines sont surmontées aujourd'hui par les plantes qui croissoient à leurs pieds; et les chevaliers qui habitèrent ce château, que sont-ils devenus? Un peu d'herbe suffit à recouvrir tout ce qui reste d'eux.

A Niort, comme à Bourbon-Vendée, on s'occupoit des élections. Le département des Deux-Sèvres et le département de la Vendée, et même celui de la Loire-Inférieure, ne seront probablement pas représentés comme ils devroient l'être, si d'après les principes de nos publicistes constitutionnels, les députés doivent être les représentans de l'opinion du plus grand nombre. On sait que M. Manuel est député de la Vendée. C'est une amère dérision. Dans ce noble pays, où dans les cent jours plus de quarante mille hommes avoient pris les armes pour les Bourbons, M. Manuel, connu par ce mot fameux à la tribune des cent jours : *A Dieu ne plaise que je veuille jamais des Bourbons*, a été nommé par des électeurs qui fuyoient de leurs départemens devant les paysans vendéens. On voit assez par là combien peu une seule loi d'élection convient à toute la France. Les jacobins de la Vendée, comme ceux de la Bretagne, sont pires que partout ailleurs. Leur zèle pour le mal est en raison de l'amour pour le bien qui est dans le cœur de leurs ennemis. Il n'y a presque pas de Buonapartistes dans ces deux provinces. Ce goût d'esclavage n'est pas compris par des Vendéens et des Bretons. Dans le département de Maine-et-Loire on compte sur la députation la plus honorable : M. de Maquillé, que les royalistes peuvent présenter à leurs amis et à leurs ennemis, et trois hommes qui sont assez connus pour que leur nom suffise à leur éloge, MM. de la Bourdonnaye, d'Andigné et Benoît.

De Niort nous allâmes à Parencey, où habite une sœur de M. Henri de la Rochejaquelein, madame de Beaucorps. Madame de Beaucorps pendant l'émigration a servi de mère à ses plus jeunes sœurs, Mlles Louise et Lucie, et à ses frères MM. Louis et Auguste. M. de Beaucorps combattoit à l'armée de Condé avec deux de ses frères, pendant que le quatrième servoit dans la Vendée. Il étoit au siége de Maestricht. Le château de Parencey rappelle la demeure des anciens preux (1). Ah! si l'on vouloit réellement le salut de la France, combien d'hommes on laisse dans l'obscurité, et dont les vertus nous sauveroient! Les gens de bien, comme les paratonnerres, doivent être placés sur les hauteurs, pour nous préserver de la foudre.

Nous ne fîmes que traverser Saint-Jean-d'Angely, et nous arrivâmes à Saintes, où nous voulions nous arrêter plus long-temps.

La ville de Saintes, capitale de la Saintonge, est une des plus anciennes villes de France. Prise par les Romains, sous Jules César, elle passa ensuite sous la domination des Visigoths, jusqu'à la mort d'Alaric, tué par Clovis, en 507. La ville et la province tombèrent alors au pouvoir des François. « La ville des Santons, dit l'auteur de la vie de saint Eutrope, cité très-grande, fortifiée

---

(1) Un des ancêtres de M. de Beaucorps, Geoffroy de Beaucorps, étoit parmi les compagnons de Beaumanoir au combat des Trente.

de murs et de hautes tours, remplie d'édifices publics, dans une situation agréable et salubre, entourée de vignes, est une des plus opulentes villes de l'empire romain dans les Gaules. » Ce témoignage est confirmé par Ausone.

Saintes avoit un capitole (on appeloit ainsi le temple ou la citadelle), comme Autun, Narbonne, Nîmes et Toulouse. Comme ce capitole étoit bâti sur un rocher qui dominoit la Charente, les comtes de Saintonge en firent leur demeure. On remarque à Saintes un arc de triomphe très-bien conservé (1).

Ce monument a été dédié à Germanicus, fils de Drusus et d'Antonia la jeune, par ordre de Tibère.

Ainsi, au milieu des plaines de la Saintonge, près des champs où brillèrent nos héros françois, et où aucun monument n'a été élevé à leur gloire, on trouve encore un arc de triomphe élevé par Tibère au vainqueur d'Arminius.

Voici l'explication qu'on a donnée de ses inscriptions.

PREMIÈRE.

A Germanicus César, fils de Tibère Auguste, arrière-petit-fils du divin Jules, avocat, prêtre d'Auguste, consul pour la deuxième fois, empereur pour la deuxième fois.

DEUXIÈME.

A Tibère César, fils du divin Auguste, grand pontife, consul pour la quatrième fois, empereur pour la huitième fois, en l....., année de sa puissance tribunitienne.

TROISIÈME.

A Drusus César, fils de Tibère Auguste, petit-fils du divin Auguste, arrière-petit-fils du divin Jules, pontife, augure.

Caïus Julius Rufus, fils de Caïus Julius Otuaneunus, petit-fils de Caïus Julius Gededmon, arrière-petit-fils d'Epostoro-

On voit à Saintes les restes d'un amphithéâtre (1), et à peu de distance de l'amphitréâtre un souterrain (2) qui servoit aux sépultures. Cet amphithéâtre n'est pas mieux conservé que ce Colisée de Rome, bâti par Vespasien, et qui contenoit quatre-vingt-sept mille spectateurs.

---

vide, prêtre consacré au service de Rome et d'Auguste, dans ce temple qui est près du confluent, en sa qualité d'intendant des travaux, a fait la dédicace de ce monument.

(1) Le mot amphithéâtre signifie deux théâtres unis ensemble; on l'appeloit aussi quelquefois l'arène, à cause du sable *Arena* répandu dans l'aire pour empêcher la chute des combattans; c'étoit dans l'arène que se donnoient les différens spectacles des Romains; les courses à pied, à cheval et sur des chars, les combats des gladiateurs entre eux, ou contre des bêtes fauves, la lutte, le pugilat, le jeu de Troyes et la naumachie.

(2) Comme ces souterrains servoient à la sépulture d'une famille entière, dit M. Bourignon dans ses recherches sur les antiquités de la Saintonge, on les faisoit très-spacieux et l'on y pratiquoit des niches des différente grandeur pour y placer les urnes sépulcrales. On gravoit ordinairement au bas de ces niches des inscriptions qui portoient le nom et la qualité du mort. Les urnes sépulcrales étoient de différente matière, il y en avoit d'or, d'argent, de cuivre, d'albâtre, de marbre, de porphyre, de verre (celles-ci étoient les plus ordinaires), et de terre cuite à l'usage du peuple. Celles où l'on mettoit les corps tout entiers et dans leur situation naturelle, et qui s'appeloient sarcophages, étoient de grandes tombes quarrées, longues ou ovales enrichies de divers ornemens de sculpture; quelques-unes servoient à contenir les os comme les ossuaires, d'autres servoient à renfermer les larmes dont on arrosoit les cendres, et s'appeloient lacrymatoires; on réservoit les cinéraires pour les cendres et pour les os à demi brûlés. Ces tombes et ces urnes étoient placées dans ces souterrains nommés *hypogées*, suivant le rang et la dignité de celui dont elles renfer-

De Saintes nous allâmes à Cognac, une des plus anciennes villes du département de la Charente. La ville est dans une très-belle situation, et domine un vallon délicieux arrosé par cette rivière. On voit encore le château où naquit François I, et une grotte dans laquelle on dit que Louise de Savoie enfanta ce prince, qui a régné vingt-huit ans sur la France. Vingt-trois années de ce règne brillant furent consumées dans les querelles de François I avec Charles-Quint. Plein de chaleur, d'audace, d'activité, François I manqua souvent de constance. Sa légèreté nuisit à sa gloire. Mais comme le dit l'historien de Charles-Quint, il fut humain, bienfaisant, généreux ; il avoit de la dignité sans orgueil, de l'affabilité sans bassesse, et de la politesse sans fausseté. Il étoit aimé et respecté de tous ceux qui approchoient de sa personne, et tout homme de mérite avoit accès auprès de lui. Ses sujets l'admiroient comme le gentilhomme le plus accompli de son royaume, et ils se soumirent sans murmure à des actes d'administration rigoureuse qu'ils n'auroient pas pardonnés à un prince moins aimable (1). Le nom de François I a passé à la postérité avec une gloire dont le temps n'a fait qu'augmenter l'éclat. Avant son règne, les sciences et les arts avoient fait peu de progrès en France. François I les prit sous sa protection, il voulut égaler

---

moient les restes ; on y mettoit aussi celles des affranchis, des esclaves, de leurs femmes et de leurs enfans. On a trouvé autrefois à Nimes une de ces voûtes sépulcrales avec un riche pavé et des niches autour du mur dans lesquelles étoient des urnes de verre doré remplies de cendres.

(1) Ceci rappelle ce mot connu : Pour gouverner la France il faut une main d'acier avec des gants de velours.

Léon X par l'ardeur et la magnificence avec laquelle il encouragea les lettres. Il appela les savans à sa cour, il conversa familièrement avec eux, il les employa dans les affaires, il les éleva aux dignités, et il les honora de sa confiance. Aussi François I, avec moins de talens et de succès que Charles-Quint, jouit peut-être d'une réputation plus brillante, et les vertus personnelles dont il étoit doué lui ont mérité plus d'admiration et d'éloges que n'en ont inspiré le vaste génie et les artifices heureux d'un rival plus habile, mais moins aimable. »

Nous vîmes, en allant de Cognac à Angoulême, le champ de bataille de Jarnac, où Henri III, qui n'étoit alors que duc d'Anjou, vainquit le prince de Condé. C'est là que périt à trente-deux ans ce prince si brave, si intrépide, et de cette maison de Condé si féconde en héros. On se rappelle la harangue du prince de Condé, tué à Jarnac au commencement de la bataille : « C'est le bras en écharpe et la jambe cassée que je vais vous conduire à travers les bataillons ennemis. Voyez, mes compagnons, combien je compte sur vous ; tout mutilé que je suis, j'ai assez de force, puisque j'ai le même courage, et que le vôtre me secondera ». On n'oubliera jamais que les trois derniers Condé combattirent tous trois le même jour à Bersteim. Le prince de Condé, le duc de Bourbon et le duc d'Enghien. La gloire de la maison de Bourbon est tellement unie à celle de la France, qu'on tenteroit vainement de les séparer.

Angoulême est une très-belle ville, élevée sur un coteau qui domine une campagne magnifique. En venant de Paris à Bordeaux, on y arrive par Poitiers. Le pays compris entre Poitiers et Angoulême est un des plus glorieux de notre France. C'est près d'Angoulême que

Clovis vainquit Alaric, le roi des Goths, dans cette journée de Vouillé, qui soumit à l'empire des Francs toutes les provinces qui sont depuis la Loire jusqu'aux Pyrénées. C'est près de Poitiers qu'Abdérame fut vaincu par Charles-Martel, le grand-père de Charlemagne : et si Poitiers fut témoin aussi de la défaite d'un de nos rois, du roi Jean, au moins il fut témoin que le roi n'y perdit pas l'*honneur*. Et l'honneur du roi, c'est la fortune de la France.

Le duché d'Angoulême fut réuni à la couronne sous François I. François I fut long-temps appelé comte d'Angoulême, et aujourd'hui ce nom est porté par un prince dont le cœur est aussi généreux que celui de François I.

Monseigneur le duc d'Angoulême a montré la plus brillante valeur dans les cent jours. On se rappelle ce mot si remarquable de ce prince à l'attaque du pont de la Drôme. Les officiers qui l'entouroient, le voyant toujours en avant, le pressoient de moins s'exposer au feu des ennemis. « J'ai la vue basse, répond Monseigneur le duc d'Angoulême, je ne puis les voir que de près. » On n'oubliera jamais la lettre qu'il écrivit au Roi, lorsqu'il fut fait prisonnier, par laquelle il le supplioit de ne rien faire pour le sauver, qui pût compromettre en rien la dignité de sa couronne. Je saurai supporter les fers et la mort, écrivoit-il au Roi son oncle.

Près d'Angoulême, sur la route de Limoges, est la ville de la Rochefoucauld; le duc de la Rochefoucauld étoit le premier vassal du duché d'Angoulême ; c'est une des plus illustres familles de France. La Rochefoucauld est presque la seule ville qui de temps immémorial ait appartenu à la même maison.

Balzac est né à Angoulême, Balzac qui a été le créateur de la prose française, et qui le premier lui a donné de la force, du nombre et de l'harmonie.

Le P. Garasse, que Voltaire a poursuivi de ses injures, est né à Angoulême. Si le P. Garasse eut de véritables torts contre les poëtes Théophile et Etienne Pasquier, en les attaquant avec trop de violence, il me semble que sa mort admirable devoit empêcher Voltaire de l'accabler d'autant de mépris. « Pendant que le P. Garasse étoit retiré à Poitiers, dit M. Quénot, une maladie contagieuse se déclara, et il sollicita et obtint la permission d'aller dans l'hôpital soigner et consoler ceux qui en étoient atteints. L'ayant gagnée lui-même, il continua ses exhortations d'une bouche défaillante, et expira dans l'exercice de ces pieuses et dangereuses fonctions, le 14 juin 1631 ». Le poëte Saint-Gelais, qui a excellé dans l'épigramme, est né dans ce département, ainsi que la belle madame de Montespan.

Les élections dans le département de la Charente, comme dans celui de la Charente-Inférieure, mettoient de nouveau les partis en présence. Les résultats paroissoient devoir être bien différens dans ces deux départemens. Deux royalistes, dit-on, seront nommés à Angoulême, et deux révolutionnaires à la Rochelle. L'un de ces révolutionaires est, dit-on, un des rédacteurs de la Minerve.

Il y a trois pensées qui m'ont toujours frappé dans un écrivain de notre siècle; et elles s'appliquent merveilleusement à ce temps-ci.

« Beaucoup d'ouvriers politiques travaillent en Europe comme certains ouvriers en tapisserie, sans voir ce qu'ils font. Ils seroient bien étonnés s'ils pouvoient voir le revers de leur ouvrage. »

« Bien des gens ne voient le désordre que dans le bruit, et la paix que dans le silence. »

« Dans les sociétés bien réglées, les bons doivent servir de modèles, et les méchans d'exemples. »

D'Angoulême nous passâmes très-rapidement à Barbezieux, à Ruffec, et nous arrivâmes enfin au passage de la Dordogne, à Cubzac. Là est une vieille tour qu'on nomme la tour de Roland. La Dordogne est magnifique à Cubzac. La mer remonte jusque là.

Ce n'est qu'après avoir passé la Dordogne, et traversé ce qu'on appelle le pays entre deux mers, qu'on arrive à la Bastide; et de là, on s'embarque pour entrer à Bordeaux.

« La ville de Bordeaux (1) est reconnue de toutes les

---

(1) Voyez la *Chronique Bordelaise*.

Sous Auguste, l'Aquitaine devint une province romaine.

264. Il est vraisemblable que du temps de Gallien, empereur, ce beau et insigne amphithéâtre, bâti hors de la ville de Bordeaux de grosses briques et petites pièces quarrées, qu'on appelle pour le jourd'hui le palais Gallien, ait été bâti en mémoire et honneur dudit empereur. On l'appeloit les arènes comme ceux de Nismes et de Poitiers.

Depuis Constantin jusques au temps d'Honorius, empereur, Bordeaux a fleuri en personnes signalées et recommandables en lettres et en armes, desquelles aucuns sont parvenus à très-grandes dignités ; autres faisant profession des lettres, les ont enseignées à Bordeaux ou en autres endroits de l'Europe avec grand honneur.

Ausone de Bordeaux, consul romain, la gloire et honneur de sa ville et des poëtes de son temps, comme les œuvres qui en restent en rendent bon témoignage.

Ponce Paulin, disciple d'Ausone, descendu de l'illustre famille des Paulin et Léonce, auquel Sidonius a dédié son poëme de Bourg, et duquel ont fait mention saint Ambroise et saint

nations de l'Europe, l'une des plus illustres, populeuses et fameuses villes du royaume de France. »

Augustin. C'est lui qu'on dit avoir été le fondateur de la ville de Bourg.

599. De ce temps, la ville de Blaye, assise sur Garonne, ès limites de Saintonge, étoit un fort château de guerre sous la charge du gouverneur de Bretagne.

Aussi en ce siècle les habitans de la Guyenne, comme écrit Ammien, étoient si propres et si nets en leurs accoutremens, que les femmes, quoiqu'elles fussent pauvres, n'étoient jamais en public chétivement et mal en ordre.

509. Après la bataille de Poitiers, Clovis poursuivit les Visigoths jusques auprès de Bordeaux, et les extermina près d'un village nommé Camparrian.

729. Les Sarrasins d'Espagne étant entrés en Guyenne furent chassés par Charles Martel.

Gaifer, fils d'Eudes, qui avoit appelé les Sarrasins, est occis : son sépulcre se voit hors les murs de Bordeaux, non loin du château du Ha, joignant la devise, et s'appelle communément la tombe de Caïphes. Gaifer étoit le grand-père de Hicon de Bordeaux.

1132. Bordeaux passa au pouvoir des Anglois quand Louis VII eut répudié Eléonor d'Aquitaine.

1305. L'archevêque de Bordeaux, Bernard Gort, est nommé pape, et transfère le siége pontificat à Avignon.

1377. Bertrand du Guesclin, après avoir vaincu les Anglois près de la Réole, pris Castillon, Libourne, etc., contraint les seigneurs de Duros et de Rauzan de se rendre français.

1598. Le duc de Bourbon étant venu à Agen sollicita les Bordelois de se remettre sous l'obéissance du roi de France, mais ce fut en vain, de crainte que les Bordelois avoient de perdre leurs franchises et libertés, qu'ils de tout ont temps chéri sur toutes choses, comme dit Froissard.

1406. Au mois de mars en la place de la Corderie deux chevaliers combattent en duel, l'un pour le parti de France, et l'autre pour celui d'Angleterre.

Les étrangers qui abordent à ce grand port et Hâvre de Bordeaux, admirent la beauté naturelle, la commo-

---

1451. Charles VII ayant chassé les Anglois, les Bordelois, réduits à toute extrémité, capitulent avec le comte du Dunois, lieutenant du roi chef, et maintiennent leurs priviléges. — Le comte de Dunois fit son entrée en la ville, où il fut honorablement reçu, et fut vu à ladite entrée le chancelier de France, armé d'un corcelet d'acier fort riche, ayant par dessus une casaque de velours cramoisi, pour montrer comme aucuns ont écrit que la dignité de chancelier n'est point du tout vouée à la robe longue, et que les anciens y étoient appelés après avoir servi les rois à la guerre.

1452. Les Anglois rentrèrent dans Bordeaux, conduits par Talbot, vaillant capitaine. Charles retourna en Guyenne et la reprit. Depuis ce temps les Anglois laissoient leur artillerie et munitions de guerre à Blaye, avant d'arriver à Bordeaux, où toutefois ils ne pouvoient loger qu'au logis qui leur étoit baillé par le fourrier de ladite ville, et ne leur étoit loisible d'aller par ville, si ce n'étoit après sept heures du matin et la charge de se retirer à cinq heures du soir frappées, et lorsqu'ils alloient en Graves ou ailleurs acheter des vins devoient être accompagnés des archers de ladite ville.

1530. Quand la sœur de Charles épousa François I près de Roquefort, et qu'elle arriva à Bordeaux avec les deux enfans du roi, on lui fit une entrée magnifique.

1559. Elisabeth de France, fille ainée du feu roi Henri et promise à Philippe, roi d'Espagne, arrive à Bordeaux, accompagnée d'Antoine, roi de Navarre, et du cardinal de Bourbon son frère et autres seigneurs, à laquelle est faite entrée solennelle, où après avoir demeuré quelques jours, et reçu des maires et jurats un honnète présent, elle est conduite sur les limites de France et délivrée aux députés dudit roi Philippe sur le portail du Chapeau-Rouge, par ou ladite dame entra; ces vers étoient écrits :

Gallia tale decus non permisisset Iberis,
Ornaret populos ni satis una duos.

1666. Le roi Charles fait son entrée solennelle à Bordeaux,

dité du montant et du descendant de la mer, la diversité des territoires. Anciennement les pilotes des navires, pour montrer la gloire et victoire qu'ils croyoient avoir d'avoir été à Bordeaux, prenoient une branche de cyprès d'une forêt qui est proche de la mer ; et fut introduit un droit par honneur donné au Roi pour ladite branche. Que dire de la beauté des rivières qui accourent à Bordeaux pour la décoration et profit de la ville? Aussi, dit-on, à cause de cet abord d'eaux, que cette ville a pris son nom comme si l'on disoit *bord d'eaux*, car toutes les rivières et ruisseaux lui vont rendre hommage, et

---

conduit à l'église Saint-André sous le poêle de drap d'or porté par les jurats à l'entrée de ladite ville, et on le salua de ces vers :

<blockquote>
Cedimus imperio pelagi, deus advenit alter
Qui regat et terras, qui regat unus aquas.
</blockquote>

1484. Louis de Foix, architecte et ingénieur du roi, commence à jeter les fondemens d'une nouvelle tour de Cordouan, joignant l'ancienne, aux dépens de toute la province.

1589. Catherine de Médicis, reine et mère des rois, vint à Bordeaux. Le 4 juillet fut vue à Bordeaux puis midi jusqu'à trois heures, une couronne céleste environnant le soleil, prognostic de nouveau empire et royauté.

Bordeaux reconnut Henri IV, mais après délibération publique. On députa vers lui pour supplier humblement sa majesté de se remettre au giron de l'Eglise romaine, vraie et seule arche de salut, et ajouter à tant de rares et héroïques vertus qui reluisent en lui, cette belle couronne, n'étant aucunement possible que cet état qui a été autrefois si florissant pendant la pureté de la religion des rois ses devanciers, se puisse remettre et maintenir, s'il ne suit leur même piété, zèle et ferveur en la religion catholique.

arrosent une fois le jour et une fois la nuit les murs de ladite cité, se retirant puis après pour aller avec les navires, barques, grands et petits vaisseaux en nombre presque infini. Et ne faut pas oublier le voisinage des Landes, pays désert qui produit les cires, miels, térébenthines, gommes et résines, gibiers; les communications qu'a le dit pays sec et aride au grand océan Cantaric, qui fait abonder le poisson de la mer, beaucoup plus savoureux que des autres mers. Ceux qui voient cette orageuse mer avec ses montagnes de sable, peuvent bien entrer en admiration et dire : *Mirabiles elationes maris, mirabilis in altis Dominus.*

» Le port de Bordeaux est appelé *port de la Lune* parce que le port ressemble à un croissant. Aux armoiries de la ville sont peints un croissant de lune, des fleurs de lis, des ondes de la mer, des tours et un lion couché, et sur l'emblème nous lisons : *Lilia sola regunt lunam undam, castra, leonem*; qui est autant à dire, que les fleurs de lis seuls, c'est-à-dire l'autorité du roi, régit, gouverne et dompte ces lions, ces châteaux, ce port lunaire, et en effet que la ville de Bordeaux ne reconnaît autre après Dieu que son Roi. »

Le côté de la Garonne depuis la Bastide jusqu'à Florac est très-riant. A Florac, des collines forment un amphithéâtre, et finissent en promontoire. A leurs pieds s'étend une plaine arrachée aux eaux, et couverte de maisons et de vignes. La vigne reçoit ici tous les genres de culture, et offre par la différente disposition de ses ceps et de ses pampres un coup d'œil très-varié. La rivière est magnifique, à gauche on aperçoit la ville fidèle, la ville qui s'est dévouée pour sauver la civilisation européenne. Sur la tour de l'Eglise de Saint-Michel flotte encore le drapeau blanc du 12 mars. Rien n'est plus imposant que l'aspect de ce beau quai, de ce pont jeté sur cette superbe rivière, de ces mâts mêlés aux flèches des clochers et qui de loin semblent se confondre avec elles. Tout ce qui est sous nos yeux est d'une richesse de végétation admirable. Un peu plus loin finit le pays cultivé, et commencent les Landes. La maison du général Papin est au bas de Florac; c'est là qu'on laisse oisif un noble cœur dévoué au Roi. M. Papin, par sa valeur brillante, parvint au grade de général sur le champ de bataille. A son retour de l'armée d'Espagne, comme Pichegru, Moreau, et tous les généraux qui, aimant sincèrement la France, voyoient qu'il ne pouvoit y avoir de repos pour elle qu'avec les Bourbons, M. Papin se réunit aux royalistes, et fut chargé d'organiser militairement les membres de l'Institut royal. C'est cette organisation qui en 1813 forma la plus grande partie de la garde royale du 12 mars. M. le général Papin étoit alors en Amérique où il avoit fui pour échapper à la sentence de mort portée contre lui comme royaliste, par une commission militaire rassemblée à Nantes. Il est revenu en 1816. Le navire sur lequel il étoit fit naufrage près de Sant-Yago de Cuba. Le général Papin fut assez heureux pour sauver un passager; mais il perdit deux doigts de la main droite. Il est peu d'hommes qui réunissent autant de loyauté et de courage. Nommé maréchal de camp à Mittau par le roi, il n'est considéré dans ce grade par le ministère de la guerre que depuis le mois de février 1816.

A Bordeaux on n'a donc pas cessé d'agir pour la cause des Bourbons, et le parti royaliste y a toujours été nombreux depuis 1795. Pendant la guerre de la Vendée les jeunes gens voulaient déjà s'unir à ce mouvement, parmi eux on remarquait M. Queyriaux aîné, qui à la constance vendéenne joint toute la vivacité du midi, et ce qui n'est qu'à lui, une ardeur infatigable. Ami de M. Louis de la Rochejaquelein, M. Queyriaux, après avoir, ainsi que son frère, singulièrement contribué au 12 mars, combattit dans la Vendée dans les cent jours. Sous le directoire, Bordeaux était prêt à une insurrection, la bataille de Marengo détruisit toutes les espérances. Le général Papin fut obligé de s'enfuir. M. Dupérat fut enfermé. On recommença pendant la guerre d'Espagne, et l'on tenta d'enlever Ferdinand de Valencey. Dès 1809, on avait organisé des compagnies armées. M. Louis de la Rochejaquelein, depuis son retour en France et son mariage avec Mme de Lescure, avait toujours habité les environs de Bordeaux, et ne cessoit d'avoir des relations avec la garde royale formée par M. Papin. On employa mille moyens pour le séduire. M. l'abbé de Pradt vint dans la Vendée, où il fit tout ce qu'il put pour attacher M. de la Rochejaquelein au service de Buonaparte : mais celui-ci fut insensible à ses promesses et à ses menaces.

Quelques années après, on le nomma adjudant-général. Fouché écrivoit alors que Buonaparte ne pouvoit croire qu'un la Rochejaquelein refusât de se battre. Il parvint à échapper à tout. Il paroissoit alors ne se livrer qu'à l'agriculture. Au commencement de 1813, il reçut l'ordre du Roi de préparer la Vendée à un soulèvement. Il alla à Tours, où une partie de la garde-d'honneur étoit rassemblée ; il parcourut ensuite la Vendée ; mais une trop grande ardeur fit tenir des propos indiscrets à des gardes-d'honneur ; on les arrêta, et l'ordre fut donné de se saisir de M. de la Rochejaquelein mort ou vif, et de l'amener à Paris. Le 4 novembre 1813, M. Lynch, maire de Bordeaux, le fit avertir. Pendant quatre mois, M. Louis fut caché à Bordeaux ou en Médoc; on l'y cherchoit rigoureusement ainsi qu'en Poitou. L'armée angloise commandée par le duc de Wellington attaquoit alors le midi : les jeunes gens de Bordeaux et l'ancienne garde de M. Papin faisoient prier M. de la Rochejaquelein de venir se mettre à leur tête, disant que le moment étoit arrivé. Au milieu de cette agitation, le bruit se répandit que Monseigneur le duc d'Angoulême étoit dans l'armée de Wellington. A cette nouvelle très-incertaine, M. de la Rochejaquelein veut au péril de sa vie s'en assurer. M. d'Armaillé sut que le seul bâtiment étranger qui pût sortir de Bordeaux allait au passage en Espagne. M. de la Rochejaquelein se jette aussitôt avec M. Queyriaux, dans un petit bateau. Caché dans la tille pendant quarante-huit heures, n'évitant les fouilles que par une tempête, et par la ruse la plus hardie, il joignit le vaisseau qui l'attendoit en mer, il arriva au passage en vingt-deux heures. En débarquant, il courut à Saint-Jean-de-Luz, et se trouva trois heures avant le jour à la porte de Monseigneur le duc d'Angoulême. Il fit demander au prince de vouloir bien le recevoir : il l'obtint. « Et qui êtes-vous, Monsieur? lui dit M. de Damas. — Louis de la Rochejaquelein. » M. de Damas le serra dans ses bras. Wellington ayant battu les François, Bordeaux étoit à découvert. Dès lors M. de la Rochejaquelein ne cessa d'espérer d'y suivre le prince, répondant sur sa tête qu'il y seroit reçu : M. Lynch, la garde royale, les jeunes gens, le lui avoient assuré. M. Bontems Dubarey fut envoyé pour répéter cette assurance. M. Louis précéda Monseigneur le duc d'Angoulême de quarante-huit heures, malgré tous les dangers; car les troupes françoises n'évacuèrent la ville que le 11 au soir. M. Linch (1), maire de Bordeaux, s'étoit dévoué. Bordeaux avoit été abandonné par les troupes et les autorités de Buonaparte. Les royalistes, en proclamant le roi, effaçoient la honte de voir Bordeaux au pouvoir d'un ennemi. M. Lynch fut bien secondé par M. de Gombaut, dont la vie est tout entière consacrée à Dieu et au Roi; M. de Puységur si loyal, si fidèle; M. de Taffart de Saint-Germain; M. Estebenet, dont la maison fut choisie au 11 mars pour y déposer le drapeau blanc, qui le lendemain fut arboré sur le clocher de Saint-Michel. Enfin une division de l'armée angloise approcha de Bordeaux, M. Lynch sortit à sa rencontre, et au moment où il déclaroit au maréchal Beresford les intentions de la ville, et crioit vive le Roi, le drapeau blanc étoit arboré sur le clocher de Saint-Michel le plus élevé de la ville. Les étrangers traitoient alors avec Buonaparte. Les armées de Soult et de Suchet n'étoient pas très-éloignées. Bordeaux se déclara, la Vendée fit ses préparatifs, les royalistes dans toute la France se réveillèrent, et la France recouvra ses Bourbons. On essaieroit vainement de peindre l'enthousiasme qui éclata dans Bordeaux quand Monseigneur le duc d'Angoulême y arriva. Qu'on se rappelle ce qu'étoit Paris au 13 avril, au 3 mai, au 8 juillet, et l'on saura ce qu'étoit Bordeaux au 12

---

(1) Monseigneur le duc de Berri rencontrant un jour M. Lynch dans une des salles du château des Tuileries, s'écria: « Ah! voilà celui qui nous a ouvert la porte. » Mot charmant, et qui rappelle Henri IV.

mars. « On se cherchoit, dit un témoin de ces scènes d'allégresse, on s'appeloit pour se communiquer ses vœux, ses espérances, et grâce à la sérénité de ce beau jour, grâce au sentiment confus d'un bonheur à venir, la ville entière offroit le coup d'œil d'une réjouissance publique. » Le Roi écrivit une lettre admirable à M. Lynch.

» Monsieur le comte de Lynch,

» C'est avec ce sentiment qu'un cœur paternel peut seul éprouver, que j'ai appris le noble élan qui m'a rendu ma bonne ville de Bordeaux. Cet exemple sera, je n'en doute pas, imité par toutes les autres parties de mon royaume ; mais *ni moi, ni mes successeurs, ni la France*, n'oublierons jamais que les premiers rendus à la liberté, les Bordelois, furent aussi les premiers à voler dans les bras de leur père. J'exprime foiblement ce que je sens vivement ; mais j'espère qu'avant peu, rendu moi-même dans ces murs, où, pour me servir du langage du bon Henri, *mon heure a pris commencement*, je pourrai peindre mieux les sentimens dont je suis pénétré.

» Je désire que vos concitoyens le sachent par vous. Ce premier prix vous est bien dû ; car malgré votre modestie, je suis instruit des services que vous m'avez rendus, et j'éprouverai un vrai bonheur en acquittant ma dette. Sur ce, je prie Dieu, M. le comte de Lynch, qu'il vous ait en sa sainte et digne garde.

» *Signé* Louis. »

La France sembloit renaître alors ; hélas ! que ces jours de mars ressembloient peu aux jours de mars de l'année suivante.

Monseigneur le duc et madame le duchesse d'Angoulême étoient venus célébrer à Bordeaux l'anniversaire du 12 mars.

Bordeaux étoit dans l'ivresse de la joie et des fêtes, quand on apprit que Buonaparte étoit rentré à Paris et que Clausel marchoit sur Bordeaux. L'enthousiasme pour Madame redoubla. C'est alors qu'on vit à quel point étoient étrangers à la France ces soldats qui, pendant tant d'années, avoient opprimé l'Europe au nom de Buonaparte. Au milieu des témoignages d'amour les plus unanimes des citoyens pour Madame et pour les Bourbons, la garnison de Blaye se joignit à Clausel, et les soldats qui étoient au Château-Trompette et dans Bordeaux manifestèrent hautement qu'ils étoient unis de sentimens avec ceux qui venoient asservir une ville royaliste. La garde nationale de Bordeaux se prépara à combattre, et Madame se rendit à la caserne Raphaël pour décider les soldats à faire cause commune avec leurs concitoyens. C'est là qu'elle parla ainsi aux officiers :

« Messieurs, vous n'ignorez pas les événemens qui se passent; un étranger vient de s'emparer du trône de votre roi, Bordeaux est menacé par une poignée de révoltés. La garde nationale est déterminée à défendre la ville. Voilà le moment de montrer votre fidélité à vos sermens, je dois ici vous les rappeler. Je veux qu'on parle avec franchise, je l'exige. Etes-vous disposés à seconder la garde nationale dans la défense de Bordeaux. » Un morne silence fut la réponse des officiers.

« Vous ne vous souvenez donc plus des sermens que vous avez renouvelés il y a si peu de jours entre mes mains. S'il existe encore parmi vous quelqu'un qui s'en souvienne, qu'il sorte des rangs. » On vit quelques épées s'élever : « Vous êtes en bien petit nombre, reprit Madame. » On entendit alors ces mots : « Nous ne souffrirons pas qu'on vous fasse du mal, nous vous défendrons. — Il ne s'agit pas de moi, mais du service du roi; voulez-vous le servir? » A cette nouvelle interrogation de Madame, nouveau silence.

Au Château-Trompette, Madame trouva des cœurs plus endurcis encore : « Vous me nommiez votre princesse, ne me reconnoissez-vous plus. O Dieu, après vingt ans de malheurs, il est bien cruel de s'expatrier encore. Je n'ai cessé de faire des vœux pour le bonheur de la France, car je suis Françoise, moi, et vous, vous n'êtes plus François! Allez, retirez-vous! »

Pendant ce temps tout le quai de Bordeaux étoit couvert de drapeaux blancs et d'une multitude désolée et avide de mourir pour son roi. Que les discours de Madame aux citoyens armés étoient différens! « Je viens, leur dit-elle, vous demander un dernier sacrifice. Promettez-moi de m'obéir. — Nous le jurons. — Eh bien! je vous ordonne de ne plus combattre. Les femmes pleuroient, les hommes demandoient à mourir. Madame, entourée de soldats rebelles, ne voulut pas exposer cette ville fidèle à la fureur des soldats, et partit pour Pauliac où elle devoit s'embarquer.

Au moment du départ de Madame on n'entendit plus que des gémissemens, toutes les portes des maisons se fermèrent, les rues naguère remplies d'un peuple immense furent désertes en un instant. Les citoyens s'enfermoient dans l'intérieur de leurs maisons et suivoient de leurs vœux celle qu'ils appeloient l'ornement de la patrie, le sang d'Henri IV, le seul modèle des mœurs antiques et levant les yeux au ciel, ils le conjuroient de conserver sa famille et de la faire survivre aux méchans.

Clausel en entrant à Bordeaux put croire qu'il entroit dans une ville d'Espagne prise par les soldats de Buonaparte. Madame arriva à Pauliac entourée de la garde fidèle qui l'avoit accompagnée. La scène de son départ fut déchirante. Elle parut sur le pont; ses rubans, ses plumes blanches furent distribués à ces nobles François.

Parmi ceux qui suivirent Madame à Pauliac, on remarquoit M. Gautier, commandant de la garde nationale à cheval, plein d'esprit, de loyauté et de dévouement aux Bourbons, M. le comte Jacques de Puységur, qui avoit quitté sa femme, un enfant qui venoit de naître, pour aller joindre Madame à Bordeaux; ceux que j'ai déjà nommés, et une foule d'autres sujets fidèles. Tous demandoient à s'exiler avec Madame. O Marie-Thérèse, noble fille de nos rois, quels sentimens devoient être les vôtres à la vue de ces François fidèles dont la vie étoit peut-être menacée par les misérables qui avoient refusé de défendre la petite-fille de Henri IV contre l'assassin du duc d'Enghien. Le 2 avril Madame avoit quitté la France.

Nous voulûmes voir Pauliac, où Madame s'embarqua, et aller jusqu'au lieu où ses yeux cessèrent de voir les côtes de la France. Nous partîmes pour Royan.

Quand on descend la Garonne, on suit le quai du Chartron, jusqu'à ce que Bordeaux forme à son tour un demi-cercle. Les côteaux de la rive droite ont le mouvement le plus doux. Bientôt la pointe du Chartron se replie, et Bordeaux disparoît avec ses maisons, son beau quai, les tours de ses églises, les flèches de ses clochers et les mâts de son port. On passe devant Lormont où finissoit la juridiction de Bordeaux. C'est là que les députés de la ville venoient recevoir les princes.

Au-dessus de Lormont est la maison de M. Luetkens. M. Luetkens est un des premiers Bordelois qui aida M. Louis de la Rochejaquelein à organiser cette opposition royaliste qui devoit au 12 mars donner au monde l'exemple d'un dévouement héroïque. A travers mille dangers, il se rendit auprès de monseigneur le duc d'Angoulême pour lui porter les vœux de la ville de Bordeaux. La religion a adouci ses derniers momens. Tout a prouvé, dit M. Géraud en parlant de sa mort, combien il sentoit la vérité de ce mot sublime échappé à un ancien : *Vitæ mors media est*, la mort n'est que le milieu de la vie.

Les coteaux de la rive droite finissent un peu plus loin que Lormont, et alors les deux rives deviennent presque semblables. La rive gauche est le Médoc. Des vaisseaux passoient devant nous ; c'étoient des vaisseaux américains faciles à reconnoître à leur pointe en flèche, à leur élégante construction. A Montferrant, la rive droite s'avance en promontoire, plus loin elle forme un demi-cercle, comme à Bordeaux la rive gauche, et l'on croiroit encore être dans un bassin. Les voiles blanches des vaisseaux qui descendent la rivière se mêlent aux arbres des deux rives. La Garonne bientôt après semble fermée de tous les côtés ; c'est un lac. Les coteaux de la Dordogne reparoissent avant le bec d'Ambez où les deux rives se rapprochent et ne laissent plus qu'une ouverture. La Dordogne nous offroit l'aspect du lac de Genève, à Vevey ; le fond étoit garni de collines, ainsi que ses bords. La ville de Bourg est sur un de ces coteaux ainsi que le village de la Roque, placé à l'embouchure de la Dordogne ; trois îles s'étendent jusqu'auprès de Blaye. Nous passâmes devant la chapelle de Notre-Dame de Montuzet et devant le champ de bataille de Plassac. C'est là que Charlemagne, après avoir consacré son armée à la Sainte-Vierge et vaincu les Sarrasins qu'il chassa à jamais de la France, fit élever cette chapelle. Une confrérie s'établit sous *son nom*; elle bénissoit les vaisseaux et la mer, elle descendoit la rivière pour aller en pélerinage à la chapelle, en chantant le Psaume *Exaudiat* et aux cris de *vive le Roi*. Renouvelée aujourd'hui, c'est elle qui conserve le drapeau blanc du 12 mars, et qui l'arbore au grand jour sur le clocher de Saint-Michel. Plus loin est l'île et le fort qui défendent l'entrée de la rivière au-dessous de Blaye. Charlemagne fit porter à Blaye le corps de Roland son neveu, et le fit ensevelir en l'église Saint-Romain, avec son épée qu'on appelle Durandal, mise sous sa tête, et son cor au pied du sépulcre, lequel cor toutefois fut porté en l'église Saint-Saurin à Bordeaux, et l'épée à Roquemador en Quercy. La rivière est immense en cet endroit. Nous arrivâmes à Pauliac. C'est là que Madame se sépara de ses fidèles Bordelois.

Sur la rive gauche est la maison de M. Despazes, auteur des satyres, un peu après *Béchevel*, maison qui appartenoit au duc d'Épernon. *Béchevel*, en gascon, signifie baisse voiles, parce que tous les vaisseaux qui passoient devant le château baissoient leurs voiles pour saluer le grand-amiral. Au-dessus de Pauliac, la Gironde est dans sa plus grande largeur ; les deux rivages s'éloignent singulièrement, le fond est la mer. Un village nommé Talmont sur la rive droite est d'un effet très-pittoresque. Sur une élévation de pierres très-blanches s'élève une église.

Ces rochers blancs étoient éclairés par le soleil, tandis que la rivière étoit dans l'ombre. Nous aperçûmes enfin Royan et la tour de Cordouan ; le soleil dans des nuages couronnoit le phare. Royan étoit rempli de personnes qui étoient venues prendre les bains de mer. Nous vîmes là Taudin, brave pilote, qui conduisit M. de la Rochejaquelein à bord du vaisseau qui le porta auprès de monseigneur le duc d'Angoulême. Taudin devoit ramener le corps d'une jeune personne de Bordeaux morte aux eaux. Le lendemain nous rencontrâmes la chaloupe ; elle portoit le corps de la jeune personne, et ses malheureux parens enfermés avec les restes de leur fille. La mère embrassoit sans cesse ce corps défiguré par la mort. Le soir à Royan nous allâmes nous promener sur les rescifs. La nuit étoit fort-belle ; la lune couvroit de sa lumière un grand espace qui faisoit paroître d'un bleu noirâtre les deux côtés de la Gironde. La marée se marquoit sur la lumière par l'ondulation des vagues ; le ciel étoit pur ; on apercevoit des vaisseaux sur la mer, et le phare de Cordouan dont la lumière brilloit par intervalles. La nuit, sur les bords de la mer, n'a point de silence, on entend sans cesse cette grande voix de l'Océan qui semble tout remplir ; d'abord c'est le bruit monotone des vagues qui viennent se briser sur le rivage, puis une détonation qui se répète au loin. Rien n'est plus imposant que ce ciel et cette mer qui semblent ne pas finir, et ce bruit majestueux du grand Océan.

Le lendemain au lever du soleil nous montâmes sur la tour des signaux de Royan. La mer étoit d'un bleu superbe, la tour (1) de Cordouan, sur laquelle frap-

---

a(1) La base du phare de Cordouan est une île de rocher,

poit le soleil, d'une blancheur éclatante. Une voile rouge paraissoit dans le lointain, et dans l'extrémité de l'ho-

---

et cette île, suivant d'anciennes traditions, se joignoit autrefois à la terre du Bas-Médoc.

» Louis de Foix, le plus célèbre architecte du 15ᵉ siècle, traça les dessins de cette tour. La première pierre en fut posée en 1585. On raconte que Louis-le-Débonnaire avoit fait construire au même endroit une tour fort basse, et qu'au lieu de fanal, des hommes y sonnoient du cor jour et nuit pour avertir les navigateurs des dangers dont ils étoient menacés sur cette plage.

» On trouve dans cette tour les bustes de Henri II, de Henri IV, de Louis XIV et de Louis XV. On lit cette inscription au-dessus du buste de Louis XIV :

» Louis XIV, roi très-chrétien, releva sur ses fondemens cette tour de Cordouan, afin qu'elle dirigeât par des feux nocturnes la marche des navires à travers les écueils qui embarrassent l'embouchure de la Garonne. »

» En 1782, on y établit un fanal avec des lampes au lieu du feu en charbon.

» Quatre immenses quinquets sont posés dans une lanterne qui a vingt-quatre pieds de haut, et qui roule sur un pivot. De ces quinquets s'élancent trois colonnes de feu séparées les unes des autres par des distances égales. Lorsque la machine est mise en mouvement, il apparoit d'abord une lumière vive pendant trente secondes ; vient ensuite une éclipse qui dure également trente secondes, puis redevient brillante, puis décroît encore, puis disparoît, et ainsi de suite : la révolution totale s'exécute en trois cent soixante secondes. De tous les phares connus des géographes, celui de Cordouan est le seul qui fasse briller ainsi dans les airs son feu tournant ; aussi le nautonnier que la tempête égare sur ces mers orageuses se reconnoît-il toujours à ce signe certain. Pendant la nuit, si le ciel est très-pur, le feu s'aperçoit à la distance de neuf lieues ; dans les temps ordinaires, il se voit à la distance de sept lieues marines ; pendant le jour, si l'on se place dans une chaloupe de pilote, c'est-à-dire, à trois pieds au-dessus de la surface de l'eau, on aperçoit le rizon des voiles blanches qui ressembloient aux oiseaux de mer qu'on appelle goélands. La mer, qui la veille étoit agitée, étoit calme et venoit se jouer sur le rivage. L'écume des vagues qui se brisoient marquoit à l'œil l'étendue du rocher de Cordouan. D'un côté nous voyions le riche pays de la Saintonge, et de l'autre la pointe de Grave, l'extrémité du Médoc qui finit à la mer, et l'Océan qui, à nos yeux, s'étendoit aussi loin que le ciel.

C'est là que Madame monta sur un vaisseau qui l'emporta loin de ces rivages. Pendant trois mois elle resta éloignée de la France; la France pendant trois mois fut livrée à la révolution et à Buonaparte.

Nous revînmes à Bordeaux. Nous vîmes les restes du palais Gallien, le Chartron, les travaux du pont, le beau quartier de la Bourse, le théâtre, les allées de Tourny, la cathédrale, le château royal. Nous voulûmes voir la caserne Raphaël, l'emplacement où étoit le Château-Trompette. Nous ne passâmes pas sans frémir sur cette place Dauphine où quatre cents personnes ont péri sur l'échafaud. C'est au milieu des témoignages des maux faits par Buonaparte et la révolution, et du repos que nous apporta le retour des Bourbons, que dans toutes les villes, et dans le département de la Gironde; on se prépara aux élections. A Bordeaux les royalistes portoient M. de Marcellus, l'honneur de la province, M. Dussumier-Fombrune, l'un des hommes les plus remarquables par sa droiture et l'originalité de son esprit; M. de Pontet,

---

sommet de la tour à la distance de cinq lieues. Les gardiens ne quittent jamais la tour. A la fin de l'été, ils reçoivent des vivres pour six mois, car le mauvais temps peut les priver durant plusieurs mois de suite de toute communication avec la terre. »

plein d'ame et de sens, M. Filhot de Marans, si respectable, si fidèle; M. de Saluces, dont la loyauté est égale à son dévouement aux Bourbons; M. Lainé, si courageux contre les jacobins et Buonaparte, et M. Ravez son ami, tous deux pleins d'âme et de talent et qui ne s'en serviront plus que pour la cause royale.

Nous voulûmes visiter les établissemens de Bordeaux; les sourds et muets, confiés aux soins de M. l'abbé Goudelin qui les dirige avec une intelligence rare et une charité plus rare encore, les aliénés, l'hôpital, le petit séminaire. C'est là que la religion renouvelle tous les prodiges de son divin instituteur. Les sourds entendent, les muets parlent, les orphelins retrouvent des mères, les insensés sont conduits par la sagesse, les foibles deviennent les forts pour la conversion du monde.

Le petit séminaire est dirigé par les pères de la foi; quelques-uns de ces admirables prêtres étoient au collège de Bellay, d'où est sorti déjà un poëte, M. de la Martine.

Mais comment parler de la religion et de tous les prodiges qu'elle enfante sans retrouver le souvenir de l'archevêque de Bordeaux, ce prélat, l'honneur de l'église de France, et qu'il est impossible de ne pas aimer dès qu'on l'a vu une fois. On sait avec quel éclat M. Daviau de Sancey parut au concile. Il monta à la tribune pour s'élever contre les projets de Buonaparte, et prévoyant la fureur du despote qu'il bravoit: « Priez pour moi aujourd'hui, dit-il, avant de descendre de la chaire où il étoit monté, demain peut-être je prierai pour vous. » L'archevêque de Bordeaux rappelle les vertus des évêques des premiers âges du christianisme.

Le clergé de Bordeaux est très-remarquable par ses

lumières et par ses vertus. Nous ne pouvons pas oublier à Bordeaux M. Delpy et M. Devaux, qui tous deux rappellent les vertus de l'ancien barreau et de l'ancienne magistrature de France ; M. Archbol, si remarquable par son aménité et les qualités le plus précieuses de l'âme.

Les lettres sont cultivées avec succès à Bordeaux, et je n'en voudrais pour preuve que ce journal où brillent l'esprit, l'imagination et le talent. La *Ruche d'Aquitaine*, car tout le monde l'a déjà nommée, est un des journaux les plus remarquables, je ne dis pas qui s'écrivent en province, mais à Paris. On y reconnoît tout l'esprit de cette province où sont nés Montaigne et Montesquieu, deux des plus grands écrivains de la France, et surtout célèbres par l'originalité de leur esprit et leur brillante imagination.

M. Edmond Géraud, connu par un recueil de poésies très-remarquable, et qui a dévoué son âme et son talent à la cause sacrée des Bourbons, est le rédacteur principal de *la Ruche*, à laquelle travaillent aussi M. Gradis aîné, plein d'esprit, de goût et d'instruction, et M. La Rose, digne en tout de leur être associé.

On parle de la réaction de 1815 contre les hommes des cent jours, ou des *noirs* (1). Voici ce qu'elle a été à Bordeaux. Les femmes de la halle, qui avoient bien remarqué les hommes qui dans chaque quartier s'étoient montrés les plus attachés à Buonaparte et à la république, lorsqu'ils voulurent arborer, au retour du Roi, les couleurs de la fidélité, les forcèrent à les retirer; ce fut ainsi qu'un mouvement eut lieu dans une des rues qui avoisinent l'église Saint-Michel. Un boulanger bien connu par sa conduite

---

(1) On appelle à Bordeaux les libéraux *les noirs*.

en 1793 et dans les cent jours, avoit pavoisé sa maison avec des drapeaux blancs. Ses voisines se réunirent et demandèrent qu'on ôtât le signe d'honneur et de fidélité. Le boulanger effrayé envoya au corps-de-garde du château royal demander du secours. M. Gautier qui commandoit s'y rendit en toute hâte, mais il trouva la rue parfaitement tranquille. Il fit des questions; on lui dit que les femmes s'étoient retirées après avoir enlevé le drapeau blanc.

Pendant les cent jours, les femmes du marché voyant le drapeau tricolor arboré à l'hôtel-de-ville, disoient entre elles : « Ils l'ont mis à blanchir. »

Le peuple de Bordeaux désigne Madame par ce mot, *la nôtre*.

Le courage et l'esprit des Gascons sont célèbres dans le monde entier. On retrouve l'un et l'autre dans ce trait d'un jeune homme de la maison du Roi qui, escaladant un rempart à l'aide de baïonnettes plantées dans le mur, et au milieu d'une grêle de balles, se tourna vers ses camarades pour leur dire : « Savez-vous, messieurs, que sans les coups de fusil on n'y tiendroit pas. »

Les dames de Bordeaux préparoient le berceau destiné au duc de Bordeaux ; car elles ne doutent pas que Mme la duchesse de Berry ne donne un duc de Bordeaux à la France. Des prières s'élevoient de toutes les églises de Bordeaux pour demander au Ciel un fils de monseigneur le duc de Berri.

Nous fûmes témoins de la fête de la Saint-Louis et des transports d'allégresse des royalistes de Bordeaux. M. le comte d'Autichamp, major-général de l'armée vendéenne, et qui dans les cent jours commandoit l'armée d'Anjou, forte de quinze mille hommes, passoit la revue de la garnison, qui sembloit heureuse d'être commandée par un général vendéen. Nous quittâmes Bordeaux le lendemain de ce beau jour.

Pour aller dans les Pyrénées, après Langon on entre dans le pays des sables et des suriers, nom donné par les habitans au chêne-hége : on se croiroit dans un autre pays que la France. On rencontre de loin en loin quelques cabanes et quelques villages, où de maigres troupeaux conduits par des bergers à demi sauvages. Les habitans ont un grand attachement pour ce pays stérile. Ils meurent de douleur quand ils sont arrachés de leurs foyers. On est tout étonné en traversant les Landes de se sentir si près de Bordeaux d'un côté et du Béarn de l'autre. Nous vimes Roquefort, Bazas, où habite la famille de M. Gyresse, le premier François qui ait eu le bonheur de crier *vive le Roi* le 11 mars 1814, la petite ville d'Aire, et nous traversâmes l'Adour avant d'arriver à Pau, le chef-lieu du département des Basses-Pyrénées, qui comprend le Béarn et la Navarre.

Pau n'est pas une ville remarquable, mais ses environs sont délicieux, et rien ne peut être comparé a la vue dont on jouit de ses promenades et de ses jardins. L'imagination prête un grand charme à ce pays ravissant. Ces belles Pyrénées touchent aux deux mers et aux deux plus beaux royaumes de l'Europe, la France et l'Espagne; et Pau est rempli du souvenir de Henri IV. Ce nom, les lieux où ce prince a passé son enfance, se présentent de toutes parts et donnent un intérêt de plus aux vallées du Béarn.

Du jardin de madame de Gontault-Biron, qui est au-dessous du château Gassion, on voit la chaîne des Pyrénées, s'étendant des deux côtés, couronnée par le pic du midi, dôme superbe, devant lequel toutes les montagnes s'abaissent avec respect. Ici la nature a prodigué la grâce et la majesté. Le travail de l'homme ne finit qu'au pied des glaciers de ces magnifiques montagnes, où la main de Dieu semble plus empreinte que dans le reste de la création. Ces collines chargées de verdure s'arrondissent de la manière la plus suave. Là est le côteau de Jurançon, fameux par ses vignobles; plus loin on aperçoit une colline qui s'avance comme un promontoire pour dominer cette charmante vallée; plus loin encore sont les coteaux qui s'élèvent au-dessus du château de Corasse, où Henri IV se nourrissoit de pain bis, de bœuf, de fromage et d'ail, où il marchoit nu-pieds et nu-tête, habillé comme les enfans du pays, courant comme eux sur les rochers. On se plaît à se représenter le fils de Henri d'Albret, avec le costume des paysans du Béarn. Le béret (1) est une très-jolie coiffure en laine, et rappelle le bonnet écossois. Henri étoit déjà le roi de ses compagnons par son agilité, avant de l'être par sa valeur.

A droite est le parc de Henri IV, sur une colline qui s'étend le long du Gave. L'hôtel du maréchal Gassion dérobe à la vue le château où Henri est né. C'est donc là que Jeanne d'Albret enfanta, en chantant, le roi le plus vaillant et le plus aimable; là est le berceau dans lequel il fut reçu. Quand ses yeux purent distin-

---

(1) Le bonnet des Béarnois.

guer les objets, ils se reposèrent sur ce beau pays du Béarn.

Grand roi, tu fus encore un grand homme! Oui, Henri d'Albret avoit raison quand il disoit : *Voyez maintenant, ma brebis a enfanté un lion ;* un lion généreux, qui tempéroit la force par la douceur. Est-il beaucoup de rois qui aient pu se dire comme lui ? *Je fais ce que je veux, parce que je ne fais rien que ce que je dois.* Jamais on n'eut plus d'esprit que Henri IV; son expression franche et animée est toujours spirituelle. « Souvenez-vous, disoit-il à ses soldats, que ma retraite hors de cette ville, sans l'avoir assurée au parti, sera la retraite de ma vie hors de ce corps. » Et quel caractère que celui d'un roi chef de parti et inviolable en sa parole! Quels mots heureux ne citeroit-on pas du roi béarnois! Les mots du courage, il les a tous. « A quartier, crioit-il à Coutras à quelques-uns des siens qui le couvroient de leurs personnes, à quartier, je vous prie; ne m'offusquez pas, je veux paroître. » C'étoit là le roi des braves, comme l'appeloit cet infortuné et brave Givry. Et quelle gaieté au milieu de ses traverses! « Je suis roi sans royaume, disoit-il avant la bataille d'Arques, mari sans femme et guerrier sans argent. » Il méritoit d'inspirer les sentimens les plus généreux : on n'a pas oublié ce mot d'un de ses colonels : « En me rendant l'honneur, vous m'ôtez la vie. » Après ou avec la harangue de Henri de Larochejaquelein (1), en fut-il jamais de plus

---

(1) Si j'avance, suivez-moi; si je recule, tuez-moi; si je meurs, vengez-moi.

lacédémonienne que celle-ci : « Je suis votre roi, vous êtes François, voilà l'ennemi. » Et à ses soldats : « Tournez la tête pour me voir mourir. » Voilà le guerrier. Écoutez le roi : « Je suis le vrai père de mon peuple, je ressemble à cette vraie mère qui se présenta devant Salomon. J'aimerois mieux n'avoir pas de Paris, que de l'avoir tout ruiné et tout dissipé par la mort de tant de personnes. » Et ce mot qui révèle toute la constitution de la France! La duchesse de Beaufort lui témoignoit son étonnement de ce qu'il avoit dit au parlement qu'il vouloit se mettre en tutelle entre ses mains : « Il est vrai, répondit le roi, mais je l'entends avec mon épée (1) au côté. » « Je vous aime et ne vous crains point, disoit-il aux protestans, et mon prédécesseur vous craignoit et ne vous aimoit point. Je suis roi berger qui ne veux répandre le sang de mes brebis, mais je veux les rassembler avec douceur. » Son premier mouvement à la naissance de son fils, après qu'il eut invoqué les bénédictions du ciel, et qu'il lui eut donné la sienne, n'est-il pas le mouvement d'un roi de France? Plaçant son épée dans la main de son fils, il pria Dieu que cet enfant en usât pour sa gloire et pour la défense de son peuple. Ce roi-là connoissoit tous les secrets du cœur. « Elle me vaut ce que je veux, » disoit-il de la France au duc de Savoie qui lui en demandoit le revenu. Qui ne connoît ce billet qu'il écrivoit à Sully : « Mon ami, venez me voir, car il s'est passé ce matin

––––––––

(1) Cette épée, la plus glorieuse de la chrétienté, suivant l'expression de don Pèdre.

quelque chose dans mon sein, pourquoi j'ai affaire de vous. » Et la scène de Fontainebleau : « On croiroit que je vous pardonne ». Ce mot a retenti dans tous les cœurs. « Venez çà, n'avez-vous rien à me dire.—Non.—Oh ! si ai bien moi à vous. » On l'engageoit à punir l'auteur d'une satire : « Je ferois conscience de fâcher un homme pour avoir dit la vérité. » Comment ne pas parler de Henri IV dans le Béarn, et comment le louer sans le faire parler ! Le souvenir du *Roi de bonheur* (1) est la gloire de ce délicieux pays.

En quittant Pau pour aller à Saint-Sauveur et à Baréges, on descend la colline, on traverse un pont et quatorze villages qui se succèdent ; les noms grecs que portent la plupart d'entre eux prouvent, ou que les Grecs sont venus dans ces lieux lors de l'invasion des barbares qui a changé la face du monde, ou que les Croisés, en revenant dans leur patrie, ont voulu y conserver le souvenir de tout ce qu'ils avoient vu à Constantinople et dans la Syrie. On arrive à travers des prairies, à Corasse, où Henri IV a été élevé. C'est la verdure de la Suisse et la chaleur de l'Italie. Les vignes en arbres sont jetées au milieu de ces maisons qui ressemblent aux habitations de la Suisse. Mais bientôt on pénètre au milieu des montagnes qui s'éloignoient dans les prairies. On entre dans une vallée resserrée, et l'on découvre le village de l'Estelle, et de là l'église de Bétharran placée à côté d'un pont jeté sur le Gave (2), au

---

(1) L'anagramme de son nom est Roi de bonheur.

(2) On appelle Gaves tous les torrens qui coulent dans les

pied d'un coteau couvert de chênes qui semble fermer la route. Une touffe de lierre répand ses feuilles sur les eaux vertes du torrent, qui, un peu plus loin, blanchit sur des amas de pierres; et un tertre couronné de verdure s'arrondit derrière l'arcade du pont. La chapelle de l'église de Bétharran est d'un goût antique. La statue de la vierge qui est sur le portail semble indiquer le chemin qui conduit au Calvaire. En montant au Calvaire, les aspects changent à tous les instans. Au moment où nous sommes arrivés à l'Esplanade, au pied de la croix, le soleil répandoit ses rayons sur les plaines de l'Estelle, et des nuées qui portoient la tempête obscurcissoient les montagnes qui fermoient la vallée; image parfaite de cette religion divine dont le signe auguste étoit sous nos yeux, terrible et douce dans ses mystères qui répandent la lumière et qui recèlent la foudre!

Sur les coteaux qui bordent ces vallées, on rencontre des hêtres mêlés aux sapins. Cet arbre des forêts de la plaine se marie sur les collines avec l'arbre qui fait la parure des rochers; mais le hêtre ne se trouve plus sur les hauteurs où le sapin couronne les sommets les plus élevés. Les frênes, les châtaigniers, les noyers, croissent sur le terrain mobile des montagnes des Pyrénées. Ici ils terminent une prairie en se groupant, puis ils sont isolés; là ils s'élèvent à côté d'une chaumière qu'ils recouvrent de leur ombrage; plus loin ils arrêtent un énorme bloc

---

vallées des Pyrénées : il y a le Gave de Pau, le Gave de Cauteretz, etc.

de rocher ; là ils sont sur la pente, et l'on diroit qu'ils touchent à la terre avec leur feuillage ; et tous ces accidens ont lieu sur les tapis les plus verts, les plus doux à l'œil qu'on ait jamais contemplés.

Les Pyrénées fertilisent tout ce qui les environne. On prétend qu'elles baissent d'environ dix pouces par siècle. Tout dans les montagnes porte l'empreinte de la naissance et de la fin de la terre. *Omnia incertâ ratione in naturæ majestate abdita.* Si le monde étoit éternel il n'y auroit plus de montagnes, puisqu'elles décroissent ainsi ; et comment croire désormais à la durée éternelle d'une terre désolée. Le déluge ici a ses médailles. Dans les pierres calcaires on trouve des corps marins. La mer a donc recouvert ces masses énormes, et les lois de l'équilibre prouvent que l'eau parvenue à cette hauteur devoit inonder la terre ? Réduite à ses seules forces, la mer auroit employé trois cent mille ans pour quitter le sommet de ces montagnes. Ainsi donc la nature parle comme la révélation. Ces deux grands livres de la Providence sont de la même main, et celui qui a remué ces rochers a touché les cœurs rebelles et converti le monde.

En quittant Bétharran, on entre dans la longue vallée de Lavedan, dont Lourde est le chef-lieu. Là commence le Bigorre, à Bétharran finit le Béarn.

On arrive à Lourde par un chemin qui monte au-dessus d'un précipice au milieu des bois. Tout à coup la vallée s'ouvre, les croupes des collines s'arrondissent, des rochers nus et sévères les dominent.

Au-dessus de la ville de Lourde est un château bâti sur le roc pour arrêter les ennemis de la France, devenu une prison d'état, puis une caserne. En 1375, les Anglois l'occupoient encore. On entre ensuite dans une gorge étroite, et l'on respire à peine au pied de ces masses de rochers qui se referment tristement de tous les côtés, jusqu'à ce qu'on entre dans la vallée d'Argellez, où les eaux de la vallée d'Azun se mêlent avec celles du Gave. C'est ici une des plus belles vallées des Pyrénées.

Du château de Baussan, vieille citadelle qui a appartenu aux Rohan-Rochefort, et qui tombe en ruine, on découvre toute la vallée d'Argellez; les formes des montagnes varient singulièrement; tantôt elles s'éloignent et s'arrondissent; tantôt elles s'élèvent en pics, ou présentent de longues chaînes nues à côté des lieux les plus fertiles : et de tous côtés elles entourent la vallée. Deux montagnes qui ressemblent à de riches coteaux courent parallèlement; elles sont cultivées jusqu'au sommet, et descendent jusqu'à Argellez, Pierrefitte et Baussan, chargées d'arbres, de maisons et de prairies. Du côté de Lourde, la vallée d'Argellez est fermée par des rochers arides. Vis à vis on aperçoit les crêtes des montagnes de Cauterets et de Saint-Sauveur, et le fond de la vallée, coupé en mille façons par les eaux du Gave, est rempli de maïs, de vignes portées sur des cerisiers, de vergers et des fruits les plus beaux. Ce sont les Alpes, les Apennins, la verdure d'Angleterre, une vallée d'Italie. On sent que c'est ici l'asile d'hiver pour les troupeaux et les bergers des montagnes.

La vallée de Lavedan se resserre singulièrement au-delà de Pierrefitte. On va à Cauterets ou à Saint-Sauveur, en suivant le Gave de Cauterets ou de Baréges. Le défilé qui mène à Saint-Sauveur ressemble d'abord à un vaste précipice. C'est là que la verdure des Pyrénées offre les effets les plus étonnans, au sommet d'une montagne presque inaccessible, ou au bas de l'abîme que le Gave s'est formé. Là on rencontre une cabane, un ruisseau et quelques arbres de la plaine, et bientôt on ne voit plus que les montagnes qui empruntent leur couleur du fer qu'elles renferment. Mais avant d'arriver à Luz, les aspects ont changé; et Saint-Sauveur paroît dans le fond au-dessus de Luz comme un beau couvent. Près de Luz est Baréges ; il n'y a que Vignemalle à traverser pour être à Cauterets. On croiroit que toutes les eaux minérales des Pyrénées ont un réservoir commun.

Quand nous sommes arrivés à Cauterets, on avoit ressenti les secousses d'un léger tremblement de terre; ces désordres d'une loi invariable sont destinés à nous rappeler sans cesse que la raison de l'ordre de la nature n'est pas dans la nature même. Dieu agit en cela comme un législateur qui déroge de temps en temps à ses lois passagères, pour prouver que sa puissance s'élève au-dessus de la société pour la conserver. Les tremblemens de terre sont assez fréquens dans les Pyrénées : il y en a eu de terribles; celui de Lisbonne s'y est fait sentir. Dans une secousse, en 1750, la chapelle du château de Lourde s'écroula presque entièrement.

Les Pyrénées semblent ne pas contenir de volcans, malgré leurs eaux chaudes. Il n'y a que deux montagnes entre Girone et Figuéras qui paroissent avoir jeté des feux. Tout ce qui sert à produire ces effrayans phénomènes est dans leur sein ; elles touchent à la mer : peut-être un jour leurs feux souterrains auront-ils une issue ! peut-être de nouveaux Pline seront ensevelis par la lave dans les vallées de Campan et d'Argellez !

De Saint-Sauveur à Baréges on monte presque toujours. Baréges est situé dans un lieu désolé, c'est une vallée de douleur. Le côté par où l'on va à Bagnères surtout n'offre que le plus horrible aspect. Le torrent ravage tout d'une manière hideuse. Ce lieu est d'accord avec le sentiment qu'on éprouve en entrant dans Baréges. On ne rencontre que des figures hâves, de malheureux blessés qui se traînent avec peine, des chaises à porteurs fermées, enfin, partout l'image de la douleur. C'est la vallée des blessés ; ce torrent est lugubre, ces montagnes sont nues ; quelques champs cultivés effraient parce qu'on voit au-dessus des rochers et des amas de terre, et au-dessous des débris de pierres et des sables éboulés.

Il faut revenir de Baréges à Luz pour aller à Gavarnie. Luz est une petite ville fort ancienne, dont l'église étoit autrefois une citadelle, dominée de tous côtés par des collines où l'on voit des ruines de forteresses jadis au pouvoir des templiers, chargés de défendre les frontières des incursions des Maures. On éprouve un sentiment de respect pour ces vieilles tours qui ont servi à garantir la France des conquêtes du mahométisme, la religion de l'ignorance et de la volupté. Les Anglois aussi ont occupé ces forteresses. Maîtres de la Guienne alors, ils s'étendoient jusqu'aux Pyrénées.

C'est au bord du Gave qu'on prend la route de Gèdres et de Gavarnie, et l'on ne quitte plus ce torrent qui gronde sans cesse autour de Saint-Sauveur. Saint-Sauveur est d'un effet charmant de cette route. Les maisons sont comme en Suisse garnies de galeries de bois ; presque toutes sont neuves avec de jolis contrevens verts. Plus loin le coteau sur le prolongement duquel est Saint-Sauveur devient une muraille majestueuse garnie d'arbres. Le Gave roule au bas. La route devient étroite comme celle de la Corniche. Il y avoit autrefois une tour, au passage qu'on nomme l'*Echelle* ou *la Porte d'Espagne*, bâtie contre les miquelets de l'Aragon qui venoient faire des incursions jusqu'à Luz. Depuis l'avénement au trône d'Espagne de Philippe V, les forteresses sont devenues inutiles. Il n'y a plus de Pyrénées, avoit dit Louis XIV.

On arrive à Gèdres en suivant toujours ce chemin sur le bord d'un précipice entre des montagnes arides et couvertes de buis. A Gèdres on descend à quelques pas de la route au bas d'un précipice où l'on est frappé d'un spectacle ravissant. Deux rochers s'ouvrent et forment un bassin. Leur couleur noirâtre contraste avec la verdure de quelques arbres dont le feuillage se penche sur une eau d'une blancheur éblouissante qui tombe en écumant par une ouverture au fond de la grotte. Dans ce moment le soleil rendoit plus tendre le vert des arbres qui des deux côtés s'entrelacent et forment un abri contre la splendeur du jour. Quelques rayons seulement pénétroient jusqu'à la cascade et faisoient briller ses eaux avant leur chute d'un éclat plus vif qu'au moment où elles tombent et se brisent en écumant. Tout le reste de la grotte gardoit son aspect sombre. De l'eau, des rochers, de la verdure et le soleil, voilà ce qu'on admire sans cesse dans les montagnes; mais quelle variété dans les effets qu'ils produisent!

A Gèdres les maisons sont remplies des marques de la foi de leurs habitans. On doit être plus religieux sur les montagnes. La main des hommes n'y élève que de fragiles monumens; des masses effrayantes que le bras du Tout-Puissant seul a pu mouvoir s'offrent sans cesse sous les yeux; il faut lutter contre des dangers sans cesse renaissans. D'ailleurs la vie est plus simple, moins agitée par les passions qui enivrent la raison de l'homme.

On quitte Gèdres, et on arrive dans un désert où tout semble porter l'empreinte du premier désordre introduit dans l'univers. C'est la secrète raison de la curiosité qu'inspirent ces lieux. Ces pics affreux, ces glaces éternelles, ces torrens qui grondent au fond des précipices, ces vallées désolées parlent, il est vrai, de la dégradation de l'homme, mais ils rappellent sa primitive grandeur. Non loin de cet horrible désert, appelée *le chaos*, où des rochers énormes entassés inspirent l'horreur, une cascade tombe d'une prairie délicieuse; ce n'est pas de l'eau, ce sont les couleurs les plus brillantes, tantôt le vent dissipe l'arc-en-ciel, tantôt la chute d'eau le ramène ! La grâce et l'horreur sont prodiguées dans ces deux spectacles. Je ne m'étonne pas que des hommes aient cru à deux principes dans la nature, l'un du bien, l'autre du mal. Leur erreur étoit spécieuse; mais le mélange ici-bas ne durera pas toujours; ces prairies, dont Dieu revêt ces rochers détruits, ces terres éboulées, nous indiquent une terre de passage, avant la terre de délices et le séjour d'horreur. Le temps n'est pas loin où la justice et la miséricorde se partageront ce qui n'est uni que passagèrement !

Nous traversâmes rapidement le village de Gavarnie, pour courir au cirque qui porte son nom. Rien n'est plus imposant que l'aspect de ce lieu. Les montagnes les plus élevées s'arrondissent en amphithéâtre, la neige est sur leurs flancs et à leur pied. Des cascades tombent de tous les côtés. Au moment où nous arrivions, il y avoit un effet extraordinaire sur le cirque. Un nuage qui coupoit le rocher et la grande cascade laissoit voir au sommet de la montagne les pics couverts de neige, et jetoit au bas du cirque une obscurité qui répandoit une profonde horreur.

Tous les souvenirs sont ici : c'est le ciel de la France et de l'Espagne.

La brèche de Roland réveille le souvenir de Charlemagne : souvenir de gloire pour la France ! Alors elle repoussoit les Maures, elle sauvoit la chrétienté, quand l'Espagne ne défendoit qu'elle-même. Alors elle dotoit la papauté, elle fondoit le système de l'Europe pour des siècles. France, France, ta gloire est ta foi, ne la renie jamais. N'oublie jamais non plus que ton bonheur est uni à la race de tes rois, à la famille des Bourbons. O France! quelle destinée est la tienne; si tu savois que ton génie et les armes ne doivent être employés que pour le bonheur de l'Europe, si l'Europe savoit que sans toi elle est perdue. *O patria! ó divûm domus Ilium!* L'Espagne semble encore la France ; là règnent l'église catholique et les Bourbons. Derrière ces montagnes est Jacca. Jacca parle déjà de la gloire des Castillans; c'est près de cette ville, sur le mont Uruel, que quelques Espagnols, rassemblés pour les funérailles d'un saint ermite, choisirent pour leur roi ce premier roi de Navarre, don Garcie de Ximenès, qui partage avec Pélage l'honneur d'avoir relevé la monarchie espagnole. Les prodiges de constance se renouvelèrent toujours dans les pays de montagnes. La Suisse, le Tyrol, la Catalogne, l'Aragon, sont des terres de héros. C'est dans la Catalogne qu'étoient ces fiers Cantabres qui résistèrent si long-temps aux Romains; c'est dans l'Aragon qu'est Saragosse, la ville immortelle. Répétons ici ce que disoit, dans son enthousiasme, un voyageur qui a parcouru ce noble pays.

« Oui, j'ose le prédire, les Espagnols retraceront un jour les époques brillantes de leur histoire; quelque nouveau Trajan naîtra encore dans leurs murs; un autre Annibal leur devra ses succès ; ils reporteront dans les combats les noms de Sagonte, de Numance, l'étendard indompté des Cantabres, et ce fer espagnol qui servit aux Romains pour conquérir le monde. Les forêts des Asturies, converties en flottes nombreuses, feront encore trembler l'Orient ; et non moins redoutables à l'Angleterre que l'invincible *Armada*, elles n'auront pas toujours les élémens contre elles. L'ombre du Cid verra du haut de son rocher des moissons couvrir les plaines incultes et inhabitées de sa patrie, elle entendra chanter sa romance chérie au milieu des vergers de figuiers, de grenadiers et d'orangers, dont la vigne unit les branches chargées de fruits, et au pied desquels croissent le coton, le lin, la canne à sucre et le blé. »

Hélas, ce malheureux pays est en proie aujourd'hui à tous les orages, et s'il arrive jamais à ses hautes destinées, ce ne sera qu'à travers des torrens de sang.

Pour aller à Cauterets il faut revenir dans la vallée d'Argellez à Pierrefitte. Cauterets est au sein des grandes montagnes. C'est un spectacle curieux quand on passe le long des maisons des bains, que de voir ceux qui entrent et ceux qui sortent, ces chaises à porteurs, ces baigneurs à pied, enveloppés dans de grands manteaux, cette foule qui se presse; et à côté de ces sapins, au pied de ces torrens, de ces débris de rochers, les parures les plus élégantes, Paris enfin sur le sommet des Pyrénées. On rencontre des chaises à porteurs jusque dans les plus hautes montagnes. Quand on va au pont d'Espagne et au lac de Gaube qui repose au pied de Vignemalle, les montagnes se resserrent après la fontaine de Mahoura, et l'on arrive à la cascade de Cerisey par un chemin rapide, entre les sapins. Ici murmure le Gave qui forme plus bas la magnifique cascade de Cerisey. Des sapins, des rocs brisés sont jetés çà et là dans cette espèce de gouffre formé par les sommités qui l'environnent. Quel désert! Et l'on aime ces lieux sauvages; sans doute ils nous révèlent, comme nous l'avons déjà dit, le désordre introduit dans l'œuvre de la création, et ils nous apprennent que nous sommes faits pour un monde meilleur. Plus haut la scène change. Les sapins ne laissent plus entrevoir que les crêtes aiguës des montagnes, et s'élèvent en amphithéâtre. Une légère vapeur qui s'élève du torrent entretient partout une fraîcheur délicieuse. Le Gave tombe de toutes parts en chutes magnifiques. On diroit qu'il se plait à étaler en flots d'argent ces eaux qui plus bas inspirent l'effroi. Il inonde les rochers et les sapins et il remplit les échos d'un bruit qui n'abandonne jamais ces lieux. Le noir de l'arbre des hivers forme un contraste frappant avec la blancheur des eaux qui se brisent en cascades, avec le vert des prairies et le bleu du ciel sur lequel se découpent les extrémités des sapins et les pointes des montagnes. C'est la cascade du Pont d'Espagne. On monte encore avant d'arriver au lac de Gaube qui ressemble un peu au lac de Brientz. Ses eaux vertes, blanchies à leur surface par les rayons du soleil, brillent au pied des sommets inaccessibles de Vignemalle, et de tous ces rocs aux crêtes hérissées, au milieu de ces troncs brisés et de ces débris de rochers qui descendent jusqu'à ses bords. Une cascade tombe des glaciers, une autre sort du lac et va former la chute d'eau du Pont d'Espagne. Un bateau est attaché à un petit promontoire qui s'avance sur les eaux, et là réside un pêcheur. A l'extrémité du lac paissent des troupeaux qu'on envoie l'été dans les montagnes. Le fond du lac avec sa prairie, sa cascade, ses rochers et les pics de Vignemalle couverts de neige, offrent un aspect vraiment singulier. C'est la retraite des chèvres sauvages. On entend le cri de l'aigle (1). Ces rochers sont sa citadelle, pour parler comme Job.

Quand on redescend de ces hauteurs, et qu'on va finir la saison des eaux à Bagnères, on est surpris de se trouver dans un air si pûr, si doux, dans une ville charmante, près de la délicieuse vallée de Campan. Ces lieux s'embellissent encore par le souvenir de l'aspect des montagnes, et l'on s'étonne qu'il y ait d'aussi affreux déserts dans la nature, quand on voit, en allant de Bagnères à Tarbes, cette fertile campagne arrosée par l'Adour, couverte de maïs et de vignes en arbres, et que ne surpassent pas sans doute en beauté les plus riches contrées de l'Italie et de l'Espagne.

Nous nous sommes laissé entraîner au plaisir de décrire les sites de ce beau pays de Béarn; mais il est un devoir sacré pour nous, celui de parler des hommes qu'il a produits. Tout le monde connoît le marin Renaud Eliçagaray, qu'on appeloit le petit Béarnois, et le médecin Bordeu; mais on ne sait pas aussi bien quels nobles caractères la révolution a développés dans la Navarre et le Béarn. Nous citerons M. le marquis d'Esquille, président au parlement, homme du plus rare mérite et d'une piété angélique, député aux états généraux de la noblesse du Béarn. Quand il arriva à Paris avec son collègue M. le comte de Gramont-Daster, vrai chevalier françois, et M. l'évêque de Lescar (de Noë), et M. l'abbé

---

(1) Vignemale a 1622 toises au-dessus du niveau de la mer, 41 toises de moins que le mont Perdu.

de Charrite, conseiller au parlement de Navarre, président lui-même des états de Bigorre, la confusion des ordres s'étoit déjà opérée. Cette honorable députation écrivit une lettre au président de l'assemblée pour lui dire qu'elle ne pouvoit pas entrer à l'assemblée nationale, parce qu'elle *avoit été envoyée aux états généraux et non à l'assemblée illégale qui lui avoit succédé*. A l'occasion de cette lettre, madame la duchesse de Polignac donna un diné à la députation du Béarn, où monseigneur le comte d'Artois daigna paroître.

On ne nous pardonneroit pas de passer à Pau sans parler de M. le marquis de Lonce, mort gouverneur du château de Henri IV. Personne n'étoit plus digne de garder ce précieux dépôt. Descendant de Suzanne d'Albret, de la famille de Henri IV, il étoit lieutenant de roi du royaume de Navarre et de la souveraineté du Béarn, charge héréditaire, que lui et ses ancêtres ont remplie avec honneur.

C'est le lieutenant de roi, place dont a joui long-temps la famille de Gramont, qui, en l'absence du gouverneur, tenoit les *états généraux de Navarre* et *les états de Béarn*. Pendant la tenue de ces états, le commissaire du roi étoit revêtu d'une autorité presque sans limites, et il représentoit le roi *comme s'il eût été en personne*. Ce sont les termes de la commission. Le commissaire du roi avoit des gardes du corps, et faisoit ses communications aux états par son capitaine des gardes, et en recevoit les réponses par une grande ou petite députation des trois ordres, suivant la nature des matières. Entre autres attributions, il avoit en Navarre celle de lever les partages, d'accorder ou refuser la sanction aux délibérations, exclusivement au cabinet de Versailles, le privilége de la Navarre toujours respecté *que ces lois seroient toujours sanctionnées in partibus Navarræ.*

M. le marquis de Lonce (1), dans les années orageuses de 87, 88 et 89, a rempli ces commissions avec une fermeté et une sagesse admirables. Il sauva l'honneur des états au mois d'octobre; voici à quelle occasion : La Navarre avoit conservé la noble attitude d'états généraux du royaume de Navarre. Elle avoit résisté à toutes les invitations de l'assemblée nationale, et n'avoit pas voulu nommer des députés; elle avoit envoyé seulement une députation au roi, composée de M. l'évêque de Bayonne, le marquis de Logras d'Olhonce, Deviviers et Franchisteguy, avec secrétaires et huissiers, pour porter cette fois son *cahier des griefs et doléances*, sans conséquence pour ses priviléges (La Navarre seule, comme démembrement de la haute Navarre, jouissoit de ce privilége, et avoit le droit de présenter au roi un cahier de griefs, pendant que les autres provinces de France ne présentoient qu'un cahier de doléances). Cette députation séparée entièrement de l'assemblée nationale, importunoit celle-ci. Elle en porta ses plaintes au roi, et un ministre écrivit que les jours du roi seroient en danger si les états généraux de Navarre ne s'unissoient pas à l'assemblée nationale de France. M. l'abbé Eliçagarey présidoit les états de Navarre. La situation étoit embarrassante. M. le

---

(1) C'est lui qui envoya à M. de Brienne sa démission avec ces seuls mots : « J'envoie la démission d'une commission que d'après vos demandes je ne puis plus remplir avec honneur. »
. de Brienne lui avoit proposé le cordon rouge et le grade de lieutenant-général s'il faisoit ce qu'il vouloit. »

marquis de Lonce, dès l'arrivée du courrier, assembla un conseil composé du président, de M. l'abbé Eliçagaray, de M. le baron d'Alçu, châtelain de Navarre, et de M. le baron d'Arberatz. La commission déclara que les états ne consentiroient pas à s'unir à l'assemblée nationale. Mais l'un d'eux ouvrit l'avis que le lendemain le commissaire du roi prononçât la dissolution des états, pour que le registre ne fût pas souillé d'une lâche adhésion : dissolution que M. le marquis de Lonce opéra sans aucune résistance, chose assez remarquable dans ces temps de trouble (1).

Nous n'oublierons pas dans nos éloges M. d'Alçu, châtelain de Navarre; il émigra en 91. Peu de temps après, M. le duc d'Havré réunit les émigrés en Navarre et Biscaye, et le chargea de correspondre en France avec plusieurs garnisons et les principaux chefs de son pays. M. d'Alçu entretint cette correspondance pendant long-temps par des courriers, et il refusa le remboursement que M. le duc d'Havré avoit obtenu du gouvernement d'Espagne, quoique ses frais montassent extrêmement haut. Il suivit le général Caro dans toutes ses expéditions, et ce général lui rendit le témoignage le plus honorable, après la glorieuse bataille du 6 juin 92. Il mourut des suites des fatigues de la guerre à la fin de 93.

L'académie de Pau a long-temps été confiée aux soins

---

(2) M. de Lonce a fait toutes les campagnes d'Espagne, comme lieutenant-colonel dans la légion de M. de Saint-Simon, quoique officier général. Il se trouvoit encore au siége de Saragosse, à plus de soixante-dix ans, comme brigadier des armées du roi d'Espagne, et un boulet de canon enleva son fils unique combattant à ses côtés.

de M. l'abbé Eliçagaray, aujourd'hui membre de la commission d'instruction publique, homme d'un esprit rare, et qui a donné des preuves multipliées de son dévouement à la cause royale.

Dans le pays Basque habitait M. Garat, frère du ministre de la justice. Il commença par être du côté gauche à l'assemblée constituante, et il revint ensuite à des opinions très-monarchiques. Il se réfugia dans le pays Basque, et là il a été le courageux défenseur des prêtres et des émigrés.

On regrette de voir dans le côté gauche un député du Béarn qui vouloit qu'on fît à Madame, à Bordeaux, les offres de toute sa fortune.

Pour aller de Bordeaux à Toulouse, on passe par Langon, Marmande, Agen et Montauban; nous avons suivi cette route dans notre dernier voyage ; nous revînmes à Langon, mais auparavant nous voulûmes visiter la Brède. La vue de la Brède est très riante, les Landes sont d'un côté, les collines de la Garonne de l'autre. Des eaux limpides baignent les murs du château entouré de prairies, de bois et de haies d'aubépine, appelées *Brèdes* en Gascon. A l'extrémité de la prairie est une cascade, la mousse recouvre les rochers d'où l'eau tombe à grand bruit, et de beaux arbres l'environnent. C'est là que Montesquieu méditoit souvent, c'est là sans doute qu'il disoit : *La Brède ou Paris*. Montesquieu a eu une grande influence sur son siècle, et l'on peut dire qu'il a préparé les brillantes erreurs de l'assembée constituante. Comme son compatriote Montaigne, il a été plutôt un grand écrivain qu'un grand philosophe ou un grand publiciste.

De la Brède à Langon, le pays est d'une fertilité admirable. Langon est une jolie ville sur la Garonne. C'est près de Langon et de Bazas qu'Ausone faisoit son séjour, et non loin de Bazas est une fontaine qu'on appelle la fontaine d'Ausone : après Langon est la Réole ; c'est l'aspect le plus riche des bords de la Garonne ; à la Réole est une fontaine qu'on appelle la Marmore, et un quartier de la ville nommé Martouret, à cause du martyre de Saint-Abbon ; on passe ensuite à Cauderot, près de là est le village de Gironde (Gyrus undæ), où l'on voit les restes d'un château qu'on assure être celui des quatre fils Aymon. On se fonde sur le texte d'Aymoin qui place ce château au confluent de la Gironde et d'une autre rivière. C'est le Drot. Près de Gironde est *Beauséjour*, habitation de M. de Marcellus. Le château de Montauban près de Gironde, situé dans la commune de Casseneuil, revendique l'honneur d'avoir été le séjour de Renaud ; d'autres soutiennent que c'est dans ce dernier château que la reine Hildegarde mit au monde Louis-le-Débonnaire.

Nous traversâmes la Garonne pour aller visiter la demeure de M. de Marcellus. Le château de Marcellus est sur un coteau élevé au-dessus d'un pays magnifique. A droite au levant est le Mont-Pouillan, séparé de Marcellus par le ruisseau du Cérac ; plus loin, sur un autre coteau, Caumont, ancienne terre de la maison de Caumont-la Force ; la ville de Tonnerre apparoît sur l'autre rive de la Garonne ; sur les coteaux qui terminent l'horizon est Clerac, patrie du poète Théophile ; vis-à-vis de la terrasse le château *Gontault*, ancien duché-pairie des Gontaut-Biron ; plus bas Marmande, au nord Sainte-

Bazeille, remarquable comme Marmande par ses belles eaux; à gauche, les coteaux de Meilhan, la Réole et son magnifique couvent de bénédictins; au-dessous de la terrasse du château, des vignes, des bois, quelques métairies et le cours de la Garonne. Le nom du château et du village est tout entier latin. Dans la commune de Marcellus (Castra Marcelli), il y a un lieu qu'on appelle Marcus; on trouve aussi des noms grecs dans ce pays, et le ruisseau que M. de Marcellus a chanté dans ses idylles, est le Lysos, qui sépare le département de la Gironde de celui de Lot et Garonne. La vue de Marcellus ressemble à celle d'Ussé, une grande vallée traversée par une grande rivière, et un demi cercle devant le château placé sur une hauteur opposée.

M. de Marcellus est chéri de tout ce qui l'entoure. La garde nationale de la Réole est venu dernièrement fêter son arrivée. Dans les cent jours, on fit des perquisitions chez lui pour chercher Mme de la Rochejaquelein qu'on y croyoit cachée; les paysans s'imaginèrent qu'on venoit pour arrêter M. de Marcellus, et ils s'armèrent, bien décidés à ne pas le laisser enlever.

On peut dire de M. de Marcellus (1) : « non-seulement une parole, mais aussi un clin d'œil ou un signe de tête d'un homme de bien, a force de persuader contrepesante et de plus de poids que ne sont infinis argumens et clauses artificielles de rhétorique. »

Ses ennemis mêmes ont rendu justice à la vertu de M. de Marcellus, et c'est là le plus bel hommage qu'on puisse recevoir. La louange d'un ami semble toujours intéressée,

---

(1) Plutarque.

« c'est une chose plus grande et plus admirable que l'ennemi même honore et révère la vertu qui lui nuisoit, que non pas l'ami rende l'office d'amitié qu'il devoit, pour ce que l'ennemi n'a rien qui le convie à honorer son ennemi, sinon l'admiration de sa vertu, et l'ami bien souvent le fait plus pour le profit et l'utilité qu'il en a reçue, qu'il ne fait pour affection qu'il porte à la vertu. »

De Marcellus nous allâmes à Aiguillon, et d'Aiguillon au château de Buzet.

Le château de Buzet est bâti sur un coteau qui domine un vallon très-fertile. Il faisoit partie du duché d'Albret. Près de là est Xaintrailles et les ruines du château de Montgaillard. La situation du château est fort belle, il domine tout le pays. *Laudaturque domus longos quæ prospicit agros.* Il appartient aujourd'hui à M. de Beaumont, qui s'est distingué dans les cent jours. Sa famille, originaire du Dauphiné, est une des plus anciennes et des plus illustres de cette province ; elle y est ainsi désignée : *Très-noble et très-ancienne chevalerie.* Dans la vallée de Graisivaudan, à peu de distance des frontières de la Savoie, on voyoit en 1707 les restes du vieux château de Beaumont qui appartenoit à cette maison dès le onzième ou douzième siècle. La première branche des Beaumont étoit celle des Adrets et d'Autichamp. Les Beaumont servirent les Dauphins jusqu'à ce que le Dauphiné passât à la France (1). Dans les armes des Beaumont il y a,

---

(1) Un Humbert de Beaumont, à qui Louis, prince de Piémont, inféoda la seigneurie des Marches, en Savoie, qu'il avoit confisquée sur son beau-frère, est appelé *magnifique et puissant homme.* Un de ses fils, André d'Autichamp, servit dans

trois fleurs de lis d'azur avec cette devise : *Impavidum ferient ruinæ*. Humbert II avoit voulu donner ses états au roi de Naples à qui ils convenoient à cause de son comté de Provence, et le transport qu'il fit du Dauphiné à la France est dû aux soins d'Amblard de Beaumont. Beaumont est un des premiers barons et chevaliers du Dauphiné qui prêtèrent serment au roi de France. Quand le Dauphin s'embarqua pour la Terre-Sainte, le seigneur de Beaumont fut du conseil de régence, de l'archevêque de Lyon. Le fameux baron des Adrets étoit un François de Beaumont. Très-jeune encore, il servit dans la première des compagnies appelées *Bandes*, des cent gentilhommes ordinaires de la maison de François Ier. Il servit *fidèlement et longuement*, en Italie, sous le maréchal de Brissac; sa haine contre les Guises le jeta dans le parti protestant. Si sa cause eût été meilleure, et si ses triomphes n'avoient pas été entachés de cruauté, il auroit acquis une véritable gloire. Grand capitaine, il fit *trembler la Provence*, *le Languedoc*, *le Vivarois*, *le Lyonnois et le Forez*. Jamais homme, dit le continuateur de Castelnau, n'acquit tant de réputation en si peu de temps. Les protestans sachant qu'il vouloit passer

---

l'arrière-ban du Dauphiné, commandé par Jacques, baron de Sassenage, et se couvrit de gloire à la bataille de Montlhéri, en 1465, où il fut tué avec cinquante-trois autres gentilshommes de la même province. En 1482 Guillaume de Beaumont rendit la terre des Marches à la famille de Bellegarde. Claude de Beaumont son fils suivit Charles VIII en Italie avec une compagnie de six cents arbalétriers. C'est un Charles de Beaumont, seigneur d'Autichamp, qui commandait l'arrière-ban du Dauphiné, en 1690.

aux catholiques, le firent arrêter et conduire à Nîmes. Il disoit, pour expliquer son changement, que *l'amiral vouloit donner les diseurs pour juges aux faiseurs, que Soubise étoit bon, mais qu'il avoit envoyé un censeur où il falloit un dictateur, et qu'ayant vu son sang et ses peines sujettes à de tels supplantemens, il avoit traité avec M. de Nemours.* Un ambassadeur de Savoie le rencontra un jour se promenant sans épée, et lui demanda de ses nouvelles : « Je n'ai autre chose à vous dire, sinon que vous rapportiez à votre maître que vous avez trouvé le baron des Adrets dans un grand chemin, avec un bâton blanc à la main et sans épée, et que personne ne lui demande rien. »

De Buzet aux ruines de Montgaillard, ancien château d'Henri IV, le pays ressemble à l'Anjou : ce sont des collines couvertes de champs et de vignes, et des chemins tortueux. De Montgaillard on aperçoit les Pyrennées; mais en approchant de Lavardac la vue change singulièrement. Nous suivions les chemins tracés à mi-coteau, quand tout à coup nous découvrîmes Barbaste avec son moulin fameux par Henri IV qui prenoit quelquefois le nom du meunier de Barbaste. Mayenne un jour enfloit son nom de tous ses titres, Henri IV écrivit à côté du sien *meunier de Barbaste.* Ce nom lui sauva la vie. Au siège de la Fère il s'approchoit de la place; une mine étoit près de partir; un Gascon qui étoit dans la Fère et qui reconnut Henri IV, lui cria : *Moulier de Barbaste, prends garda à tu, la gato que ba gatoua,* en gascon, *la gato* veut dire la chate et la mine; au moment où Henri s'éloignoit la mine éclata. Au-dessus de la petite ville de Barbaste la Baïze et la Gilise s'unissent, et un coteau qui termine l'horizon vient par un mouvement insensible finir au confluent des deux rivières avec les ormes et les saules dont il est couvert. A gauche est Lavardac au pied des collines. Un peu plus loin, la Baïze coule seule et se brise sur une écluse en écumant. Au fond d'une plaine qu'elle entoure est le moulin de Barbaste avec ses quatre tours, et un pont à trois arches. Les maisons de Barbaste très-bien bâties se pressent sur la rivière, et une colline qui forme le couronnement du paysage est surmontée d'un petit bois. La Ténarèse, voie de César, qui alloit du port Sainte-Marie à Bayonne, traverse Barbaste.

On passe ensuite près des ruines du château de Lanoue, et l'on arrive à Nérac, célèbre par sa Garenne, par ses fontaines, par les ruines de son château. La Garenne est une allée délicieuse d'arbres le long des bords de la Baïse, entre deux collines très-vertes; elle est remplie des souvenirs d'Henri IV. Là sont des arbres qu'il a plantés, une grotte où il se reposoit souvent; là sont les ruines d'une ancienne chapelle de la reine Marguerite; Henri IV a passé là une partie de son enfance, comment se refuser au plaisir de parler encore de lui. «A l'âge (1) de douze ans, il y dispute le prix de l'arc à Charles IX... Ce monarque l'avoit déjà obtenu sur tous ses courtisans, même sur le duc de Guise, qui, quoique fort adroit, s'étoit laissé vaincre. Le jeune prince de Béarn se montre supérieur au roi, et veut recommencer suivant le droit du jeu; mais Charles s'y oppose, et le repousse. Henri dirige aussitôt sa flèche sur le sein de son adversaire, qui se

---

(1) M. Villeneuve de Borgemont.

bâta d'ordonner qu'on éloignât de sa personne un enfant qui annonçoit tant de résolution. » Nous n'avons guère mémoire d'homme qui ait vu plus de hasards, ni qui ait plus souvent fait preuve de sa personne. Le roi de Navarre étoit vaillant ; « de cette race des Bourbons il n'y en a point d'autres, dit Brantôme. » A l'âge de dix ans il avoit choisi pour devise deux mots grecs qui signifiaient : *Vaincre ou mourir.*

C'est à M. de Batz, gouverneur d'Euse, que Henri IV écrivoit : « Hâte, cours, viens, vole, c'est l'ordre de ton maître, et la prière de ton ami. » Il écrivoit à madame de Batz, après une affaire où son mari s'étoit trouvé avec lui. « Madame de Batz, je ne me dépouillerai pas combien que je sois tout sang et poudre sans vous bailler bonnes nouvelles et de votre mari, lequel est tout sain et sauf. »

La manière dont il s'échappa de Nérac est digne des chevaliers errans. Il traversa toutes les armées ennemies, et passa les Landes, les forêts, la Garonne entre les deux lignes des ligueurs, affronta tous les quartiers du duc de Mayenne, longea les murailles de Marmande couvertes d'ennemis, et entra enfin dans Sainte-Foy où étoient les premiers postes de son armée ; ainsi s'ouvrit la campagne qui commença la guerre qu'on appelle *des trois Henri.*

La fontaine de Saint-Jean qu'on voit encore dans la Garenne fut rétablie par les ordres de Henri IV, et les deux ormes qui l'ombragent ont été plantés, l'un par Marguerite de Valois, et l'autre par Henri IV. La reine Marguerite décrit elle-même dans ses mémoires les plaisirs de la cour de Béarn. « Nous faisions notre séjour à Nérac, dit-elle, où notre cour étoit si belle que nous n'enviions point celle de France, y ayant madame la princesse de Navarre qui depuis a été mariée à M. le duc de Bar, et moi avec bon nombre de dames et de filles, et le roi mon mari étant suivi d'une belle troupe de seigneurs et de gentilshommes aussi honnêtes gens que les plus galans que j'aie vus à la cour; et n'y ayant rien à regretter en eux, sinon qu'ils étoient huguenots : mais de cette diversité de religion il ne s'en oyoit point parler. Le roi mon mari et madame la princesse sa sœur, allant, d'un côté, au prêche; et moi et mon train, à la messe en une chapelle qui est dans le parc; d'où comme je sortois, nous nous rassemblions pour nous aller promener ensemble, ou dans un très-beau jardin qui a des allées de laurier et de cyprès fort longues, ou dans le parc que j'avois fait faire en des allées de trois mille pas, qui sont au long de la rivière; et le reste de la journée se passoit en toutes sortes de plaisirs honnêtes; le bal se tenant, d'ordinaire, l'après-dînée et le soir. »

La Hire et Xaintrailles, qui défendirent si vaillamment Charles VII, sont nés aux environs de Nérac.

De Nérac nous revînmes à Barbaste, et nous suivîmes les bords de la Baïse jusqu'à Viane, ville qu'on dit bâtie par une colonie de croisés. Elle est encore toute entourée de murailles. Nous revîmes Buzet, le port Sainte-Marie, les bords délicieux de la Garonne si bien cultivés; l'aisance est répandue partout. On trouve ici une foule de jardins plus beaux que celui d'Alcinoüs avec son verger, son vignoble, ses carreaux de légumes, ses deux fontaines pour l'arroser, sa haie vive et ses quatre arpens. Nous entrâmes dans Agen par la magnifique allée des Graviers. Agen est une ville très-vieille, ses rues sont très-étroites, et l'intérieur de la ville ne répond nullement à la beauté de ses promenades. Les restes de l'ancienne cathédrale, démolie dans la révolution, sont fort imposans, et l'on ne comprend pas comment on ne rétablit pas cette église. Il est vrai qu'on n'a pas encore achevé à Paris l'église de Sainte-Madeleine.

> Delicta majorum immeritus lues,
> Romane donec templa refeceris
> Ædesque labentes deorum, et
> Fœda nigro simulacra fumo.
> Dis te minorem quòd geris, imperas :
> Hinc omne principium; huc refer exitum.
> Di multa neglecti dederunt
> Hesperiæ mala luctuosæ.

D'Agen à Montauban la route passe par Malauze, vieux château ruiné, dans un pays très-montueux, et ce n'est qu'après avoir quitté Moissac, à Française, qu'on sort de la Gascogne pour entrer dans cette magnifique plaine traversée par deux belles rivières, et terminée par les Pyrénées. Il est difficile de voir un plus beau pays que celui qu'on découvre de ce lieu. C'est l'aspect du comtat Venassin quand on descend des coteaux de Villeneuve, ou des plaines de la Lombardie, quand on les aperçoit des montagnes du Piémont.

Montauban est une jolie ville. Le Tarn coule au milieu. La cathédrale est belle. L'intérieur ressemble à celui de Saint-Sulpice, et la place royale rappelle la place royale du Marais.

Montauban a déployé un courage digne d'une meilleure cause, pour la défense des opinions de Calvin, et le duc de Rohan dit dans ses mémoires « que Montauban étoit la ville qui de tout le parti des réformés avoit, sans l'aide de personne, toujours mieux fait la guerre. » Louis XIII fut obligé d'en lever le siége en 1621. Jacques Nompar Caumont de la Force commandoit dans la ville que le duc de Rohan le grand capitaine avoit visitée pour exhorter les habitans à faire une vigoureuse résistance. « Montauban, dit le marquis du Puységur, témoin oculaire, fut aussi bravement défendu qu'il le pouvoit être. De tous les siéges que j'ai vus en ma vie, je puis dire qu'il n'y a point de gens au monde qui les aient mieux soutenus. Les femmes faisoient aussi bien que les soldats; elles combattoient avec un courage incroyable. »

Montauban est une des villes les plus royalistes de France. Quelques jours avant notre arrivée on avoit répandu le bruit que Mme la duchesse de Berri étoit accouchée d'un prince. Tous les habitans de Montauban étoient sortis de leurs maisons. On se livroit déjà aux transports de la joie la plus vive quand on apprit que ce n'étoit qu'une fausse nouvelle. Les députés de Montauban seront excellens : on ne s'occupe là que de savoir quels sont les plus dignes.

On parloit de M. de Scorbiac, sous-préfet de Moissac, homme d'une vertu admirable, beau-frère de M. l'abbé de Scorbiac, aujourd'hui missionnaire, et de M. de Caumont, frère du duc de la Force.

De Montauban à Toulouse nous traversâmes un pays assez semblable à la Beauce et à la Brie. Nous ne vîmes rien de remarquable. Il pleuvoit, temps peu favorable pour voir Montauban et Toulouse. Presque toutes les maisons y sont bâties en briques, et cette couleur sombre est déjà fort triste. Toulouse est une très-grande ville, entourée de vieilles murailles, et qui semble presque déserte, tant son étendue répond peu au nombre de ses habitans !

Nous passâmes près du canal du Midi, cette magnifique création du règne de Louis XIV. C'est à Toulouse qu'il commence, c'est par Toulouse que l'Océan et la Méditerranée sont en communication. Corneille a dignement loué cette magnifique entreprise :

La Garonne et l'Atax, dans leurs grottes profondes,
Soupiroient de tout temps pour voir unir leurs ondes,
Et faire ainsi couler, par un heureux penchant,
Les trésors de l'aurore aux rives du couchant.
Mais à des vœux si doux, à des flammes si belles,
La nature, attachée à ses lois éternelles,
Pour obstacle invincible opposoit fièrement
Des monts et des rochers l'affreux enchaînement.
France, ton grand roi parle, et les rochers se fendent,
La terre ouvre son sein, les plus hauts monts descendent,
Tout cède, et l'eau, qui suit les passages ouverts,
Le fait voir tout puissant sur la terre et les mers.

Nous vîmes le champ de bataille où Soult fit répandre en vain des flots de sang. Je ne sais quoi de lugubre s'attache aux souvenirs de ce qu'on appelle la gloire des armées de Buonaparte. La gloire ne peut être que l'éclat de la vertu. Et que pouvoit-il y avoir de glorieux à asservir l'Europe par la France, et la France par l'Europe ?

Nous avons visité la cathédrale, le musée et l'hôtel-de-ville de Toulouse. La cathédrale est très-ancienne et d'une architecture fort imposante. Le musée possède de fort beaux tableaux.

C'est dans la cour de l'hôtel de ville que fut décapité, à l'âge de trente-sept ans, le duc de Montmorency. Il mourut avec un héroïque courage. La maison des Montmorency ne finit point en lui, comme l'envie s'est plu à le répéter. Cette noble race *s'est toujours perpétuée à côté des divines fleurs de Lys*, dit un historien.

La gloire des Montmorency est comme celle des Bourbons unie à la gloire de la France dans les armes comme dans la religion. « Au vu et su de tous les François, et sans contredit ni opposition d'aucun, les seigneurs de Montmorency ont toujours retenu pour cri de guerre : *Dieu aide au premier chrétien*, et se sont intitulés, de temps immémorial, *premiers barons de France*. » Leurs nobles actions pour le service de Dieu et le Roi leur ont acquis cette louange, d'avoir été *les plus vaillans chevaliers du royaume, les plus preux et de meilleur conseil, et les plus prisés et aimés*. Ils sont entrés plus avant que tout autre, ajoute l'historien que nous avons déjà cité, dans le temple de l'honneur, et ont tellement perpétué les grandes charges de la couronne françoise en leur maison, qu'elles semblent s'y être rendues héréditaires. La maison de Montmorency a produit six connétables, six maréchaux et trois amiraux de France. Ils ont été alliés des rois, non-seulement de France, mais aussi de Navarre, d'Angleterre, de Castille, de Jérusalem, de Chypre et d'Écosse, et même des empereurs d'Orient et d'Occident. Alix, reine de France, étant demeurée veuve du roi Louis-le-Gros, ne fit aucune difficulté d'épouser en secondes noces un seigneur de Montmorency. Le roi Louis-le-Jeune étant chargé d'années, et voyant que, selon le cours de la nature, il laisseroit Philippe son fils en fort bas âge, s'avisa de le marier à une fille de Hainault, afin qu'il eût du support des seigneurs de Montmorency et de Coucy, lesquels avoient déjà pris alliance en cette maison. Le roi Louis VIII étant proche de la mort, recommanda particulièrement à Mathieu de Montmorency, II du nom, la garde et protection de son fils et héritier présomptif, qui fut depuis le roi saint Louis. Et le sage roi Charles V fit choix parmi tous les princes et rois chrétiens, de Charles, baron de Montmorency, pour être parrain de son fils aîné, qui depuis, en un temps fort misérable, tint le sceptre françois sous le nom de Charles VI. »

L'étoile fixe de la devise des Montmorency, avec ce mot *aplanos*, invariable, signifie qu'ils demeureront à jamais fermes en la foi. Il est beau d'être restés fidèles à cette devise, même dans nos jours d'obscurcissement, la vertu brille plus aujourd'hui qu'elle est plus rare. Le nom des Montmorency se rattache encore à l'éclat de la religion. Une église, la seule peut-être qui ait été bâtie depuis la restauration, vient de l'être aux frais d'un Montmorency; et nous avons vu dans le temps où la France gémissoit de l'éloignement des Bourbons et l'Eglise de la captivité de son chef, deux Montmorency-Laval consacrer leur vie à parcourir les hôpitaux et les prisons pour y secourir les malheureux. C'est ainsi qu'ils se consoloient de ne pouvoir servir leur pays dans les fonctions publiques! Hélas! cette noble branche de Laval semble menacée de finir. Le duc de Laval a perdu un fils, l'espoir de sa maison, à l'âge de vingt-deux ans. C'est à la vue de toutes les grandeurs humaines et de leur peu de durée qu'on est toujours tenté de s'écrier avec Isaïe : *Toute grandeur sera humiliée ; Dieu seul sera grand à jamais.*

On montre dans la salle des *Illustres*, à l'hôtel-de-ville, les bustes de Benoît XII, de Cujas, de Pibrac, de Mainard, de Fermat, de Goudouly, du président Duranty et la statue de Clémence-Isaure, institutrice de l'académie des jeux floraux.

L'origine des jeux floraux remonte aux troubadours. Le pays situé entre les Pyrénées et les Alpes est proprement le pays des poëtes languedociens et provençaux, dont le règne fut d'environ trois cents ans. Les premiers parurent vers le milieu du onzième siècle. La chevalerie eut à peu près la même durée. *Dieu, l'honneur, les dames*, étoit la devise des chevaliers et des troubadours. Ces deux institutions semblent avoir eu le même but et s'être élevées à la fois pour corriger les vices de leur siècle par les armes et par l'éloquence.

Toulouse ne renouvelle pas sa députation ; elle envoie seulement trois nouveaux députés. Ils seront dignes de ceux que Toulouse a déjà nommés.

Toute la France sait que M. de Villèle, un des hommes les plus remarquables qui aient paru dans nos assemblées délibérantes, est député de Toulouse; on sait aussi que malgré le ministère, Toulouse nomma dans le moment où les jacobins sembloient triompher un des hommes les plus dévoués à la cause royale, M. de Castel-Bajac, l'un de ceux qui ont si noblement résisté aux trois grandes épreuves subies par les royalistes, la convention, l'empire et le dernier ministère.

Notre voyage dans le midi se termina cette année à Toulouse; deux ans auparavant nous avions passé à Castelnaudary, où fut pris le duc de Montmorency; à Carcassone, peut-être la seule ville du midi où l'opinion ne soit pas aussi fortement prononcée contre les idées nouvelles; à Narbonne, qui a donné son nom à la Gaule Narbonnaise; à Béziers, d'où la vue s'étend sur un pays admirable; à Montpellier, à Nîmes, à Avignon, à Aix, à Marseille; et de là nous étions revenus à Paris par Lyon en traversant le Dauphiné. Assez d'autres ont décrit les monumens et les sites de cette belle partie de la France; les Arènes, la Maison Carrée, la vue de la mer à Marseille, le Comtat Venaissin, la fontaine de Vaucluse, l'arc de triomphe d'Orange et la belle vallée de Graisivaudan, comparable aux plus belles vallées de la Suisse. Nous aimons mieux rappeler le dévouement des provinces du midi à la cause royale, et leurs efforts en 1815 contre Buonaparte. Une lettre de monseigneur le duc d'Angoulême, écrite pendant les cent jours, fait voir la confiance que ce prince avoit dans le midi et l'ouest de la France, et cette confiance n'a pas été trompée.

« J'entrerai par le Roussillon, écrivoit-il, avec 30,000 hommes. M. le duc de Damas pénétrera avec 20,000 dans la Navarre et le Béarn. Je donnerai la main droite à mes fidèles provençaux, et je lui donnerai ma main gauche par ma bonne ville de Toulouse. Il se joindra à Bordeaux et à la Vendée, et nous irons à Paris avec cinq cent mille hommes, et l'on verra peut-être qu'il y a des royalistes en France. »

Monseigneur le duc d'Angoulême avoit pu juger au

mois de mars et d'avril quels sentimens animoient le Languedoc et la Provence.

On va voir dans le précis que nous allons donner de la campagne de monseigneur le duc d'Angoulême dans le midi, tout ce que firent alors les royalistes pour sauver la France, et comment l'élan national fut contenu par l'armée.

« M. le duc d'Angoulême (1) étoit à Bordeaux pour l'anniversaire du 12 mars, quand le 9 au matin il reçut la nouvelle du débarquement de Buonaparte. Il partit aussitôt de Bordeaux pour Toulouse, fit un appel aux François et indiqua pour lieux de rassemblement Sisteron, Clermont, le Saint-Esprit. Les soldats furent réunis aux citoyens après leurs protestations de fidélité.

L'armée devoit être divisée en trois corps : le premier, formé dans le département des Bouches du Rhône, et commandé par le lieutenant-général Ernouf, devoit marcher sur Sisteron, Gap et Grenoble; le second, commandé par le prince, devoit se porter sur Montélimart, passer la Drôme et occuper Valence; le troisième, sous les ordres du général Compans, maintenoit l'Auvergne et facilitoit le mouvement sur Lyon. Un gouvernement central étoit établi à Toulouse sous la direction de M. de Vitrolles.

A Marseille, à Montpellier, à Perpignan, dans la Lozère, dans la Haute Garonne, dans l'Ardèche, dans l'Hérault, dans le Var, les généraux assuroient le prince de leur dévouement. C'étoit un spectacle singulier et qui

---

(1) Voyez la *Relation de la campagne du Midi*, par M. de Suleau.

ne se renouvellera jamais, que celui qu'offroit alors le midi; comme à Bordeaux, tous les citoyens faisoient éclater leur amour pour les Bourbons, et couroient aux armes, et les soldats gardoient au milieu des apprêts de la guerre contre l'usurpateur un silence farouche qu'ils n'interrompoient que par des protestations de dévouement. Quand on apprit l'arrivée de Buonaparte à Paris, le prince pressa avec plus d'ardeur le rassemblement de ses forces au Saint-Esprit. On vit se rassembler autour de lui les gardes nationales d'Avignon, de Montpellier et de Nîmes, le 10ᵉ de ligne venu de Perpignan, le 14ᵉ de chasseurs à cheval, le 1ᵉʳ régiment d'infanterie royal étrangers M. le duc d'Angoulême envoya au lieutenant-général Ernouf l'ordre de se porter en avant avec les Marseillois qui montroient la plus vive ardeur, et lui-même se mit en marche aussitôt. Le vicomte d'Escars (1) à la tête de l'avant-garde avoit occupé la ville le 29, et avoit repoussé le général Debelle, qu'il auroit poursuivi avec avantage; mais 50 chasseurs du 14ᵉ passèrent à l'ennemi avec leurs officiers. Pendant ce temps les généraux commandant dans la Haute-Loire, la Lozère et l'Ardèche avoient pris la cocarde tricolore; le Saint-Esprit fut fortifié pour contenir les régimens

---

(1) M. le vicomte d'Escars est neveu de madame la duchesse d'Escars, persécutée pendant sept ans par Buonaparte avec une barbarie incroyable. Conduite au fort Ste-Marguerite pendant quatre mois, on ne lui donna pas même de la paille pour se reposer. Sa fille âgée alors de treize ans sollicita d'être enfermée avec sa mère pour la servir. Le ministre de la police d'alors donna pour raison de cette persécution que madame d'Escars *déplaisoit à l'empereur.*

laissés à Nîmes, Avignon et Montpellier; et le 1er avril, M. le duc d'Angoulême entra à Montélimart. La cavalerie ennemie se montra en avant de Loriol. Attaquée par les volontaires royaux, soutenus par deux compagnies de voltigeurs du 10e, ils s'enfuirent, et Loriol tomba au pouvoir de l'armée du prince. L'ennemi se retira jusqu'au-delà de la Drôme et occupa le pont et les hauteurs qui dominent la rive droite de la rivière. L'attaque du pont de la Drôme fut très-brillante. M. le duc d'Angoulême parut aux premiers rangs avec une rare intrépidité dans l'endroit où le feu étoit le plus vif. Rien ne put lui résister; on fit huit cents prisonniers, et le village et les hauteurs de l'Ivron furent occupés par l'armée royale. Le colonel d'artillerie Noël qui commandoit les révoltés en l'absence du général Debelle, fut fait prisonnier; on marcha sur Valence, on pouvoit y entrer la nuit; mais le duc d'Angoulême ne le voulut pas, et ce ne fut que le lendemain 3 avril que le prince fit son entrée à Valence. Le maire et le conseil municipal étoient venus l'attendre aux portes de la ville; de là on marcha sur Romans; le lieutenant-général Monnier, malgré le feu de l'ennemi, fit passer sur l'autre rive 1500 hommes et 6 pièces de 4. Le prince revint à Valence, et là il publia la proclamation suivante.

« Habitans, l'ennemi de la France a passé près de vous, vous l'avez souffert; la guerre civile, une invasion étrangère, tels sont les tristes résultats de la trahison des uns, de la crédulité ou de l'infidélité des autres. Des hommes étrangers au nom françois ou intéressés au désordre se sont armés pour une cause qui se fonde sur la violence et sur la trahison, mais ils sont en petit nombre. Ceux qui ont voulu s'opposer à mon passage ont été dispersés. Je suis venu ici non pour vous punir, vous l'êtes assez par les maux, suite nécessaire d'une guerre intestine; je viens vous sauver de l'oppression et vous rappeler à vos sermens. »

Le général Ernouf avoit occupé Sisteron dès le 27 mars. Il partagea son armée en deux corps. Le maréchal-de-camp Gardanne avoit dû se porter sur Bonnet, et Loverdo sur Lamure. Le général Chabert, qui étoit campé près de Corps, se trouvoit tourné. Mais Gardanne passa à l'ennemi, et Loverdo abandonné fut obligé de revenir à Sisteron avec les gardes nationales. Ces honteuses défections forcèrent le prince de renoncer au projet de marcher sur Lyon, et alors le seul parti à prendre étoit de se concentrer dans le midi. On coupa le pont de Romans, et dès le 5 avril toute l'armée revint à Valence. Là on reçut la nouvelle des révoltes des régimens de Nîmes et de Montpellier. Envain les généraux Briche et Pélissier avoient voulu s'opposer à la sédition; ils étoient prisonniers de leurs soldats. Le général Piré, qui occupoit la rive droite de l'Isère, avoit reçu des renforts. Le général Grouchy, sorti de Lyon, s'avançoit sur Valence. Le prince, pour son salut, devoit se retirer derrière la Durance; il ne le voulut pas, il désiroit faire prévenir le général Loverdo de sa situation.

Tout à coup on apprend que le général Gilly marche sur le Saint-Esprit avec les régimens revoltés. Le prince fit avertir le général Ernouf qu'il alloit se retirer sur Orange. Le 7, à deux heures du matin, le corps d'armée se mit en marche, et à une lieue de Montélimart les chasseurs du 14ᵉ abandonnèrent l'armée royale malgré leur colonel. L'armée royale passa la nuit à Montélimart. A 10 heures, le prince apprit que le général qu'il avoit placé au pont Saint-Esprit venoit de l'abandonner.

L'avant-garde de Grouchy approchoit. Deux officiers piémontois entrèrent chez M. le duc d'Angoulême à 11 heures du soir, et lui proposèrent de partir sur le champ dans la voiture du ministre du roi de Sardaigne. On le pressa en vain. Il ne voulut pas laisser ses fidèles volontaires exposés à la fureur de ces régimens, qui juroient naguère de les suivre. Il envoya le général d'Aultanne auprès du colonel Saint-Laurent, commandant l'avant-garde de Gilly, et une convention fut conclue.

Le prince licencia ses troupes et cinquante chasseurs se présentèrent pour l'accompagner, mais le général Grouchy, arrivé au Saint-Esprit, déclara qu'il se croyoit obligé de le retenir jusqu'à ce *que l'Empereur eût prononcé sur son sort.* C'est alors que Mgr. le duc d'Angoulême écrivoit au roi : « Je suis résigné à tout ; je ne crains ni la mort ni la prison. »

Ce ne fut qu'après la réception des ordres de Buonaparte, à huit heures du soir, que Mgr. le duc d'Angoulême partit pour Cette où il s'embarqua pour l'Espagne.

On ne peut décrire les scènes déchirantes qu'offrit alors l'armée royale, sa douleur ne peut-être comparée qu'à la honte des traîtres qui les entouroient. Où étoient alors les vrais citoyens ?

Etoient-ils de véritables amis de leur pays, ceux qui, au mépris de leurs sermens, abandonnoient le gouvernement qu'ils avoient reconnu et qui étoit en paix avec le monde, pour recevoir l'ennemi de l'Europe?

Ils ne pouvoient pas dire qu'ils combattoient pour la France, puisqu'ils égorgeoient leurs concitoyens dévoués à leur roi. On ne peut s'expliquer un pareil délire. Les révolutionnaires s'unirent seuls aux soldats, et ces prétendus républicains s'allièrent à des janissaires et à un tyran au nom de la liberté. Les révolutionnaires et l'armée d'alors seuls ont donc appelé sur leur patrie l'invasion étrangère et la guerre civile. Que restoit-il à faire aux royalistes après l'expédition de monseigneur le duc d'Angoulême, aux royalistes qui vouloient détruire la tyrannie et préserver leur pays d'une guerre de l'Europe contre la France. Ils devoient s'armer contre les partisans de l'usurpation, s'armer pour montrer à l'Europe qu'unis avec elle contre celui qui avoit été le fléau des nations, ils étoient prêts à sacrifier leur vie pour défendre leur pays, si malgré les traités elle menaçoit l'indépendance de la France. Les royalistes qui parurent avec les armées étrangères arrêtoient la vengeance des étrangers rendus furieux par la résistance d'un parti anti-national. Si des désordres ont été commis, ils étoient inséparables des suites de la guerre. Et la guerre étrangère, qui est-ce qui l'a voulue? Ce n'est pas sans doute ceux qui s'armèrent dans le midi et dans la Vendée avant l'invasion contre la puissance de Buonaparte.

Après que monseigneur le duc d'Angoulême eut quitté la France, les royalistes du midi ne perdirent pas courage. Marseille resta menaçante. La garde nationale refusa de prendre la cocarde tricolore. Nimes, Avignon, ressembloient à deux villes prises; Bordeaux (1), Toulouse,

---

(1) A Bordeaux, pas un seul avocat ne voulut plaider dans les cent jours.

supportoient impatiemment le joug des soldats. La Provence et le Languedoc ne cessèrent d'entretenir des relations très-actives avec les chefs royalistes envoyés par le Roi. M. Jules de Polignac, aide de camp de monseigneur le comte d'Artois, et dont le nom rappelle la vertu la plus pure et un dévouement que n'ont pu ébranler ni les périls, ni les apprêts du supplice, ni dix ans de captivité, s'établit sur la frontière du Dauphiné avec M. de Maccarthy, aide de camp du prince de Condé, qui a fait de la manière la plus brillante la guerre de l'émigration, et qui aujourd'hui, à la chambre des députés, est un des ornemens du côté auquel il appartient. M. Roger de Damas, dont la valeur est célèbre en Europe, étoit sur la frontière de la Franche-Comté. Autour de MM. de Polignac et de Maccarthy se réunissoient le colonel Durand qui étoit resté fidèle à Grenoble (1), et qui ramena tout son régiment sous le drapeau blanc devant cinq régimens qui avoient passé à Buonaparte; M. du Bois-Armand, homme d'une rare intrépidité, que le péril ne tenta jamais sans l'honneur, et qui, l'année d'auparavant, avoit fait des prodiges de valeur à la tête de la cavalerie françoise; M. de Miribel, qui n'aime à paroître qu'aux jours du danger, et que la cause royale n'appellera jamais en vain; M. Colomb d'Arcine, alors major du quatrième, qui s'exposa à tous les dangers pour conserver son régiment au Roi, vint aux Tuileries pour assurer Buonaparte de son amour pour les Bourbons, et courut chercher de nouveaux périls auprès de M. de Polignac. Des en-

---

(1) Les hussards du 4ᵉ parcouroient la ville le soir, avant l'entrée de Buonaparte, tenant des torches d'une main et des proclamations de *l'empereur* de l'autre.

fans, même dont le dévouement rappeloit celui des jeunes Vendéens, vinrent s'offrir et firent cette campagne. L'un âgé de quatorze ans et demi, M. Léon de Chenoise (aujourd'hui garde du corps dans la compagnie de Luxembourg), qui avoit été garde d'honneur de Monsieur à Grenoble, qui jura alors de ne pas quitter la cocarde blanche, et qui a tenu sa parole, et M. de Lubbert, âgé de seize ans, aujourd'hui officier d'état-major. Ces royalistes, et beaucoup d'autres qui s'étoient unis à eux, brûloient de venger l'honneur de la France. Quelques-uns qui appartenoient au Dauphiné vouloient effacer la honte dont quelques factieux ont voulu couvrir cette noble province. Le Dauphiné déteste également l'anarchie et le despotisme, et la liberté qu'il réclame, je parle ici de l'opinion de ceux qui sont dignes de le représenter, peut très-bien s'allier avec le pouvoir de nos rois. Le plan des royalistes étoit très-beau. Pour prévenir l'invasion des grandes armées russes, autrichiennes, prussiennes, on vouloit soulever le midi en même temps que la Vendée, et aidés des Suisses, des Piémontois et des Espagnols, alliés naturels des rois de France, en finir avec l'usurpation. Fouché (1) dévoila à son maître le plan des

---

(1) « Je dois vous dire la vérité tout entière, disoit Fouché (*) à Bonaparte, vos ennemis ont de l'activité, de l'audace; ils n'attendent que le moment favorable pour réaliser le plan conçu depuis vingt ans et depuis vingt ans déjoué, d'unir le camp de Jalès à la Vendée, et d'entraîner une partie de la multitude dans cette conspiration qui s'étend de la Manche à la Méditerranée.

Dans ce système, les campagnes de la rive gauche de la Loire

(*) Rapport à Buonaparte par Fouché, ministre de la police générale de l'empire, *Moniteur* du 18 Juin 1815.

royalistes dans le fameux rapport sur la situation de la France. Les révolutionnaires seuls arrêtèrent l'exécution de ce projet; les jours de juin arrivèrent, et l'armée de Buonaparte fut vaincue par l'Europe et par la France.

De Toulouse nous revînmes à Montauban, et de là nous partîmes pour Cahors, où l'on voit encore des ruines d'amphithéâtre, d'aquéducs et de temples romains. Henri IV s'est battu trois jours dans cette ville, et l'on montre aux voyageurs la maison où il descendit. A Cahors est né le pape Jean XXII. Cahors se glorifie aussi d'avoir donné naissance à Marot, le créateur de la poésie fran-

---

sont le principal foyer de l'insurrection, qui doit, à l'aide des bandes errantes de la Bretagne, se propager jusqu'en Normandie, où le voisinage des îles et les dispositions de la côte rendent les communications plus faciles. Elle s'appuie d'un autre côté sur les Cévennes pour s'étendre jusqu'aux rives du Rhône par les révoltes qu'on peut exciter dans quelques parties du Languedoc et de la Provence. Bordeaux est depuis l'origine le centre de direction de ces mouvemens.

C'est le parti ennemi du gouvernement qui trouble maintenant la tranquillité intérieure; c'est lui qui agite Marseille, Toulouse et Bordeaux: Marseille, où l'esprit de sédition anime jusqu'aux dernières classes de la population, où les lois ont été méconnues ; Toulouse, qui semble encore sous l'influence de l'organisation révolutionnaire qui lui fut donnée il y a quelques mois; Bordeaux, où reposent et fermentent avec intensité tous les germes de révolte; Bordeaux, où la patrie trouva jadis de si nombreux défenseurs, où la liberté excita de si généreux sacrifices et de si nobles dévouemens; Bordeaux, qui recèle maintenant des apôtres de la guerre civile. C'est ce parti qui est parvenu à soulever les paisibles cultivateurs dans tout le territoire enclavé entre la Loire, la Vendée, l'Océan et le Rhône. On y a débarqué des armes, des munitions de guerre. D'anciens noms, des hommes nouveaux paroissent sur ce sanglant théâtre.

çoise, et c'est dans le collége de cette ville que Fénélon a été élevé (1).

L'hydre de la rébellion renaît, se produit partout où il exerça jadis ses ravages, et n'est point abattu par nos succès d'Aizenay, de Saint-Gilles et de Palluau. De l'autre côté de la Loire, des bandes désolent le département du Morbihan, quelques parties d'Ile-et-Vilaine, des Côtes-du-Nord et de la Sarthe; elles ont un moment envahi les villes d'Aurai, de Rhedon, de Ploermel, les campagnes de la Mayenne, jusqu'aux portes de Laval, et ont intercepté un instant les communications du Mans à Angers, d'Angers à Nantes, de Nantes à Rennes, de Rennes à Vannes.

Sur les bords de la Manche, Dieppe, le Hâvre ont été agités par des mouvemens séditieux. Dans toute la quinzième division, les bataillons de milice nationale n'ont été formés qu'avec la plus grande difficulté. Les militaires et les marins ont refusé de répondre aux appels et n'ont obéi qu'aux moyens de contrainte. On oppose aux mesures que les circonstances exigent une résistance condamnable, ou une force d'inertie plus dangereuse et plus difficile à vaincre que la résistance. Caën a été troublée deux fois par des réactions royalistes, et dans quelques arrondissemens de l'Orne, des bandes se forment comme en Bretagne et dans la Mayenne. »

(1) Fénélon a fait son cours d'humanités et de philosophie à l'université de Cahors, dont sa famille étoit peu éloignée. C'est au sortir de ses études qu'il eut envie de se consacrer aux missions du Levant. On jugera de l'enthousiasme qui l'animoit, par la lettre suivante :

« Divers petits accidens ont toujours retardé jusqu'ici mon retour à Paris; mais enfin, monseigneur, je pars, et peut s'en faut que je ne vole. A la vue de ce voyage, j'en médite un plus grand. La Grèce entière s'ouvre à moi, le sultan effrayé recule; déjà le Péloponèse respire en liberté, et l'église de Corinthe va refleurir; la voix de l'apôtre s'y fera encore entendre. Je me sens transporté dans ces beaux lieux et parmi ces ruines précieuses, pour y recueillir, avec les plus curieux monumens, l'esprit

Nous traversâmes rapidement l'âpre Limousin et l'aride Sologne, et à Orléans nous retrouvâmes les souvenirs les

même de l'antiquité. Je cherche cet aréopage, où saint Paul annonça aux sages du monde le Dieu inconnu ; mais le profane vient après le sacré, et je ne dédaigne pas de descendre au Pirée, où Socrate fait le plan de sa république. Je monte au double sommet du Parnasse ; je cueille les lauriers de Delphes, et je goûte les délices de Tempé.

Quand est-ce que le sang des Turcs se mêlera avec celui des Perses sur les plaines du Marathon, pour laisser la Grèce entière à la religion, à la philosophie et aux beaux-arts, qui la regarde comme leur patrie.

Arva beata
Petamus arva, divites insulas.

Je ne t'oublierai pas, ô île consacrée par les célestes visions du disciple bien-aimé ; ô heureuse Pathmos ! j'irai baiser sur ta terre les pas de l'apôtre, et je croirai voir les cieux ouverts. Là, je me sentirai saisi d'indignation contre le faux prophète qui a voulu développer les oracles du véritable, et je bénirai le Tout-Puissant, qui, bien loin de précipiter l'église comme Babylone, enchaîne le dragon, et la rend victorieuse. Je vois déjà le schisme qui tombe, l'orient et l'occident qui se réunissent, et l'Asie qui voit renaître le jour après une si longue nuit ; la terre sanctifiée par les pas du Sauveur et arrosée de son sang, délivrée de ses profanateurs et revêtue d'une nouvelle gloire ; enfin, les enfans d'Abraham, épars sur la face de toute la terre, et plus nombreux que les étoiles du firmament qui, rassemblés des quatre vents, viendront en foule reconnoître le Christ qu'ils ont percé, et montrer à la fin des temps une résurrection. En voilà assez, monseigneur, et vous serez bien aise d'apprendre que c'est ici ma dernière lettre, et la fin de mes enthousiasmes, qui vous importuneront peut-être. Pardonnez-les à ma passion de vous entretenir de loin, en attendant que je puisse le faire de près.

plus glorieux de la France. Pouvions-nous, quand la France attendoit un nouveau miracle pour ses Bourbons, ne pas songer en arrivant à Orléans au miracle fait pour Charles VII, et qui sauva la monarchie sur le penchant de sa ruine.

Deux factions déchiroient alors l'état. Depuis longtemps les Bourguignons et les Armagnac se faisoient une guerre sanglante. On se battoit partout. Toutes les villes, tous les hameaux étoient divisés et renfermoient des ennemis. Et cette guerre intestine livroit la France aux Anglois. Elle alloit en devenir la proie, selon cet oracle de la sagesse éternelle : *Tout royaume divisé contre luimême sera détruit*, et dans ces circonstances extraordinaires, quand tout étoit désespéré, une jeune fille parut, s'annonça au nom de Dieu comme la libératrice du royaume, obtint, malgré tous les obstacles, le commandement de l'armée françoise et partit pour faire lever le siége d'Orléans. « Arrivée devant la place, Jeanne(1) ne tarda pas à attaquer les bastilles de l'ennemi; à l'une de ses attaques, au moment où elle posoit une échelle contre la muraille, elle est percée d'une flèche au-dessus du sein, entre le col et l'épaule. Elle tombe presque sans connoissance, est investie par une troupe d'ennemis, se relève sur ses genoux et se défend avec autant d'adresse que de courage; des hommes d'armes viennent à son secours, et l'emportent à quelque distance. On la désarme; la blessure étoit grave, le dard ressortoit derrière le col. Jeanne fut d'abord effrayée et ne put retenir ses larmes. Tout à coup elle revient à elle, et dit à ceux qui l'entouroient : « Je suis consolée. » Elle se fit panser, se retira un mo-

---

(1) Voy. le *Précis historique* de M. Petitot, sur Jeanne d'Arc.

ment à l'écart pour prier, ramena à l'assaut les troupes qui effectuoient leur retraite : « Tout est vôtre et entrez-y, leur crie-t-elle en leur montrant la muraille et marchant à leur tête; la bastille est enlevée. Les Anglois, forcés dans quelques-uns de leurs retranchemens, n'osèrent défendre les autres; ils levèrent le siége le dimanche, 8 mai; elle étoit entrée dans la ville le vendredi 29 avril. Lorsqu'on annonça leur retraite à la pucelle (1); elle ne

---

(1) Voici quelques-uns des interrogatoires de Jeanne d'Arc.
« Savez-vous être en la grâce de Dieu ? lui demande-t-on. — Si je n'y suis pas, Dieu veuille m'y recevoir; si j'y suis, Dieu veuille m'y conserver, dit-elle. » Un des assesseurs avoit trouvé la question si difficile, qu'il avoit déclaré tout haut que Jeanne n'étoit pas tenue d'y répondre.

« Savez-vous si sainte Catherine et sainte Marguerite aiment les Anglois? — Elles aiment ce que Dieu aime, et haïssent ce qu'il hait.

— Dieu hait-il les Anglois? — De l'amour ou haine que Dieu a aux Anglois, ne sais rien ; mais je sais bien qu'ils seront tous boutés hors par le roi de France, excepté ceux qui y mourront. » Dans un autre interrogatoire, elle avoit déjà dit : « Je sais que le roi gagnera son royaume, et je le sais aussi bien que je sais que vous êtes devant moi sur votre tribunal. »

On l'interrogea beaucoup sur son étendard, que l'on vouloit rendre l'objet d'une accusation de sorcellerie. » En prenant l'étendard, lui dit-on, demandâtes-vous si vous gagneriez toutes les batailles?

— Les voix! répondit-elle, me dirent que je le prisse hardiment, et que Dieu m'aideroit.

— Qui aidoit le plus, de vous à l'étendard, ou de l'étendard à vous? — De la victoire de l'étendard ou de moi, c'étoit tout à notre Seigneur.

— L'espérance de la victoire étoit-elle fondée sur l'étendard ou sur vous? — Elle étoit fondée en Dieu et non ailleurs.

permit pas qu'on les poursuivît. « En mon Dieu, dit-elle, laissez-les partir et allons rendre gloire à Dieu. L'armée angloise avoit perdu, suivant Monstrelet, six à huit mille hommes devant Orléans, et les débris de cette armée n'étoient plus en état de tenir la campagne. Il falloit en effet

---

— Si un autre l'eût porté, eût-il eu aussi bonne fortune que vous? — Je n'en sais rien, je m'en rapporte à Dieu. — Pourquoi vous plutôt qu'un autre ? — Il plait à Dieu de faire ainsi par une simple pucelle pour rebuter les adversaires du roi.

— Ne disiez-vous pas, pour encourager les troupes, que les étendards qui étoient en semblance du vôtre étoient heureux? — Je disois : Entrez hardiment parmi les Anglois, et j'y entrois moi-même.

— Pourquoi votre étendard fut-il porté en l'église de Reims, au sacre, plus que ceux des autres capitaines? — Il avoit été à la peine, c'étoit bien raison qu'il fût à l'honneur. — On l'interrogea aussi sur l'épée de Fierbois. On lui demanda si elle n'avoit pas fait de prière pour que cette épée fût plus fortunée. — J'aurois désiré que toutes mes armes fussent heureuses : et bientôt après elle dit qu'elle portoit l'étendard pour ne point se servir de l'épée, afin d'éviter de tuer quelqu'un. Elle ajoute qu'elle n'a jamais tué personne. On lui objecte qu'elle s'est trouvée dans des endroits où on a tué des Anglois. Pourquoi ne partoient-ils de France, et n'alloient-ils dans leur pays? dit-elle. Des témoins racontent qu'un chevalier anglois, qui se trouvoit présent à l'interrogatoire, s'écria : c'est une bonne femme !..... Si elle étoit Angloise..... Ailleurs on lui demanda : Eûtes-vous, dès votre enfance, grande intention de faire du mal aux Bourguignons? — J'avois grande volonté en affection que mon roi eût son royaume.

— Croyez-vous fermement que votre roi fit bien de tuer le duc de Bourgogne? — Ce fut grand dommage pour le royaume de France. Mais quelque chose qu'il y eût entre eux, Dieu m'a envoyé au secours du roi de France.

que les ministres de Charles eussent foi entière à la mission de la pucelle, pour entreprendre, sur sa parole, l'expédition de Reims. On avoit à traverser soixante lieues de pays occupé par les Anglois; on devoit être arrêté sur la route par des villes fortifiées et par des rivières, telles que l'Yonne, l'Armançon, la Seine, l'Aube et la Marne; on manquoit d'argent pour faire transporter l'artillerie et les munitions; on n'en avoit même pas pour l'entretien des troupes. La ville de Reims, où l'on prétendoit aller, étoit au pouvoir des Bourguignons. Tout enfin sembloit se réunir pour empêcher de tenter une pareille entreprise, qui, si elle échouoit, faisoit perdre tout le fruit des succès qu'on avoit obtenus. La pucelle insista au nom de Dieu. La prise de Gergeau, où elle fut blessée, la victoire de Pathay, redoublèrent la confiance; on se met en marche; les villes, grâces à la fermeté et au courage de Jeanne d'Arc, ouvrent volontairement leurs portes, ou sont forcées de capituler; les Bourguignons évacuent Reims à l'approche de l'armée royale, forte au plus de douze mille hommes. Jeanne, tenant en main sa bannière, assiste au sacre du roi, qui lui doit sa couronne. »

On a vu dans quel abîme de maux la France étoit alors plongée. Aujourd'hui l'Europe entière est agitée sur ses fondemens, et la France, l'ancre de salut au milieu des orages, semble menacée de sa ruine. Un parti plein d'audace ose parler encore *de liberté* et *de gloire* au nom de la révolution et de l'empire. La religion est insultée, la monarchie est ouvertement attaquée, et les royalistes sont las partout d'invoquer en vain un pouvoir qui semble s'obstiner à finir. Il n'y a plus d'espérance pour eux.

La mort du dernier petit-fils de Louis XIV leur a tout ravi. La légitimité elle-même, cette loi nécessaire au salut des peuples, comment sera-t-elle sauvée? Les princes d'au delà des Pyrénées et des Alpes sauront-ils la défendre? Hélas! cette belle monarchie françoise, approche-t-elle de sa ruine, ou verrons-nous des Bourbons s'en disputer les lambeaux! Le cœur plein de ces tristes pensées, nous arrivions à Paris; mais que notre tristesse a été bientôt changée en joie! Il est né ce prince que la religion demandoit et que la monarchie attendoit d'elle. Il est né ce prince que la mort de son père a entouré d'amour et de vénération. Il est né des prières d'un peuple et du sang d'un martyr. Dieu n'a pas voulu que la race de saint Louis finît par la main d'un athée.

Noble race des Bourbons, à qui la France doit tant de gloire, vous régnerez encore sur nous.

Un enfant auguste nous est né, *il porte sur le front une marque immortelle.*

Salut donc au noble fils de cette dynastie qui n'a dans(1) le monde point de rivale par sa splendeur et par sa durée! salut au fils de ces Bourbons dont un fier empereur

---

(1) « Un héros, Robert-le-Fort, commença la race des Bourbons, cette race immortelle. (*Voy.* l'Histoire de la maison de Bourbon, de Désormeaux, et le Précis sur les Bourbons, de M. de Montjoye.) La Chine seule, dit un de nos historiens, en admettant ses fables, a eu une dynastie, celle de *Chew*, qui a régné huit cent soixante-seize ans. On ne retrouve ensuite que les Arsacides qui ont gouverné les Parthes l'espace de quatre cent vingt quatre ans seulement. »

Les Bourbons ont donné à la France trente-huit rois, en y

disoit : « Je tiens à beaucoup d'honneur d'être sorti du côté maternel de ce fleuron qui porte et soutient la plus noble couronne du monde. » Noble fils de France, la patrie vous enfanta au jour de ses douleurs; vous êtes désormais le soulagement de ses maux. Que vous souhaiter aujourd'hui! Soyez pour la France ce que lui ont été les vôtres. Nous n'ajoutons rien à ce vœu? C'est aux Bourbons que la France doit la plus grande partie de ses provinces. Que de fois dans les combats leur sang s'est confondu avec celui des François! Qui ne sait la gloire de Louis I, duc de Bourbon, surnommé le Grand; de Pierre de Bourbon, tué aux pieds du roi Jean, à la bataille de Poitiers; de ce Bourbon, connétable de France, appelé le fléau des Anglois, vainqueur à Cérisolles? Quel éclat ne pâliroit à côté de celui d'Henri IV, du grand Condé et de Louis XIV?

C'est depuis saint Louis, chef de cette noble race, que la couronne de France a pris tant de majesté qu'un ancien historien anglois disoit : « Le roi de France,

---

comprenant Eudes et Robert qui ont régné avant Hugues Capet; vingt-trois au Portugal, treize à la Sicile, onze à la Navarre, quatre à l'Espagne et aux Indes, autant à la Hongrie, à la Croatie et à l'Esclavonie, deux à la Pologne, un à l'Ecosse, plusieurs à Naples, sept empereurs à Constantinople. Plus de cent ducs de Bourgogne, de Bretagne, d'Anjou, de Lorraine, de Bourbon et de Brabant, issus de cette tige illustre ne le cedoient qu'aux têtes couronnées. Quatre princesses du même sang ont porté les sceptres de Hongrie, de Pologne, de Navarre et des Pays-Bas dans les maisons de Luxembourg, Jagellon, d'Aragon et d'Autriche; enfin plusieurs maisons sujettes de la maison de France ont régné en Angleterre, en Castille, en Ecosse, en Arménie, en Chypre, à Jérusalem, à Naples, et à Constantinople. »

c'est le plus digne et le plus noble de tous les rois, tant à cause de son onction céleste que par rapport à sa puissance guerrière. »

Charles-le-Bel avoit raison quand il érigea le Bourbonnois en duché-pairie, d'espérer *que la postérité du nouveau duc, marchant sur ses traces, seroit dans tous les temps l'appui et l'ornement du trône.*

> François vous savez vaincre et chanter vos conquêtes,
> Il n'est point de lauriers qui ne couvrent vos têtes ;
> Un peuple de héros va naître en ces climats,
> Je vois tous les Bourbons voler dans les combats.

Salut donc, noble enfant par qui renaît à l'espérance ce noble pays de France, que rien n'a pu encore arracher à la foi et à l'honneur.

Et vous, auguste princesse, dont cet enfant est l'unique joie, vous qui comme l'héroïne d'Orléans n'avez pas cessé d'espérer qu'en vous reposoit notre salut, soyez bénie ! Vous que l'adversité nous a montrée si généreuse, et que le péril trouveroit héroïque, vous veillerez sur le dépôt qui vous est remis. Votre cœur aujourd'hui est sans partage à la France ; il nous appartient par vos joies et par vos douleurs.

VOYAGE

PITTORESQUE EN SUISSE.

VOYAGE

PITTORESQUE EN SUISSE.

Je partis de Paris au mois de mai 1814 avec quelques amis, pour aller visiter la Suisse. La première chose qui nous frappa, ce fut à Montereau, le confluent de la Marne et de l'Yonne. Au moment où nous passâmes au milieu du pont, la lune d'un côté se levoit d'un blanc très-pur, et de l'autre le crépuscule rougissoit les eaux. Rien n'est plus varié que les bords de l'Yonne jusqu'à Sens ; et les environs de cette ville annoncent la demeure d'anciens archevêques, amis des arts et de la grandeur.

A Sens reposoit le grand Dauphin. Que de maux sa vie eût épargnés à la France ! C'est en comparant les hommes aux événemens, et les événemens aux hommes, qu'on sent, pour ainsi dire, cette main invisible qui dirige les destinées humaines sans violer la liberté des cœurs. L'Yonne donne des quais, et un aspect riant à Joigny, bâti à l'entrée des deux routes de Lyon et de Genève. Les riches vignobles de la Bourgogne nous rappelèrent les riches guérêts de la Brie. C'est à la vue de son beau territoire que nous nous plaisions à parler de notre chère patrie. Chacun disoit son mot d'amour pour elle, et nos cœurs étoient attendris. Avrolles, Flogny, sont de fort jolis villages près desquels passe l'Armance. Tonnerre nous surprit par l'élégance de ses maisons. A Ancy-le-Franc, nous vîmes le château de Louvois habité par ses descendans, fidèles à leur roi et à leur patrie. A Fulvy, nous remarquâmes un très-beau château qui domine tout le pays. La lune éclairoit les coteaux de Montbard quand nous y arrivâmes, et les forges magnifiques de M. de Buffon répandoient une flamme très-vive dans l'enfoncement des vallées. Le lendemain, nous courûmes visiter les jardins de l'historien de la nature. Ils nous parurent dignes de lui. Elevées sur les ruines de l'ancien château des ducs de Bourgogne, des terrasses très-vastes sont couronnées par une tour qui semble encore la demeure des anciens chevaliers. Des sapins garnissent les murailles, et leur vert noirâtre est la parure naturelle de ces remparts antiques plus solides que l'airain. On sent combien devoient être durables les sermens à l'honneur et à l'amour faits à voix basse au pied de ces murs qui devoient les garder à jamais. C'est au milieu des souvenirs du moyen âge, que Buffon avoit placé son cabinet. C'est là qu'il écrivoit péniblement ces pages si faciles, où l'on ne sait si le génie est le résultat du goût ou le goût le résultat du génie. C'est devant le seuil de cette porte que Rousseau s'est agenouillé. Après Montbard, la Bourgogne devient aride, et nous cherchions ce qui avoit pu faire donner à ce département le nom de la Côte-d'Or, quand nous aperçûmes Val-de-Suzon. Ce n'est pas la Suisse sans doute, ce ne sont pas les bois de la Brie; mais c'est un mélange heureux des collines, des montagnes, des grottes, des ruisseaux et des bois ; c'est un pré riant, semé de fleurs, coupé de hauts peupliers, arrosé par une eau limpide et claire comme le cristal. De petits ponts de bois soutenus par des pierres amassées où l'eau coule avec plus de bruit traversant en deux ou trois endroits la prairie ombragée de quelques saules, et terminée par un moulin situé au bas d'une colline couverte de chênes. Les arbres sur la pente du côteau forment des berceaux de verdure. Des percées qui semblent ménagées à dessein découvrent de loin en loin des rochers disposés par couches où sont suspendus des chênes et des peupliers trembles que le vent agite sans cesse. Tout est pur au Val-de-Suzon, tout est gracieux ; et si la poésie pastorale eût peint des bergers assis dans la grotte, au bord du ruisseau, au milieu du jour, Val-de-Suzon seroit aussi célèbre que les plus agréables vallons de la Suisse et de l'Italie.

A Dijon, nous avons visité l'arbre du grand Condé et la maison du grand Bossuet, et nous avons retrouvé les souvenirs de ces deux hommes que l'amitié moins encore que l'éloquence de l'évêque de Meaux a unis à jamais pour la postérité. La cathédrale nous offrit un tombeau d'une simplicité ravissante. Une jeune et belle femme est représentée mourante au pied d'une pyramide funéraire, deux anges tiennent un linceul et ne peuvent se décider à en recouvrir sa belle figure.

En traversant Auxône, nous nous entretenions de la gloire du grand roi qui a conquis à la France ces belles limites de la Franche-Comté. Nous ne fîmes que traverser Dol, la belle chaussée élevée sur la Saône, le joli village de Mont-sous-Vaudrey, Poligny et une très-belle vallée où une route bâtie dans le roc conduit jusqu'à Montrond. Nous étions dans les Alpes; nous revoyions les plantes qui croissent sur les premiers rochers qu'on trouve au-dessous des sapins. Mais quelle fut notre surprise quand de la tour de Montrond nous aperçûmes à la fois le Jura, les Vosges, les Alpes de la Suisse, de la Savoie et du Dauphiné, et le Mont-Blanc! Je ne crois pas qu'il y ait un plus beau spectacle ni un plus vaste horizon. Nous montâmes sur une des fenêtres de la tour qui tombe en ruines, et nous nous sentîmes saisis d'une horreur religieuse à la vue de cette profusion de merveilles que Dieu a établies dans la nature, et de cet abîme de l'immensité. De tous côtés, des bois de sapins, des prairies, des collines, des troupeaux, des rocs brisés, des vallées ouvertes et fermées, et devant nous le spectacle des montagnes depuis le côteau jusqu'au Mont-Blanc. Toutes les couleurs, toutes les hauteurs, étoient devant nos yeux; nous suivions leurs dégradations insensibles; et notre imagination resserrée dans cet espace, s'élançoit par delà les monts et les cieux. Je ne connois rien de plus imposant et de plus religieux qu'un horizon immense terminé par des montagnes. Dans les pays de plaine, on voit aussi loin que les objets se laissent découvrir, et le ciel termine tout. Ici les montagnes sont pour ainsi dire le premier des pas que Neptune fit pour arriver aux extrémités du monde.

Nous ne fîmes que traverser Champagnolle, ville fort jolie sur la Londane qui tombe sur des rochers, et la nuit nous surprit deux lieues avant la Maison-Neuve au milieu des torrens, des cascades, des rochers et des bois de sapins. Quelquefois nous penchions la tête près de la route sur les bords du précipice, et la lune qui n'éclairoit plus que le noir lugubre des bois, nous inspiroit une secrète horreur. De Maison-Neuve jusqu'à Morez et aux Rousses, on découvre à chaque instant des aspects nouveaux. Ces prairies si riantes qui se terminent auprès des rochers les plus arides d'où s'élèvent quelques chétifs sapins, ces précipices ouverts à tous les instans, qui font sentir à l'homme combien sa vie tient à peu de chose, ces routes magnifiques élevées au-dessus de ces abîmes et qui lui parlent de sa grandeur, ce beau ciel, cet air pur, je ne sais quoi d'agreste et de sauvage qui plaît toujours à l'imagination, en montrant ce que seroit la terre si l'homme ne l'eût embellie, tout intéresse l'âme dans les montagnes. Enfin nous franchîmes les frontières de la France, et nous entrâmes dans la Suisse. J'avoue qu'outre la peine de quitter ma patrie, je voyais encore à regret finir son territoire; je ne sais pourquoi il me sembloit qu'il ne devait pas avoir de bornes. Je conçois à présent comment les hommes qui ne réfléchissent pas prennent l'étendue pour la grandeur. Liberté et patrie furent les premiers mots que je vis en Suisse. Toutes les monnoies, toutes les inscriptions portent cette devise. Je trouvai dans les paysans du canton de Vaud plus de dignité, plus de confiance en eux-mêmes, que dans les paysans de la France. Les uns croient influer sur les événemens, les autres s'y soumettent sans y participer. De là, la différence de leurs caractères.

C'est de Saint-Sergues, le premier village Suisse que nous rencontrâmes, que le lac de Genève s'offrit à nos regards. Les montagnes au pied desquelles il se trouve étoient environnées de nuages, et la couleur des eaux du lac se confondoit avec le ciel. Je fus quelque temps avant de le reconnoître; mais enfin je distinguai ses deux rivages et cette immense étendue d'eaux! On ne peut se figurer réunis plus de grandeur, plus de charme, plus de richesse et de fertilité. Nous vîmes un soldat s'écrier, ivre de joie à la vue du lac : Ah! voilà mon pays! Je ne m'étonnois pas de l'accent qu'il avoit mis dans son exclamation. On sent qu'il doit y avoir quelque chose de plus fort dans le patriotisme de ceux qui sont nés au bord de ce beau lac. La patrie a plus d'empire encore sur notre cœur quand elle élève notre imagination par son aspect ou par ses institutions. A Genève, la maison où Rousseau est né nous apprit, par son extérieur pauvre et négligé, le secret de son humeur contre la nature et la société. Nous admirâmes les promenades de la Treille et du Plimpalet, et la vue magnifique qu'on découvre de la place Maurice. Cette place se trouve à l'entrée du lac, et de là on voit les deux chaînes de montagnes qui s'étendent sur ces deux rivages, et semblent dans le lointain se terminer où il finit. Les environs de Genève sont un jardin délicieux habité par un peuple opulent. Des promenades qui vont toutes aboutir au lac, des coteaux chargés de maisons élégantes qui ressemblent à des palais, les voiles blanches des barques qu'on entrevoit à travers les arbres, des prairies, des vignobles, des troupeaux répandus sur les collines, le plus heureux mélange du luxe et de l'utilité, le lac qui varie à chaque instant ses effets; tantôt le rivage s'alonge dans ses eaux et forme une espèce de promontoire, tantôt il s'arrondit en canal, tantôt il s'éloigne, et dans le lointain présente une saillie couverte de maisons et de peupliers, tout ici est bien propre à donner une idée du séjour de Baïes, si vanté par les anciens. A Ferney nous vîmes s'abaisser devant nous un terrain en pente chargé de pampres, qui finit à des bois et au lac, et dans le fond entre deux montagnes le Mont-Blanc couronne le tableau. Au printemps, ce séjour doit paroître une création de la féerie.

A Ferney, comment ne pas songer à Voltaire et à cette passion de célébrité qui a agité sa vie. Si Voltaire, me disois-je, reparoissoit parmi nous, seroit-il content de la manière dont on le juge? Non, il trouveroit que ses descendans, auxquels il en appeloit sans cesse, ressemblent assez à ses contemporains avec lesquels il ne pouvoit vivre. A peu de distance de Ferney et de Genève est Coppet, séjour de Mme de Staël. Nous avons entendu Mme de Staël; sa conversation étoit une véritable merveille.

Le lac n'est nulle part plus beau que depuis Nion jusqu'à Ouchy. Nous nous embarquâmes à Nion. En avançant au milieu du lac, Nion s'éloignoit insensiblement, et ses maisons se groupoient en un amphithéâtre terminé par le temple placé au haut de la ville. Le pays de Vaud et le Chablais se déployoient devant nous. Nous avions le double spectacle d'un pays pauvre et d'un pays opulent sur les deux rives du lac également fertiles. Le soleil brilloit aux extrémités des vagues bleues du lac, qui ressembloit à une couche immense de lapis-lazuli. Nous nous plaisions à contempler ce rivage délicieux du pays de Vaud, où la nature semble vouloir étaler sa fécondité et sa grâce. Les plus jolis villages sont répandus sur les coteaux qui dominent le lac; mais rien ne nous surprit autant que Rolles et Morges. Dans ces deux petites villes, il n'y a pas une maison qui attriste les regards par l'aspect de la pauvreté, et rien n'est plus propre à porter dans l'âme les sentimens les plus doux que l'image de l'aisance, éloignée également de la splendeur, de l'opulence et du dégoût qu'inspire la misère. La végétation n'est nulle part plus riche qu'aux environs de Lausanne, et les montagnes deviennent vis à vis de cette ville des rochers magnifiques qui descendent majestueusement dans le lac. Tout est imposant près de Lausanne, tout est gracieux, et c'est cette réunion si rare de la grâce et de la grandeur qui forme la beauté. De Lausanne jusqu'à Morat, rien ne nous surprit que les magnifiques bois de sapins semés sur la route. Ces arbres, dont les troncs dépouillés de verdure s'élèvent vers le ciel, ressemblent à de superbes colonnes qui supportent un dôme noirâtre. On n'est pas éloigné de croire que les églises gothiques aient été formées sur ce modèle. Après Moudon, à Lusseniz, nous vîmes sur un côteau un ancien château surmonté d'une tour et de plusieurs pointes qui sont visiblement imitées des extrémités des jeunes sapins. En Suisse, le sapin se mêle à tout. Les fontaines sont reçues dans le tronc de cet arbre dont les planches donnent aux maisons leur élégance et leur propreté.

Morat (1) et le lac Morat sont célèbres par la bataille que les Suisses gagnèrent sur le duc Charles de Bourgogne, surnommé *le Téméraire*. Tous les braves qui combat-

---

(1) Tous les ossemens des Bourguignons morts dans cette bataille avaient été recueillis dans une chapelle. Ces os ont été jetés dans le lac, et la chapelle détruite quand l'armée révolutionnaire de France entra en Suisse.

A Fribourg on voit encore le tilleul planté le jour de la bataille de Morat, le 22 juin 1476.

tirent dans cette journée méritoient de laisser leurs noms à la postérité; ils sont oubliés ou inconnus, mais sans doute ils trouvèrent dans leur cœur la récompense de leur dévouement. Le ciel a placé dans nos âmes un juge qui, plus sûr dans ses arrêts que les contemporains ou la postérité, récompense ou punit nos actions.

Le costume du canton de Berne est fort remarquable: de longues tresses de cheveux attachés à des rubans qui traînent jusqu'à terre, des corsets noirs ou bleus avec des colliers en velours, un chapeau de paille jaune souffrée, orné de quelques fleurs, ou bien une espèce de fraise qui forme autour de la tête des ailes qui l'arrondissent en l'embellissant: on ne conçoit rien de plus approprié à la Suisse. Les maisons sont en bois, avec des fenêtres d'un verre arrondi.

Nous craignions déjà de ne plus éprouver les transports que nous avoit causés le pays de Vaud; mais à Gumine nos exclamations recommencèrent. L'imagination épuise ses couleurs en peignant la Suisse; c'est là qu'on éprouve que les expressions de l'homme sont trop foibles pour rendre ce qu'il sent, et que cette noble créature est vraiment emprisonnée dans son corps, puisque ses organes ne suffisent pas à ses sentimens et à ses pensées. Un des plaisirs du voyage, celui de s'entretenir avec les habitans, étoit perdu pour nous. Presque tous ceux à qui nous parlions nous répondoient qu'ils n'entendoient pas le françois. Les Suisses sont bons; leur physionomie inspire la confiance. Cependant jusqu'à Berne, tous ceux que nous avions vus nous avoient paru très-peu désintéressés, et il règne beaucoup plus de simplicité dans les cantons catholiques. On peut en trouver la raison dans l'esprit des deux cultes. Les protestans ont éloigné de leurs yeux les images de l'autre vie; les catholiques, au contraire, cherchent à rendre l'avenir présent à toutes leurs pensées. Les passions des Suisses sont très-ardentes, et l'on ne s'étonne pas qu'avec des caractères impétueux et indomptables, et leurs rochers pour forteresses, treize cents hommes d'Uri, de Schwitz et d'Undervald, aient fondé la liberté Suisse à la bataille de Morgarten. La Suisse est pleine de nobles souvenirs. On montre un chemin creux près de Kussnacht, dans le canton de Schwitz; c'est là que Gesler périt en 1307. Près du lac de Sempach, au canton de Lucerne, Arnold assura la victoire à ses compatriotes. Dans le canton d'Uri, une petite prairie rappelle le serment des trois libérateurs de la Suisse. Sur une éminence près de Berne, une famille se sacrifia tout entière pour repousser le duc Albert d'Autriche. Je n'ai pas lu encore de description de la Suisse qui m'ait donné une idée exacte des sites et des habitans. La Suisse est un pays extrêmement varié. Les hommes n'y diffèrent pas moins que les vallées et les costumes, mais il y a un fonds toujours le même. C'est ce qu'il falloit d'abord saisir, et peindre ensuite les différences. On diroit en lisant plusieurs voyageurs qui n'ont vu la Suisse que dans les idylles de Gessner que c'est le pays de l'âge d'or, et que les passions y sont inconnues. Dans la Suisse des montagnes on peut trouver sans doute des hommes qui, étrangers aux besoins de la société, sont très-simples et très-désintéressés, mais on ne doit pas plus s'extasier sur leurs vertus que sur le mépris pour l'or de quelques peuplades sauvages.

Berne (1), bâtie sur l'Aar, ressemble à une terrasse élevée sur la rivière pour jouir de la vue d'un pays très-pittoresques. Les rues de Berne sont larges et traversées par un canal, et les maisons sont soutenues par des arcades. Le temple, comme tous les temples protestans, nous a paru plutôt une salle de concert qu'un lieu destiné à la prière et au recueillement. Les avenues de la ville sont des promenades très-soignées.

Ce qui surprend toujours en Suisse, c'est le mélange des productions des Alpes et de celles de la plaine.

De Berne (2) à Thoun la route est plantée de cerisiers. Un peu plus loin, des torrens, des rochers couverts de sapins, sont auprès des collines du vert le plus riant, à côté des maisons, des jardins et des fontaines.

Tout rappelle ici les plus douces pastorales, et les

---

(1) On sait que la république de Berne fut attaquée par la république française, et qu'elle succomba après une héroïque résistance; Soleure, Fribourg avoient déjà été occupées par deux armées françaises. La Convention attaquoit à la fois les républiques et les monarchies. Elle étoit née pour détruire, et elle remplissoit sa mission. Elle a été comme Satan le ministre des hautes œuvres de la justice divine.

(2) On voit dans l'arsenal de Berne les tapisseries qui formoient la tente de Charles-le-Téméraire à la bataille de Morat.

Nous avons vu à deux lieues de Berne, dans l'église du village de Hindelbank, le tombeau de madame Langhans, morte en donnant la vie à son premier enfant. La tombe s'entrouvre aux sons de la trompette de l'ange des derniers jours, et la mère soulève d'une main la pierre, et de l'autre présente à Dieu son enfant. L'inscription est de Haller.

Suisses de Munsinguen ne détruisent pas l'impression que l'imagination a reçue. On ne peut pas dire d'eux : O heureux s'ils connoissoient leur félicité! ce pays n'est pas seulement beau *pour ceux qui passent*, tout prouve que les habitans de Munsinguen sentent leur bonheur. Des bancs sont partout disposés pour jouir des plus beaux sites. Rien n'est plus élégant que leurs maisons en bois avec des balcons où sont suspendus une multitude d'œillets; variété, c'est en tout la devise de ce village. Les vitraux sont longs et arrondis, les maisons ciselées ou couvertes d'écailles, garnies de planches ou de poutres.

On s'embarque à Thoun pour aller à Interlaken. Le lac de Thoun entouré de montagnes ressemble à une vallée d'eaux, et à peine si un sentier étroit creusé dans le roc offre aux habitans de Thoun et d'Interlaken un autre moyen de communication. Bientôt Thoun disparoît à nos yeux. L'effroi nous saisit en songeant à la chute des montagnes du Goldau, et en regardant ces villages du bord du lac situés au pied des rochers les plus menaçans. On nous montre un château qui est resté debout au milieu des ruines d'un village enseveli. Au moment où nous découvrons Merlinghen et les tours en aiguille du château de Spiez, les deux rochers qui forment les deux côtés du lac semblent s'unir, et nous distinguons les sommets de l'Altès et de la Blumis-Alpe couverts d'une neige éclatante. A Unterseeven, nous vîmes la Jungfrau dans toute sa beauté. Nous étions sur le pont du village. Au-dessous de nous, l'Aar rempli d'écluses avoit plusieurs niveaux couverts d'écume. Des noyers superbes répandus sur les deux rives formoient une espèce de cadre, et la Jungfrau, la plus haute montagne de la Suisse, s'élevoit dans le fond entourée de deux montagnes noirâtres qui faisoient ressortir la blancheur de la neige, qui, dans toutes les saisons, descend jusqu'à ses pieds.

A Interlaken, du pavillon d'Obuel, la vue est magnifique. Ce pavillon, élevé entre le lac de Thoun et le lac de Brientz, domine une vallée fertile arrosée par l'Aar, et embellie par les deux villages d'Unterseeven et d'Interlaken. Devant nous est la Jungfrau (1); à notre droite, des rochers énormes descendent avec majesté dans le lac de Thoun dont les eaux sont bleues, et le lac de Brientz, couronné de coteaux et agité par le vent, paroît entièrement vert. Des collines s'élèvent encore au milieu de la vallée nouvelle. C'est là qu'on célèbre la fête des bergers. Des tertres d'un gazon doux et fleuri dominent des prairies délicieuses où tous les trois ans les bergers se rassemblent de toute la Suisse, au pied des ruines du château d'Unspunen. Cette fête est établie en mémoire de la paix qui réunit l'Oberland et le pays de Berne, et aucun lien sur la terre n'est plus propre à une fête de la paix que les vergers d'Interlaken. Quand on sort de ce pays si riant, on entre dans une vallée d'un aspect terrible. Les rochers s'y resserrent, des sapins bordent un torrent, d'autres croissent sur des quartiers de rocs détachés des montagnes, et qui ont roulé jusqu'au bas de la vallée. Plus haut, des sapins rougis par le soleil ont une couleur de sang; d'autres, d'une hauteur prodi-

---

(1) C'est auprès de la Jungfrau que lord Byron a placé son Maufred, ce drame bizarre, le chef-d'œuvre de ce genre, introduit par lord Byron.

gieuse, sont d'un noir lugubre; on avance, et sur un bloc de rocher, on remarque du marbre noir, c'est la pierre mauvaise; c'est là que deux frères se sont donné la mort. Une inscription qu'y a fait mettre le gouvernement de Berne, rappelle cet horrible événement. On passe avec effroi dans ce lieu maudit du ciel.

Il est impossible de rendre l'impression que produit cette vallée de Loutchine, où les deux torrens de Loutchine viennent se réunir; les ombres des Didon, des Werther, errent dans ces lieux; c'est là qu'il leur eût été plus facile d'accomplir leur affreux dessein. La vallée s'ouvre tout à coup, et l'on se trouve au milieu des chalets d'hiver, dans une belle prairie. Les deux torrens sont séparés. La Loutchine blanche descend de la vallée de Lauterbrunen, et la Loutchine noire arrose la vallée de Grindelwald.

Nous voici au pied du rocher du Bourg, assis sur une pierre détachée de la montagne, suspendus au-dessus du torrent qui roule avec un fracas épouvantable; la vallée semble se fermer de tous les côtés. Des prairies sont jetées entre le torrent et les rochers, et augmentent l'étonnement qu'inspirent ces lieux en montrant des chalets et des troupeaux au bord des précipices. On éprouve je ne sais quel effroi qui n'est adouci que par le souvenir des pays qu'on vient de quitter. L'imagination se représente quelquefois cette vallée comme une prison où l'on est séparé du reste du monde; on s'effraie alors au milieu de cette nature imposante et désolée. A la vue de ces masses gigantesques, l'homme sent toute sa petitesse. La nature semble vouloir mettre sous nos yeux tous ses moyens de destruction. On craint ici la divinité; on l'admire sur les bords du lac de Genève; on l'aime à Munsinguen et dans les environs de Lausanne et de Berne. C'est ainsi qu'elle se plaît à prendre toutes les formes, et soit qu'elle conserve, soit qu'elle détruise, elle fait tout pour le cœur de l'homme. La vallée de Lauterbrunen est entourée de tous côtés par des rochers et par des glaciers que domine la Jungfrau. La maison du pasteur est placée presque au-dessous de la cascade de Staubach, qui tombe de huit cents pieds de haut, et qui forme sur un roche nu une arcade magnifique à laquelle les rayons du soleil donnent toutes les couleurs. Cette vallée est une des plus pittoresques de l'Oberland; et à mesure qu'on s'élève sur le Vengen-Alp, le spectacle change à tous les instans. Nous vîmes alors ce village du rocher de fer, dont les habitans sont séparés du reste des humains pendant la plus grande partie de l'année. Dans l'hiver, la neige est leur tombeau; on y jette les cadavres, et on ne les enterre qu'au printemps. Plus on monte, et plus les rochers se dépouillent et deviennent arides; les arbres ne croissent plus à une certaine élévation, ou ils ne ressemblent qu'à des arbres frappés par la foudre; l'air est trop vif, on diroit qu'il consume tout; cependant, à côté des glaciers, on trouve les fleurs dont les couleurs sont les plus vives; la nature riche en contrastes jette les plantes les plus délicates auprès de ces énormes rochers. Les chalets du petit Scheidegg n'ont rien de romanesque; et je ne conçois pas ce qu'y viendroit faire l'amour; les bergers qui y habitent laissent leurs femmes dans la plaine. Comment, en effet, placer des sentimens doux dans ces lieux arides, auprès de ces

des sentimens doux dans ces lieux arides, auprès de ces rochers stériles, de ces neiges éternelles, et de ce ciel presque toujours couvert de nuages. Ce n'est qu'en songeant que ces masses énormes renferment dans leur sein les rivières qui fécondent le monde, que plus près de la source de ses bienfaits, on peut se croire plus rapproché de l'auteur de la nature sur les montagnes. J'avoue cependant que pour ceux qui s'y arrêtent peu, il y a quelque chose d'imposant dans cette nature sauvage, et que l'air y donne pour ainsi dire une vie nouvelle. Mais qui consentiroit à y vivre ? On aime à voir ces rochers qui sont presque toujours cachés dans les nues, s'abaisser devant soi. L'esprit, frappé de cette aridité répandue sur tous les objets, croit assister aux secrets du Très-Haut qui a toujours placé le mal à côté du bien, pour nous rappeler sans cesse que ce monde n'est pas le seul où l'homme doit habiter, mais qu'il est seulement un lieu de passage. Hier à Lauterbrunen, dans une vallée riante au milieu des précipices devant la Yungfrau et le Corn-Lartch, nous voyions de leurs pieds ces superbes rochers qui insultoient à notre néant, aujourd'hui nous voici sur le sommet du petit Scheidegg, ce qui nous paroissoit si élevé s'est abaissé devant nous, et nous avons retrouvé la preuve que la grandeur de l'homme est dans sa persévérance.

L'air des Alpes rend dispos et léger, à peine sent-on que l'on vit, et après une longue course on s'étonne de ne pas éprouver de fatigue. Les habitans des montagnes paroissent d'abord plus gais que ceux des plaines, parce qu'ils ont des mouvemens plus vifs; mais leurs chants sont plus mélancoliques, et en effet le bruit des torrens, l'aspect des sapins et des rochers doivent donner de la tristesse. Sans doute cette lutte continuelle contre tout ce qui épouvante les autres hommes, communique à l'âme une grande énergie. Mais quoiqu'ils ne veuillent pas habiter d'autres pays, on voit dans tout ce qui exprime leurs sentimens, qu'il y a au fond des cœurs habitans des montagnes le regret de n'être pas nés dans la plaine.

C'est près d'un petit champ de blé, sur un tertre du gazon le plus doux, vis-à-vis du presbytère de Grindelwald, au pied des neiges de Grindelwald et de l'Egre, au bruit de la cascade de l'Egre et d'un ruisseau qui arrose des prairies, au moment où l'horizon d'une blancheur éblouissante répand son éclat sur les forêts de sapins qui le terminent, que je sens encore mieux la définition du Tasse, qui, ayant conduit un de ses amis sur une montagne, lui dit à la vue des torrens, des cascades et des vallées : Voilà un poème épique. A mesure que nous descendions du Scheideck, la vallée de Grindelwald paroissoit plus belle, et la lune en croissant d'or s'élevoit à l'extrémité du rocher que nous venions de quitter. Je ne pouvois me lasser de jeter tour à tour les yeux sur le Scheidek brillant de lumière, et sur l'aride sommet du Grindelwald qui se perdoit dans les cieux et sembloit toucher aux fondemens de la terre. Nous voulions traverser les rochers du grand Scheidek et arriver dans la vallée d'Oberhasli par les hauteurs, mais la pluie nous surprit et changea nos projets.

Nous allâmes voir le glacier de Grindelwald; le bleu des crevasses étoit du plus bel effet, quoique les nuées empêchent le soleil de se montrer. C'étoit un spectable singulier que celui des nuages répandus dans cette vallée; il nous sembloit que nous étions dans une île fantastique. Tantôt les nuages qui étoient près de nous, et qui ne nous permettoient de voir que le fond de la vallée et quelque partie de la montagne, s'éclaircissoient, s'éloignoient, d'autres fois ils environnaient les pics couverts de neige qu'ils découvroient un instant après. Ils prenoient toutes les formes et les donnoient toutes à la vallée. Je ne m'étonne pas que les peuples du nord aient mis des âmes dans les nuages: leur origine, leurs formes, leurs balancemens devoient faire une vive impression sur l'imagination de ces peuples, qui, sentant bien que l'homme ne peut pas mourir tout entier, et voyant naître, fuir et reparoître les nuées, en avoient fait le séjour des hommes qui disparoissoient d'au milieu d'eux.

La vallée de Grindelwald est très-pittoresque et très-verte, la vallée de Lauterbrunen est plus effrayante; mais c'est toi, ô vallée d'Oberhasli, que je préfère à tout ce que j'ai vu. Nous revînmes à Interlaken et nous suivîmes les bords de l'Aar, qui s'élargit singulièrement avant d'entrer dans le lac de Brientz. Le vent étoit favorable, nous hissons la voile et nous sommes dans le lac. Le lac de Brientz est plus riant, mais moins majestueux que le lac de Thun. Au moment où nous passions devant l'église de Reichenberg nous entendîmes des chants qui se mêloient au son de l'orgue. Des bateaux nous dépassoient à chaque instant; le ciel étoit très-pur. Bientôt le rivage disparut, et le lac entre des montagnes cultivées jusqu'au sommet, le lac brillant des rayons du soleil ressembloit à une vallée d'eaux ravissante. Des villages très-pittoresques étoient suspendus sur le lac, le mont Brunig s'élevoit devant nous, le Grimsel dans le lointain fermoit la vallée d'Oberhasli dont les cascades de Ghiesbagh et d'Oulchibach nous annoncèrent l'entrée.

Nous débarquons à Brientz et nous courons à Méringuen. La vallée d'Hasli semble être le prolongement ou plutôt le couronnement de la vallée de Berne au Grimsel. Des cascades tombent de tous côtés au milieu des arbres et des prairies. C'est le palais d'Armide. La cascade de Vandelbagh est un véritable prodige, elle tombe en une belle gerbe d'eau, puis elle forme une espèce de château moresque en se divisant à l'infini sur des cailloux; elle se déploie enfin en une nappe d'eau écumante. L'Albagh, le Mulibagh ont aussi leur beauté, mais toutes le cèdent au Reichenbagh, la plus belle cascade de la Suisse.

Nous voici élevés sur le Zwirgi, au-dessus de la vallée la plus riante, des sentiers tournans sur la montagne nous placent à chaque instant dans une situation différente, le village de Méringuen, le mont Brunigg sont le fond du tableau. Nous ne pouvons nous lasser d'admirer cette vallée délicieuse, où tout ce qui produit ailleurs une impression de tristesse et d'horreur sert ici à embellir le paysage. Les sapins sont dans la plaine, les montagnes sont couvertes d'habitations, et ne semblent placées au-dessus de la vallée que pour mieux la faire découvrir, ou pour fournir des degrés aux chutes des cascades.

Mais au milieu de ce pays ravissant, rien ne peut effacer l'impression du Reichenbagh. On est saisi d'étonnement à la vue de sa première chute; le rocher s'ouvre pour la recevoir, bientôt il se referme, et la cascade tombe de nouveau dans un bassin qui ressemble à un abime. C'est de là qu'elle roule pour former sept nouvelles chutes. Ici elle passe dans le rocher par une ouverture où le soleil pénètre à peine, plus bas le rocher forme un amphithéâtre pour recevoir ses eaux. Mais la vallée, les rochers, les bois, les cascades et même son beau lac ne sont pas le plus bel ornement de ce délicieux pays. A Méringuen nous prîmes sur nos chars des jeunes filles et des jeunes gens de Brientz. Nous connoissions la réputation des habitans de Brientz pour le chant, elle ne se démentit pas, ils chantèrent des airs suisses pleins de sensibilité et de mélodie. A chaque instant notre étonnement redoubloit. Tous faisoient des parties admirables, et notre conducteur des basses que la science auroit revendiquées. La nuit approchoit. Nous étions pleins de l'impression que nous avoit causée ce beau pays, et ces voix douces et harmonieuses emportées sur des chars légers, et ces chants si purs et si mélodieux, lorsqu'à Brientz les jeunes filles du village nous entourèrent; il étoit nuit, elles tenoient toutes des flambeaux à la main, le village étoit réuni tout entier sur les bords du lac dont la lune argentoit les eaux. Six jeunes filles chantoient le Ranz des vaches, la Tyrolienne et d'autres airs de la Suisse. Cette belle nuit, ces beaux chants, l'état délicieux où se trouvoient nos ames, je ne sais quoi d'heureux et de doux répandu sur tous les visages nous faisoient croire aux beaux jours de la Grèce dans l'île de Mitylène ou de Lesbos. Notre jeune batelier Petro, qui avoit servi six ans en Espagne, et qui avoit l'air et les manières d'un Languedocien, étoit notre interprète. Il témoignoit notre joie aux habitans de Brientz, et nous répétoit leurs discours. Nous les avions entendus sans es comprendre. Il y a dans la musique je ne sais quoi qui met les âmes de tous les pays en communication. Par elle il n'y a plus d'étrangers dans aucun pays que ceux qui le sont au sentiment. Au moment où nous montions sur notre bateau, les jeunes filles et les jeunes gens de Brientz vinrent se placer sur une terrasse, et nous exprimèrent leurs adieux dans un chant qui nous peignoit leur regret de nous voir partir. Nous leur répondions du bateau en répétant leurs airs. Le léger bruissement des rames, la douce clarté de la lune, l'air que nous respirions, ces chants, tout nous paroissoit l'effet d'un enchantement. L'art n'a rien produit de plus délicieux que cette fête, disions-nous. Nous avons vu se réaliser les rêves des poëtes. O vallée d'Oberhasli, lac de Brientz, puissions-nous vous revoir un jour ! Non, l'homme n'est pas fait pour être toujours étranger à l'homme. La terre est vraiment un lieu d'exil, puisque dans tous les lieux où l'on va on emporte toujours le regret du lieu où l'on n'est plus. Nous avons quitté la France avec douleur, nous sommes attendris en nous éloignant de Brientz; l'homme sent partout le besoin d'un lieu où l'on puisse aimer et connoître sans crainte de séparation. Nos cœurs étoient remplis de la plus douce émotion, et les yeux tournés sur Brientz, nous lui fîmes un long adieu. C'est alors au bruit des rames, à la douce clarté de la lune, que nous reparlâmes de notre voyage. Nous nous félicitions de ce que nous avions vu, et du bonheur de l'avoir vu ensemble.

Nous revînmes à Morat, et à Morat nous prîmes la

route de Fribourg. Les campagnes se ressentent encore du voisinage du canton de Berne, elles sont très-bien cultivées à Courgevaux, et l'on croiroit à peine qu'on vient de quitter Berne, si les manières ouvertes des habitans, leur bonté, leur simplicité, et surtout leur désintéressement ne faisoient reconnoître le canton de Fribourg. Les Bernois sont orgueilleux, ils aiment l'or et le pouvoir, et ils oublient la maxime de Platon, que pour rendre heureux un état, il faut lui donner non des richesses, mais des vertus. L'aspect de Fribourg nous saisit. La piété des Fribourgeois plus que leur bon goût a placé des images du Christ à toutes les portes de leur ville, mais ces figures coloriées n'offrent que l'idée de la mort et du supplice, et inspirent de l'effroi sans attendrir. La ville est de tous les côtés enceinte de murailles et garnie de tours. Plusieurs couvens, plusieurs églises sont placés sur les hauteurs. Ce n'est plus Berne. Tout étoit riant et facile aux environs de Berne. Ici le terrain est tourmenté, et l'aspect du pays très-sauvage. La route passe à côté des bois de sapins, mais ils sont tristes. C'est l'aspect d'une ville du moyen âge. Fribourg a conservé sa religion, sa simplicité et ses mœurs. La vue d'une ville catholique nous fit une vive impression. Le Jura, limite de notre patrie, que nous avions aperçu avant Morat, nous avoit causé une émotion profonde. Amour sacré de la religion et de la patrie, liens plus forts que tous les autres, besoin invincible des âmes généreuses, pourquoi tous les hommes ne ressentent-ils pas tes effets? Les montagnes de Gruyères vinrent nous rappeler les souvenirs de la chevalerie. Ces souvenirs si doux se plaçoient très-bien dans ce pays qui ne forme qu'un rideau de coteaux verds depuis Bull jusqu'à Châtel. Dans le canton de Fribourg on faisait le siége du château d'amour : on élevait une forteresse en bois ornée de chiffres de dévises. Les jeunes filles du pays défendaient le Donjon que les jeunes gens assiégeaient. Le signal de l'attaque était des airs d'amour. Les armes étaient des fleurs, et quand le château les avait épuisées, il arborait le drapeau blanc et capitulait. Chacune des Amazones choisissait un vainqueur et sa rançon était un baiser. Les assiégeans montaient à cheval, et se promenaient dans les rues au bruit des fanfares, les dames les couvraient de feuilles de roses, et avec la nuit commençaient les illuminations, les bals et les festins. A Châtel nous revîmes le lac de Genève. Le temps était très-sombre, il pleuvoit, la nuit approchoit, à peine si nous pûmes distinguer les bois de sapins qui s'élevaient au-dessus de nous, et le torrent, qui, encaissé entre deux montagnes, roulait au fond de la vallée. Les nuages se formoient sous nos pieds et sur nos têtes, et nous voyions dans le lointain briller sur le lac les feux de la rive de la Savoie.

Nous revînmes en Suisse en 1815, à l'époque fatale des cent jours ; tout était changé : le trouble régnoit dans ces délicieuses vallées ; tous les Suisses couroient aux armes, et le sang couloit sur les bords du beau lac de Genève, près des rochers de Meillerie. Ces barques qui ne semblent destinées qu'à des fêtes, étoient remplies de blessés. Les Tyroliens venoient de rencontrer des malheureux Français qu'on traînoit encore au nom de la gloire et de la patrie, loin de la France et contre leur Roi.

FIN.

NOTES
DU
VOYAGE DANS LA VENDÉE.

La proclamation suivante fera juger des intentions des généraux vendéens dans la première guerre.

Le ciel se déclare pour la plus sainte et la plus juste des causes. Le signe sacré de la croix de Jésus-Christ et l'étendard royal l'emportent de toutes parts sur les drapeaux sanglans de l'anarchie. Maîtres des cœurs et des opinions, plus encore que des villes et des hameaux, qui nous donnent les doux noms de pères et de libérateurs, c'est maintenant que nous croyons devoir proclamer hautement nos projets et le but de nos communs efforts. Nous connoissons le vœu de la France, il est le nôtre : c'est de recouvrer et de conserver à jamais notre sainte religion catholique, apostolique et romaine ; c'est d'avoir un roi qui nous serve de père au dedans et de protecteur au dehors. Et c'est nous qu'on appelle brigands sanguinaires ! Nous qui, fidèles à nos principes de religion et d'humanité, avons toujours aimé à rendre le bien pour le mal, à épargner le sang de ceux qui versoient à grands flots celui de nos frères, de nos parens et de nos amis ! Que la conduite de ceux qui se disent patriotes soit mise en parallèle avec la nôtre : ils égorgeoient nos prisonniers au nom de la loi ; et nous avons sauvé les leurs au nom de la religion et de l'humanité.

A Bressuire, ils ont coupé par lambeaux des hommes qu'ils

avoient pris sans armes pour la plupart, tandis que nous traitions comme des frères ceux que nous avions pris les armes à la main; tandis qu'eux-mêmes pilloient ou incendioient nos maisons, nous faisions respecter, de tout notre pouvoir, leurs personnes et leurs biens; et si, malgré tous nos efforts, quelques dégâts ont été commis dans les villes que nous avons acquises pour notre roi, Sa Majesté très-Chrétienne Louis XVII, nous en avons pleuré amèrement; nous avons puni avec la plus éclatante sévérité les désordres que nous n'avions pu prévenir. C'est un engagement formel que nous avons contracté en prenant les armes, et que nous remplirons au péril de notre vie; ainsi la France va être désabusée sur les mensonges aussi impudens que perfides de nos ennemis..... Elle l'est depuis long-temps. Notre conduite à Thouars est connue. Cette ville, prise d'assaut, comme presque toutes celles où nous sommes entrés jusqu'à ce jour, puisque deux mille soldats de l'armée catholique avoient pénétré par la brèche lorsque l'ennemi capitula, est un exemple frappant de notre douceur et de notre modération. Patriotes, nos ennemis, que nous opposerez-vous encore ? Vous nous accusez de bouleverser notre patrie par la rébellion, et c'est vous qui, séparant à la fois tous les principes religieux et politiques, avez les premiers proclamé que l'insurrection est le plus saint des devoirs; et, d'après ce principe, qui nous justifierait à vos yeux, si la plus juste cause avoit besoin d'être justifiée, vous avez introduit à la place de la religion, l'athéisme; à la place des lois, l'anarchie : à la place d'un roi qui fut notre père, des hommes qui sont nos tyrans. Vous nous reprochez ce fanatisme de la religion, vous que le fanatisme d'une prétendue liberté a conduit au dernier des forfaits; vous que ce même fanatisme porta chaque jour à faire couler des flots de sang dans notre commune patrie. Ah! le temps est enfin arrivé où les prestiges d'un faux patriotisme vont disparoître; le bandeau de l'erreur est à moitié déchiré. O nos concitoyens! jugez-nous et jugez nos persécuteurs. Qu'ont-ils fait ? Qu'ont fait vos représentans eux-mêmes pour votre bonheur et pour le bien général de la France, qu'arracher de vos cœurs les principes de votre foi, que s'amasser d'immenses trésors au prix de vos larmes et de votre sang, que porter la désolation, en traînant par force, au milieu des camps et des combats, vos enfans, vos frères et vous-mêmes, qu'ils n'ont pas craint d'exposer à mille morts pour assouvir leur rage contre le trône et l'autel ; et pour s'assurer l'impunité de leurs forfaits, ils ont enlevé à la charrue de paisibles cultivateurs, dont les bras assuroient à la patrie sa subsistance et sa vie. Ouvrez donc enfin les yeux, ô Français ! Rendez-vous à nous, rendez-vous à vous-mêmes ! Eh ! ne seriez-vous donc plus ce peuple si doux, généreux, fidèle à sa religion, idolâtre de ses rois.

Le peuple de Clovis, de Charlemagne, de Saint-Louis, de Louis XII, de Henri IV et de Louis XIV enfin, dont le fils, ce jeune et tendre rejeton de la famille auguste des Bourbons, prêt à observer les dernières volontés d'un père qui mourut en pardonnant à ses bourreaux, vous ouvre son âme, et brûle du désir d'être heureux de votre bonheur ! seriez-vous insensibles à ce langage ? Seriez-vous sourds à la voix de la religion, qui, depuis trop long-temps la proie des corps ravisseurs, redemande aujourd'hui ses véritables et légitimes pasteurs ? Non sans doute, vous êtes nos amis, nos frères ; nous ne sommes qu'un seul peuple, disons mieux, qu'une même famille. Nos misères, nos jouissances nous sont communes ; réunissons donc nos efforts sous l'égide du tout-puissant, sous la protection d'un père commun. Épargnons le sang des hommes, et surtout celui des Français. Il n'est plus aujourd'hui de place dans l'état pour ces êtres froids et égoïstes qui, languissant dans une honteuse oisiveté, affectant une coupable indifférence pour l'intérêt général, se tiennent à l'écart, prêts à s'engraisser des débris de la fortune publique et des fortunes privées. Deux étendards flottent sur le sol français : celui de l'honneur et celui de l'anarchie. Le moment est venu de se ranger sous l'un de ces drapeaux ; qui balance est un traître également redoutable aux deux partis. Marchons tous d'un commun accord ; chassons ces représentans infidèles, qui, abusant de notre confiance, n'ont employé jusqu'ici qu'à des disputes stériles, à des rixes indécentes, à des luttes déshonorantes pour le nom français, un temps qu'ils devoient employer tout entier à notre bonheur. Chassons ces représentans parjures, qui, envoyés pour le maintien de la monarchie, qu'ils avoient solennellement jurée, l'ont anéantie et renversé le monarque innocent sur les marches sanglantes d'un trône où ils règnent en despotes ; chassons enfin ces mandataires perfides et audacieux, qui, s'élevant au-dessus de tous les pouvoirs connus sur la terre, ont détruit la religion que vous vouliez conserver ; créé des lois que vous n'avez jamais sanctionnées, disons mieux, que vous eussiez rejetées avec horreur si votre vœu eût été libre ; ont fait du plus riche et du plus florissant des royaumes un cadavre de république, objet de pitié pour ceux qui l'habitent, et d'horreur pour les peuples étrangers. Que ces arbres dépouillés de leur verdure, triste image du trône dépouillé de sa splendeur, que ces vains emblêmes de la licence tombent dans la poussière, et que le drapeau blanc, signe de bonheur et d'allégresse pour la France, flotte sur les remparts de nos cités et sur les clochers de nos fidèles campagnes.

C'est alors qu'oubliant nos pertes mutuelles, nous déposerons nos armes dans le temple de l'éternel ; c'est alors que, terminant une guerre dont les défaites et les triomphes réciproques ne sont que de vraies calamités pour notre mère-patrie, nous proclamerons, avec la paix de la France, le repos de l'univers ; c'est alors que, confondant dans l'amour du bien public tous nos ressentimens personnels, et jusqu'à nos moindres sujets de mécontentemens réciproques, de quelque parti, de quelque opinion que nous nous soyons montrés, pourvu que nos cœurs et nos mains n'aient pas trempé dans le crime, nous nous réconcilierons, nous nous unirons tous au sein de la paix, pour opérer le bien général et donner à la France, avec son roi, son culte catholique, le bonheur qu'elle attendit en vain de ces représentans infidèles. Tels sont, nous osons le répéter et le proclamer hautement, tels sont nos vœux, tels sont les vœux de tous les Français. Qu'ils osent le manifester et la France est sauvée.

Fait au quartier-général, à Fontenay-le-Comte, ce 27 mai, l'an premier du règne de Louis XVII,

Signé de BERNARD DE MARIGNY, DESESSARTS, DE LA ROCHEJAQUELEIN, LESCURE, DUHOUX, D'AUTERIVE, DONNISSAN et CATHELINEAU.

Il est bon de faire voir comment les ennemis de la Vendée considéroient alors cette guerre :

LES brigands, dit le citoyen Bruslé, occupent dans ce moment une partie du territoire de six départemens....... Le point central est à Chemillé, Mortagne et Chollet..... Ils ont rassemblé dans cet endroit leurs approvisionnemens de réserve, qui consistent principalement dans des troupeaux de bœufs qui paissent dans des prairies..... On ne sauroit évaluer le nombre des révoltés ; il est à peu près égal à la population de ces contrées, car ils forcent tout le monde de marcher. Leurs armées sont de 20 à 25 mille hommes (le citoyen Bruslé auroit du dire de 30 à 40 mille); ils sont armés de fusils de chasse, n'ayant ni sabres, ni baïonnettes. Ils n'ont de fusils de munition que ceux qu'ils ont pris sur les patriotes ; la majeure partie est armée de fourches, broches, bâtons ; ils ont une trentaine de pièces de campagne, mais ils n'ont pas de pièces de position. La poudre de guerre leur manque souvent.... Les brigands n'ont aucune espèce d'organisation militaire ; ils n'ont ni régimens, ni grades d'officiers, ni plan de campagne (cette dernière assertion est inexacte) ; ils marchent en colonnes de trois à quatre hommes de front, dont la tête est dirigée par un des chefs, qui seul connoît le point où il doit les conduire. Quand ils combattent, ils se cachent dans des genêts (dans la plupart des batailles qu'ils ont livrées, ils se sont battus en rase campagne et à découvert). On voit d'abord paroître de différens côtés quatre à cinq hommes qui se glissent le long des haies et des fossés, et tâchent de s'approcher le plus près possible sur les soldats qui étoient en avant de ces lignes; le reste de leurs troupes arrive ensuite, courant avec rapidité sans conserver aucun ordre de bataille, et jetant de grands cris à la manière des sauvages ; ensuite ils s'étendent à droite et à gauche pour envelopper nos troupes, etc. »

L'inexplicable Vendée existe encore, disoit Barrère, et les efforts des républicains ont été jusqu'à présent insuffisans contre les brigandages et les complots de ces royalistes... Ces petits succès de la part de nos généraux, ont été suivis de grandes défaites : trois fois victorieux dans de petits postes, chacun d'eux a été vaincu dans une forte attaque.... L'armée, que le fanatisme a nommée *catholique et royale*, paroît un jour n'être pas considérable, elle paroît formidable le lendemain. Est-elle battue, elle devient comme invisible ; a-t-elle du succès, elle est immense. La terreur panique et la trop grande confiance ont tour à tour nombré avec une égale exagération nos ennemis. C'est une sorte de prodige pour des imbéciles ou des lâches : c'est un rassemblement très-fort, mais non pas invincible pour un militaire ; c'est une chasse de brigands, et non une guerre civile pour un administrateur politique. Cette armée catholique, qu'on a portée long-temps à 16, 25, 30 mille, est aujourd'hui, par le rapport des représentans, d'environ cent mille brigands.... Jamais, depuis la folie des Croisades, on n'avoit vu autant d'hommes se réunir spontanément, qu'il y en a eu tout à coup sous les drapeaux de la liberté, pour éteindre à la fois le trop long incendie de la Vendée.... On n'a pas su, on n'a pas pu en tirer le parti convenable pour frapper un grand coup et faire une guerre d'irruption, au lieu d'une attaque de tactique. La terreur panique, qui a toujours perdu et vaincu sans retour les grandes masses, la terreur panique a tout frappé, tout effrayé, tout dissipé comme une vaine vapeur.....

..... La Vendée a fait des progrès par l'insuffisance des troupes envoyées par le choix des généraux traîtres ou ignorans, par la lâcheté de quelques bataillons étrangers.... par l'insatiable avarice de nos armées, qui agiote sur la guerre, qui spécule sur les batailles perdues, qui établit ses profits sur les malheurs de la patrie, qui contrarie les dispositions militaires pour en prolouger les bénéfices, et qui s'enrichit sur des monceaux de morts.....

C'est donc sur la Vendée que vous devez porter toute votre attention, toutes vos sollicitudes; c'est dans la Vendée que vous devez déployer toute l'impétuosité nationale, et développer tout ce que la république a de puissance et de ressources... Enfin, chaque coup que vous porterez à la Vendée, retentira dans les villes rebelles.... La Vendée, et encore la Vendée, voilà le charbon politique qui dévore le cœur politique : c'est là qu'il faut frapper.... D'un coup d'œil vaste et rapide, vous verrez dans ce peu de paroles tous les vices de la Vendée : trop de représentans, trop de généraux, trop de division morale, trop de division militaire, trop d'indiscipline dans les succès, trop de faux rapports dans les récits des évènemens, trop d'avidité, trop d'amour de l'argent et de la durée de la guerre, dans une grande partie des chefs et des administrateurs.

C'est surtout dans les écrivains de notre vieille France qu'on voit ce qu'elle a été. Le récit suivant peint mieux que tout ce qu'on pourroit dire, la loyauté et la simplicité de ces temps si méconnus aujourd'hui.

De la grant et honnête amour qui fut entre le seigneur de la Tremoille et une jeune Dame, et comment le mari de ladite Dame les retira par doulceur de leurs folles affections.

En l'âge de dix-neuf ans il prinst accointance avec un jeune chevalier de l'âge de vingt-trois ans, marié à une fort belle dame qui avoit dix-huit ans, lesquels tous deulx ne veulx nommer. L'amitié devint si grant entre les deux jeunes seigneurs que le chevalier vouloit toujours estre en la compagnie de la Trémoille, et la Trémoille en la sienne. Souvent ce chevalier le menoit passer le temps en son château.

La Tremoille s'acheminoit vers sa vingtième année; lors on estoit au gracieux moys de May, (moys qui comme on sait) esjouit toute la nature et l'esmeut au plaisir. Amour prinst donc une de ses sagettes dorées, et la descocha droit au cœur de la Tremoille. Par bonne fortune, icelle sagette ne fit que le toucher : mais tant sagettes d'amour sont acérées que blessure elles font toujours. Or, pensez si celle-ci fût entrée dans son cœur où il en estoit ! Pour en avoir esté tant seulement attaint, pensers tristes, soupirs et désirs brûlans vinrent l'accueillir. La nouvelleté du mal pour lui estoit bien estrange. Amour ne fut content qu'il n'eust navré aussi le cœur de la jeune dame. Pourtant tous deux avoient encore devant les yeux vergogne et honnesteté, et point n'y céderent.

La pauvre dame (je dis pauvre d'amoureux confort) demeuroit tous le long du jour dans sa maison sans rien faire ; au moyen de quoy les pensées croissoient immodérément au jardin de son cœur ; une pâleur de tristesse vint saysir son visage ; ses yeux changèrent leurs doulx regards ; son repos n'avoit patience ; ensorte qu'elle fut contrainte de gésir au lit malade, non de fièvre, mais d'autre maladie. Son espoux voulut la conforter, et fit venir medecins experts. Ils n'eussent pu cognoistre son mal au poulx, ains à ses soupirs chauds et véhéments. La Tremoille de son costé maigrissoit à vue. Le chevalier le voyant solitaire et tout pensif, lui demandoit ce qu'il avoit et s'il étoit amoureux. La Tremoille en rougissant lui disoit que non ; sa contenance contrariant sa parole, le rendoit coupable. Le chevalier qui estoit assez mondain, et qui avoit un grant esprit, se apperçut qu'ils changeoient de couleur l'un devant l'autre, et se déroboient à table et ailleurs amoureux regards.. Tant il observa que se doubta où estoit le mal de la dame et de son ami. Lors sans rien faire semblans de rien, voici comment il s'y prinst.

Après s'être couché près de sa femme, au lieu de dormir, se mest à deviser avec elle de ses jeunesses et bons tours qu'il avoit fait avant son mariage, luy disant « que c'estoit la plus grant nème du monde qu'amour, qu'il se doubtoit que le seigneur de la Tremoille estoit amoureux, ne savoit de que personnage, mais que la dame seroit fort heureuse qui de lui seroit parhonneur aimée.... Et, si je savois (ajouta-t-il) en quelle dame il a mis son cœur, je laysserois le chemin de mon repos, et prendrois celui de son labeur, car il le vaut?.... Et si c'estoit de moy (dit la dame) que diriez-vous? — Je dirois que vous valez bien d'estre aimée; mais je pense qu'il a si loyal cœur qu'il ne voudroit maculer notre lit pour chose du monde, qu'il cognoist la perfection de vos vertus, et l'arrêt d'amour qu'avez fait en moi : je vous prie, ma mye, s'il est ainsi, qu'il ne me soit rien celé.... — Ma mye, (répliqua le chevalier) nous trouverons moyen de lui donner allégeance par ce que je vous dirai. Demain après disner irai avec mes serviteurs en tel lieu sans retourner jusques au soir; cependant irez à sa chambre, et luy porterez une lettre que je ferai, vous offrant par mon congée à sa meray. Si je ne vous connoissois sage, prudente et chaste, ne vous baillerois cette liberté, laquelle pourriez prendre; mais il me semble que autre moyen n'y a pour le guérir de son mal..... En tenant ces propos, après auteurs hounestes baysers, le chevalier s'endormit, mais non la dame, laquelle passa le reste de la nuit en larmes, qui lavèrent son cœur de l'infection de ses amoureux pensemens.

Le chevalier se leva matin, et renouvella à son épouse en briesves paroles, leur délibération de la nuit, et fit une lettre.

Après la messe ouïe, le chevalier, la dame et le seigneur de la Tremoille disnèrent. Le disner fait, le chevalier dit à la Tremoille qu'il vouloit aller à une sienne maison pour quelque affaire, et que le soir seroit de retour. La Tremoille offrit et pressa le chevalier de lui tenir compagnie, ce qu'il refusa. Sa lettre baillée à son épouse, il monta à cheval pour aller où avoit dit en présence de son ami et de sa femme, lesquels hors du danger des serviteurs qui souvent disent plus qu'ils ne savent, se retirèrent seuls en la chambre de la dame, où elle, toute honteuse, lui demande : « Comment vous est-il allé cette nuit? — Assez mal (respondit la Tremoille); car je l'ai passée en soupirs et en songes... — Et moi l'ai accompagnée de larmes et de pleurs; car mon mari cognoissant notre amour m'en a bien avant parlé, non comme jaloux de vous, mais comme du plus grant ami qu'il ait. Son interest mis arrière, et mon honneur oublié, il m'a prié de vous mettre hors des lacs d'amour desquels vous et moy sommes étroitement liez; et il m'a chargé de vous bailler cette lettre. Ledit Seigneur fut tout ébahi de tels propos qu'il perdit la parole; car tant aymoit le chevalier qu'il eust bien voulu mourir pour luy en juste querelle; et la bourse ouverte par le commandement du cueur, après s'estre par les yeux deschargé de ses soupirs, prinst et leut la lettre qui suit.

Lettre du Chevalier au Seigneur de la Tremoille.

« Je n'ai moindre vouloir de te bien servir, mon cher sei-
» gneur, que de trouver remède à ton mal. Nul au monde
» plus que moy ne sembloit savoir de ton cœur les secrets.
» Ains par deffaut de conseil a rendu désespérable un mal
» lequel s'est advenu depuis peu. Tu as aux grâces de ma
» femme tes yeux ouverts, et as pensé que ne fut jamais plus
» belle créature. Songe donc qu'il t'appartient d'avoir entière
» dame, et que avecques femme d'autruy un seul plaisir est
» suivy de cent douleurs. Pas ne vas croire que, par jalousie,
» en crainte j'en vouloisse mettre. Sans doubter on peut le
» voir, puisqu'en ta puissance ce qui m'est le plus cher au
» monde je laisse : jouis-en donc sans dangé, si tous deux
» connoissez que cela seul te puisse guérir. Mais las! quand
» tu auras joui de tes amours, tu les hayras; car cette suite
» à tout amour désordonné, et moy, mon ami, aurai perdu
» mon épouse, et de douleur mourray. Vois, comme à toi
» je me donne, et combien je t'aime. Ce papier te dira ce
» que ma bouche n'eût sceu prononcer... »

Cette lettre ne fut pas lue par la Tremoille sans donner repos à sa langue, pour descharger son triste cœur d'angoisseuses larmes, et pas moins n'en faisoit la dame. Cette lettre eut telles vertus que toute folle amour fut chassée. Raison ouvrit leurs intellectuels yeux pour cognoistre l'honnesteté et prudence du chevalier leur inconsidération et dépravée entreprise.

Devers le soir la Tremoille monta sur une haquenée, et seul s'en alla au-devant du chevalier, lequel il rencontra à une lieue près. Lors firent aller les serviteurs en avant, et eux demeurés loin derrière, la Tremoille se excusa au mieulx qu'il lui fut possible, l'assura par serment que sa lettre avoit été la médecine de sa plaie, et que quelque amour qu'il eust à son espouse, estoit tant honneste qu'il eût mieulx aimer mourir que maculer la foi de leur mariage; car sa passion sensuelle vouloit ce que raison lui deffendoit. En ce propos arrivèrent au chasteau où ils trouvèrent le souper prest, et la dame avec autres gentilshommes qui les attendoient. La Tremoille fut contrainct par le chevalier de se asseoir devant la dame. Ils cognent leurs contenances toutes changées, et qu'ils avoient mis arrière leurs amoureuses fantaysies. Après souper il yeut tambourins et instrumens. Ils dansèrent, et en divisèrent assez tard; et puis chacun se retira en sa chambre.

Le lendemain vinrent nouvelles certaines au seigneur de la Tremoille que son père estoit grièvement malade et près de la mort; ce qu'il déclara au chevalier et à sa femme; après quoi, non sans regrets et sans pleurs versées, il partit. L'épouse du chevalier fut long-temps toute honteuse, et ne passoit pas ung jour qu'en considérant le danger où s'estoit mise, ne jectât quelques larmes de desplaisir; ce qui la rendit si très-sage et bonne quelle passoit toutes les autres; et pour une vertu qu'elle avoit eu auparavant, elle en recouvra deux, avoir est, chasteté et humilité.

NOTES
DU VOYAGE
dans
LE MIDI DE LA FRANCE.

Un voyageur arrive à Bordeaux au temps des Romains, sous le règne de Gallien.

» Une muraille environne la ville. Nul édifice de l'intérieur ne s'élève au-dessus; rien ne la domine que quelques sentinelles qui, debout appuyées sur leur longue lance et l'œil tourné vers le castrum de Blaye, signalent du haut des tours l'arrivée des voiles romaines. A droite et à quelques pas de l'enceinte s'élève le temple du dieu tutélaire. Ses hautes colonnes, leurs chapitaux corinthiens, ses cariatides et les arcades qu'elles supportent, se répètent dans les eaux; et du milieu du fleuve le nautonnier découvre sous les cintres supérieurs l'azur des cieux, tandis qu'entre les colonnes il aperçoit la foule franchissant à l'orient les vingt et un degrés du sanctuaire. Il voit fumer l'encens du sacrifice, ses vœux se mêlent aux vœux de la cité hospitalière.

Plus loin sont bâtis les palais des grands et des riches, ces somptueux édifices ornés de statues et de colonnades, dont un jour les superbes débris feront donner le nom de *plaine d'or* (le Campaure) au sol où on les aura retrouvés. A gauche remarquez le temple de Jupiter; il est reconnoissable à sa noble architecture. L'édifice en face est celui des Termes.

Au delà de ces constructions de tout genre, une longue suite de tombeaux nous indiquent la route *de Noviomagne*. Dans les campagnes voisines s'étendent de côté et d'autre les vignes, les villages commerçans. Là bas, à l'endroit même où la verdure semble se confondre avec le ciel, ces maisons que vous voyez blanchir sous le feuillage, sont celles de *Villanova* et de Sarcignan, les unes romaines, les autres gauloises. Entre Villanova et la cité, vous découvrirez les arcades de l'aquéduc construit aux frais de Secundinus.

Rapprochons-nous de la ville. Des deux côtés, autour des marais que la Garonne inonde deux fois le jour, les Vivisques ont élevé leurs modestes cabanes. Je parle de ceux qui n'ont point encore renoncé aux mœurs et aux usages de leurs pères. J'aime ces jolis toits de chaume, ces petits murs que rougit l'argile : ils me plaisent davantage ainsi rapprochés des brillantes demeures de l'opulence. Mais le long des rivages, quel singulier tableau s'offre à nos regards? La toge romaine, à côté du manteau de Biturge, le légionnaire des Césars, regardant passer le chasseur des dunes; et l'orgueilleuse Italienne, vêtue de sa longue tunique, souriant à la blanche Gauloise que couvre à peine un petit manteau de lin enrichi de quelques bandes de pourpre. Sur le fleuve, au milieu des légères nacelles du pays, s'élance avec majesté la galère romaine : je la reconnois à ses nombreux rameurs et aux dieux sculptés sur sa poupe. Ces autres navires bariolés de mille couleurs, sont ceux des Pictes. Plus loin, ces lourds vaisseaux, au large ventre et aux voiles couleur de brique, arrivent du port des Vénètes; ils conservent long-temps leur forme et leur voilure. A travers les cris et les voix qui se confondent sur les eaux et sur la rive, retentissent des mots celtiques, prononcés par une bouche romaine; et l'oreille entend des expressions qui déjà s'altèrent en passant sur des lèvres gauloises.

De l'autre côté du fleuve, sous l'ombre des cyprès et aux pieds des blancs rochers de Cenon, le druide, fier de voir l'étranger venir lui demander le rameau du départ, s'indigne pourtant d'un spectacle que ne virent point ses pères; il gémit, et il lit déjà dans l'avenir l'édit impérial qui proscrira son culte et ses dieux. »

M. le duc de Damas, envoyé par M. le duc d'Angoulême pour le représenter dans la partie occidentale des Pyrénées, dans les cent jours, fut puissamment secondé par M. l'abbé Eliçagaray, qui avoit quitté la France avec M. de Coucy, archevêque de Reims, et qu'il établit à Irun chef d'une correspondance secrète avec cette partie du midi. M. l'abbé Eliçagaray correspondoit principalement avec M. le baron de Garro, pour le Labour; MM. de Gestas pour le Béarn, et M. de la Folie d'Etcheparc pour la Navarre, etc. A Irun se trouvoient M. le comte Ferdinand de Berthier, M. le comte de Beaumont, M. le marquis de Saluces, M. Saint-Jean, maire de Saint-Jean de Luz, qui avoit reçu monseigneur le duc d'Angoulême et lui avoit donné mille preuves de son dévouement; M. le comte Blot de Chauvigny; M. de Ravignan, conseiller auditeur de la cour royale de Paris; M. Dupré, sous-préfet à Saint-Flour; M. Fabre, attaché à la maison de monseigneur le duc d'Angoulême. A Vittoria se formoit la légion de Marie-Thérèse. M. le duc de Damas, qui ne pouvoit vaincre la résistance de M. Thouvenot, commandant de Baïonne, résolut d'attaquer Baïonne. La garde nationale et toute la population étoient pour lui. Un coup de main pouvoit être tenté sans imprudence et décider du sort du royaume, quoique les officiers, qui s'étoient enfermés dans la citadelle, pussent faire quelque résistance. M. de Damas demanda à MM. Eliçagaray et Saint-Jean, s'il pouvoit compter sur deux à trois cents hommes du pays Basque; et à la voix de ces courageux amis des Bourbons, trois mille hommes se réunirent; alors M. de Damas envoya M. de Chauvigny pour sommer M. de Thouvenot de se rendre.

Le général Thouvenot hésitant, au retour des parlementaires, M. de Damas fit avancer M. le comte de Berthier vers le général pour connoître ses dispositions, et M. Thouvenot connoissant la détermination des Basques, dit de fort mauvaise grâce que les portes seroient ouvertes. L'ivresse à Baïonne fut générale; on ne peut rien comparer aux transports avec lesquels M. de Damas fut reçu.

La citadelle restoit au pouvoir des officiers, et l'on dut sa reddition à l'habileté, au courage de M. de Damas et de M. de Chauvigny, et aux offres réitérées des Basques de donner l'assaut.

Ces trois mille hommes faisoient partie de cette admirable population du pays Basque qui a toujours reconnu des chefs royalistes; et nous citerons parmi eux M. le baron de Garro, dont les ancêtres, par leur place, étoient chefs des milices du Labour, et lui-même avoit conduit à la gloire une foule de Basques qui avoient émigré pour aller avec lui combattre en Espagne; et dans les cent jours, ces Basques intrépides s'opposèrent à ce qu'on donnât un seul homme à Buonaparte. Deux hommes secondèrent puissamment M. le baron de Garro dans cette résistance, M. Franchisteguy, maire d'Alpasen, et M. La Ronde d'Itsasou, aujourd'hui capitaine d'une légion. M. de Saluces et M. de Beaumont, en rentrant en France, y rendirent des services signalés; M. de Gestas, de son côté, avoit préparé des volontaires en Béarn et en Navarre, et M. de la Folie, qui avoit une troupe toute prête, vint se plaindre de ce qu'on ne l'avoit pas employée.

Le clergé basque fut admirable, et parmi eux se distingua M. Bidegaray, curé de Saint-Pierre d'Irube.

NOTES

DU

VOYAGE EN SUISSE.

Nous voulions écrire sur la constitution des trois cantons de la Suisse que nous avons parcourus, Berne, Fribourg, Lausanne. Mais l'ouvrage de M. Raoul-Rochette qui vient de paroître, nous dispense de ce travail. Nous citerons ici les *Lettres sur la Suisse*.

La constitution de Berne est toujours aristocratique; mais elle l'est dans le véritable sens de ce mot, c'est-à-dire que le gouvernement est aux mains *des plus sages*, *des plus habiles*, et non pas seulement des plus riches et des plus nobles, comme cela étoit vrai avant la révolution. Je ne veux pas dire non plus que la naissance et la fortune soient devenues des titres d'exclusion; car, enfin, il n'est pas absolument impossible qu'un homme riche soit un homme ami de son pays; et il seroit peut-être par trop injuste d'ajouter au malheur d'une naissance illustre la privation des droits de citoyen. Mais toute distinction patricienne a été abolie, et la seule condition indispensable, pour siéger dans les conseils de la république, c'est d'être bourgeois et attaché à une commune, c'est-à-dire, de tenir au sol par la naissance et la propriété. Le conseil souverain, ou *grand conseil*, est composé de *deux cent quatre-vingt-dix-neuf* membres : c'est le même nombre que dans les temps antérieurs. Mais, sur ce nombre, deux cents places seulement sont réservées aux bourgeois de *Berne*, et les quatre-vingt-dix-neuf autres laissées aux habitans de la campagne ; c'est là le changement le plus considérable qu'ait éprouvé la constitution de *Berne*, dont la bourgeoisie formoit autrefois le conseil exclusif de la république. Ainsi dans l'état actuel des choses, et en supposant que les élections de la ville soient toutes dans le sens aristocratique, résultat qui n'est guère probable, ni même possible, l'élément démocratique entre pour un tiers dans le gouvernement, ce qui donne assurément au peuple une part assez libérale. Les charges de ce conseil sont à vie, comme par le passé, et l'on attend de même, pour remplir les places vides que la mort y a faites, que le tiers environ de ces places soit devenu vacant, ce qui suppose un espace de dix ou douze ans au moins. L'expérience de plusieurs siècles a sans doute démontré aux Bernois qu'il y avoit plus d'avantages que d'inconvéniens à cette mesure, qui, laissant toujours les élémens de l'autorité dans la même proportion, et les pouvoirs dans le même équilibre, assuroit aux conseils plus de stabilité, de calme et de maturité, et éloignoit à de longs intervalles les accès de cette effervescence populaire, toujours dangereuse, même dans une république, et que nous nommons chez nous la fièvre électorale. Ainsi ces républicains, qui ont un si long usage de la liberté, craignent de la commettre au retour fréquent des élections, et nous..... Permettez-moi, mon cher ami, de ne pas achever ce parallèle.

Vous vous rappelez sans doute combien anciennement l'approche de ce renouvellement du tiers du *grand conseil* excitoit de trouble et d'agitation à *Berne*; que de brigues secrètes ou publiques, que d'engagemens formés et rompus, que de mariages improvisés, que de frais et d'intrigues de toute espèce. Cinquante nominations à peu près étoient assurées d'avance à des fils, à des parens, à des cliens, parce qu'un certain nombre de magistratures donnoit le droit à ceux qui en étoient revêtus, de nommer, ou plutôt de désigner un des nouveaux conseillers. Les quarante autres places, ou environ, étoient emportées par les intrigues dont j'ai parlé, lesquelles étant circonscrites dans l'espace de quelques heures, regagnoient en activité ce qu'elles perdoient en durée. Mais aujourd'hui, et c'est encore là un changement remarquable, tout ce grand mouvement ne sauroit plus avoir lieu : le droit d'élection a été retiré aux magistrats et rendu au peuple, qui l'exerce de la manière que je vais dire.

Le canton est divisé en bailliages, ou, comme on parle maintenant, en préfectures ; car, attendu que ce titre de bailli avoit vieilli avec le temps, il a bien fallu en substituer un plus moderne, et le peuple n'est pas moins facile ici que chez nous à se laisser mener avec des mots. Chacune de ces préfectures nomme *deux* députés au conseil souverain, chaque petite ville en nomme autant. Les élections se font, dans chaque commune, à la majorité absolue des suffrages des citoyens qui en sont membres, sur la proposition des syndics, préposés et autres officiers publics. Les conditions d'éligibilité sont d'être âgé de trente ans au moins, et de posséder dix mille francs de Suisse (quinze mille de notre monnoie). Le résultat de ces élections produit *quatre-vingt-six conseillers*, nombre bien suffisant, sans doute, pour représenter un si petit peuple, et d'un territoire aussi borné ; d'autant plus que ces élections, limitées chacune dans le ressort de leurs localités, ne risquent pas d'être perverties au gré d'influences ou de suggestions étrangères.

Il reste encore, pour compléter le tiers de la représentation nationale, seize places environ à remplir ; la nomination en est laissée au *conseil souverain*, qui les distribue à son gré, sans être gêné par aucune condition d'âge, de fortune ou de naissance ; il suffit, dans ce cas, d'être citoyen bernois pour fixer le choix du conseil. Une pareille latitude n'a sans doute été conçue par le législateur que dans des intentions extrêmement généreuses ; elle ouvre au mérite indigent, à la vertu roturière, aux talens précoces, la carrière des emplois publics, et cela de la manière la plus prompte, la plus honorable et la plus sûre, puisque, dans une république, il ne sauroit exister de distinction plus flatteuse pour un citoyen que le suffrage libre et volontaire de ses magistrats. Plusieurs choix de ce genre prouvent aussi que le sénat bernois s'est pénétré de l'esprit de sa constitution ; et il est clair qu'en les faisant il a plutôt déféré à l'opinion publique qu'à des suggestions privées. Mais comme les meilleures institutions pèchent toujours par quelque endroit, et que celles qui peuvent paroître irréprochables en théorie, sont souvent vicieuses dans la pratique, parce que ce sont des hommes et presque toujours des hommes passionnés qui les exécutent, il se pourroit bien que celle-ci fût sujette à quelques inconvéniens ; que, par exemple, des élections destinées à favoriser le mérite jusque dans les derniers rangs du peuple, ne se fissent plus qu'au profit des vieux préjugés, des prétentions surannées, et qu'ainsi une mesure propre à rendre le gouvernement plus populaire, ne tendît à fortifier, au contraire, les influences aristocratiques. Je suis loin, au reste, de penser que cela soit ; mais enfin j'ai dit que cela étoit possible, et personne, à coup sûr, ne me démentira.

Le *Grand Conseil* est l'assemblée législative du canton : il discute et promulgue les lois ; prend les mesures de police et de sûreté générale ; décrète les alliances, les traités ; nomme les ministres étrangers, les députés à la diète, et les officiers du contingent fédéral ; reçoit le compte et surveille l'emploi des revenus publics. Mais il n'exerce par lui-même aucune autorité sur les diverses branches de l'administration ; cette autorité est remise au *Petit Conseil*, dont les membres tirés du *grand* et nommés également à vie, sont véritablement les chefs de la République. Ces magistrats sont, comme par le passé, au nombre de vingt-sept, y compris les deux avoyers, qui en sont les présidens perpétuels, et qui se partagent les pouvoirs et les honneurs de cette dignité suprême. Le même esprit populaire, qui a modifié l'ancienne constitution, relativement à la forme du *Grand Conseil*, se fait aussi, par une conséquence nécessaire, remarquer dans la composition du *Petit*. Les habitans des villes et des campagnes sont aptes à y siéger, et l'on compte actuellement *deux paysans* dans le *Petit Conseil* : progrès qui peut paroître encore bien foible ; mais qui n'en est pas moins remarquable au sein d'une aristocratie qui fut long-temps aussi inflexible que celle de Berne, et qui, il faut bien en convenir, avoit acquis le droit de se croire en possession de la sagesse comme de la confiance de son pays.

Le *Petit Conseil*, ou Conseil d'Etat, est chargé de tous les détails de l'administration ; de la nomination à tous les emplois civils, judiciaires et militaires du canton ; de la perception et l'emploi des revenus. Il propose les matières qui doivent être soumises à la délibération du *Grand Conseil*, et y porte les projets de lois. Les affaires y sont discutées en commun et résolues à la majorité des voix ; ce qui n'empêche pas qu'il n'y ait des commissions spéciales, telle qu'un *Conseil secret*, chargé plus particulièrement de la police, des négociations, et en général des affaires dont la conduite exige plus de discrétion qu'on ne peut en attendre d'une discussion tumultueuse. Le *Conseil de guerre*, où se préparent les décisions relatives à la levée des troupes, les ordonnances concernant le service et la discipline militaire, forme encore au sein du Conseil d'état une commission particulière.

Les revenus de l'Etat sont considérables, relativement à ce qu'ils sont en d'autres cantons de la Suisse ; car nos habiles financiers ne les trouveroient guère en rapport avec la richesse réelle du pays. La plus grande partie de ces revenus consiste dans les biens que l'Etat même possède à titre de propriétaire, dans les fruits qu'il en retire, et dans les impôts qu'il y a établis, le *cens* et la *dîme* : encore ces derniers que l'Etat ne perçoit sur ses terres qu'à titre de propriétaire, comme je l'ai dit, sont-ils une redevance plutôt qu'un véritable impôt. Beaucoup de propriétés particulières sont effectivement dans le même cas, et le peuple préfère généralement en ce pays une taxe aussi modérée et dont la perception, toujours proportionnée à la récolte, est simple et facile, autant que les autres modes sont dispendieux et vexatoires. En France cependant, où l'on a une si grande horreur et une si juste appréhension de la dîme, il n'est pas rare de payer, bon an, mal an, le quart de son revenu : ne trouvez-vous pas cela bien raisonnable ?

Il y a aussi à *Berne* des impôts indirects ; les droits de péage, qui existoient dans l'ancien régime, ont été rétablis sous le nouveau, aussi bien que les douanes, dont le produit, m'a-t-on dit, ne laisse pas d'être considérable. Il faut convenir que le genre d'industrie qui de nos jours réussit le mieux, sinon aux peuples, du moins aux gouvernemens, c'est l'art d'augmenter ses revenus ; et j'avoue que c'est là à mes yeux un des résultats les plus sensibles des progrès de notre civilisation. Le gouvernement de Berne, quoique généralement peu favorable aux inventions modernes, ne me paroît cependant pas trop ennemi de celle-là ; et il semble que, de toutes les idées nouvelles, c'est celle qui l'enrichit le plus, dont il s'accommode le mieux. Ainsi, outre les anciens droits qu'il a rétablis, comme je l'ai dit, il en a créé un nouveau, celui du timbre, qui peut être une garantie de plus donnée aux transactions sociales, mais qui plus certainement encore est une source abondante de richesses pour le fisc.

Une autre concession que ce gouvernement, d'ailleurs si éclairé sur ses intérêts, me paroît faire aux idées du siècle, c'est le zèle avec lequel il propage l'aspect militaire dans son canton et dans les autres républiques helvétiques. Les événemens qui ont amené la chute de cet Etat lui ont sans doute fait sentir la nécessité d'une force militaire, entretenue sur un pied plus respectable, et exercée d'une manière régulière et permanente ; et il ne me conviendroit pas de blâmer des précautions trop bien justifiées d'avance par les revers qu'a éprouvés cette république. Toutefois, en laissant de côté la question principale que j'aurai peut-être occasion d'examiner ailleurs. Je ne sais s'il ne doit pas résulter à la longue, pour le canton de Berne, plus d'inconvéniens que d'avantages, de ces établissemens militaires. La milice du canton est composée de huit bataillons, forts chacun de huit cents hommes, en tout 6,400 ; ces bataillons sont exercés tour à tour à *Berne*, dont ils forment la garnison pendant un espace de temps assez court, six semaines, je crois ; et ils reçoivent une solde, seulement pendant la durée de ce service. Or, il me semble que, si la conséquence de ce séjour à Berne est de mettre plus d'ensemble et d'uniformité dans l'instruction militaire, et plus de régularité dans les manœuvres, elle doit être aussi de faire contracter à ces divers corps des habitudes et des vices de garnison peu compatibles avec les goûts et les occupations agricoles. Pour entretenir l'esprit public dans le canton, et c'est là, à vrai dire, la meilleure sauvegarde, est-il donc si nécessaire de concentrer tous les moyens d'instruction dans la capitale, au risque d'infecter la population des campagnes ? Et ne seroit-il pas plus naturel, plus sage, plus conforme aux anciennes maximes, qui étoient celles de la liberté, que le contingent de chaque commune fût exercé à la défense de ses foyers sans jamais les perdre de vue, à la réserve des officiers, qui ont évidemment besoin d'une éducation guerrière plus forte, et qui peuvent plus aisément se passer de mœurs que les soldats ! Le peuple de *Berne* est naturellement belliqueux : et l'esprit martial qui a présidé à la fondation de cet état, qui en a produit l'accroissement, et qui de nos jours en a si honorablement retardé la chute, est trop généralement répandu dans les premières classes de la société, pour qu'on doive craindre qu'il s'y affoiblisse jamais. Le service étranger offre d'ailleurs à la jeunesse bernoise ce moyen d'acquérir l'instruction pratique, qui lui manque dans ses foyers ; et cela suffit sans doute pour que la République ait toujours, au besoin, une excellente école d'officiers, comme elle trouvera, dans le peuple des communes, une pépinière de soldats, toujours d'autant plus prêts à se dévouer pour leur pays, qu'on les aura moins distraits des affections de famille qui les y attachent. L'erreur commune de nos jours est de vouloir *centraliser* tout, et l'on ne songe pas qu'en concentrant ainsi en une seule masse tous ces intérêts, on ne fait qu'isoler les individus ; car en des esprits bornés tels que ceux du peuple, l'idée de patrie ne peut jamais être que celle du champ que l'on cultive, du toit où l'on est né et de la famille qui l'habite. Plus cette idée si simple devient collective, moins le peuple y attache de sens ; et pour lui, elle perd nécessairement en force ce qu'elle gagne en étendue.

Lausanne possède quelques édifices du moyen âge qui

n'offrent rien de remarquable, si ce n'est le soin qu'ont pris les magistrats de les approprier à leur usage actuel : en cela bien différent de certains républicains qui commençoient par tout abattre, sauf à ne rien reconstruire ensuite. C'est ainsi que l'ancien château qu'occupèrent successivement les évêques de Lausanne et les baillis bernois, est devenu de nos jours le siége du gouvernement du canton de Vaud. La décoration intérieure de ce palais de la république m'a paru simple et noble ; et ce qui en fait le principal ornement, c'est la vue magnifique dont on jouit, de la salle où s'assemble le *Grand Conseil*, sur une partie considérable du *pays de Vaud* : il est si doux aux hommes sur qui repose la destinée de tout un peuple, d'avoir à chaque instant sous les yeux le tableau du bonheur public, et de contempler ainsi tout à la fois leur récompense et leur ouvrage !

Je dois dire, en effet, que je n'ai vu partout, dans le *pays de Vaud*, que des signe non équivoques d'une prospérité toujours croissante, et j'ajoute que j'en ai été d'autant plus frappé, que j'avois apporté à *Lausanne* des préventions défavorables. On m'avoit, presque partout en Suisse, représenté les Vaudois comme des partisans exclusifs des institutions populaires ; et, s'il faut le dire, comme des agens de discorde entre les vieux membres de la Confédération. La manière, peut-être blâmable à quelques égards, dont les Vaudois ressaisirent, en 1798, une indépendance long-temps opprimée par le sénat de *Berne*, avoit pu autoriser dans le principe cette opinion rigoureuse ; et peut-être qu'en effet il y auroit eu pour les Vaudois plus de dignité à défendre sous l'étendard de leurs anciens maîtres l'intégrité du territoire helvétique, sauf à réclamer, pour prix de ce service, une honorable et légitime indépendance, qu'à recevoir, en qualité de transfuges de la Confédération Suisse, la liberté de la main de ceux-là mêmes qui venoient pour la détruire. Mais le temps, cet éternel novateur des choses humaines, a dû emporter dans son cours et les vieux ressentimens et les nouvelles jalousies ; et ce n'est plus d'après l'origine de cette liberté, mais d'après l'usage qu'ils en font, que l'on doit juger les Vaudois d'à présent. Ne pourroit-on pas d'ailleurs, dans l'histoire même des cantons primitifs, trouver des exemples favorables à la cause des Vaudois, et l'affranchissement des quatre Waldstestet, n'étoit-il pas, au quatorzième siècle, aussi contraire aux idées féodales et aux droits de la maison d'Autriche, que l'indépendance du canton de Vaud a pu l'être de nos jours aux prétentions et aux droits des sénateurs de *Berne*. L'esprit qui a dicté et qui dirige la constitution actuelle du canton de Vaud, rédigée en 1814, a évidemment une tendance aristocratique, laquelle, contenue dans de sages bornes, ne peut qu'affermir et légitimer tout à la fois la liberté récente de cette république. Deux partis contraires forment ici l'opposition ; l'un, qui aspire à une constitution absolument démocratique, apprécie mal, à ce qu'il me semble, la situation d'un pays trop riche et trop éclairé pour que ses conseils soient livrés à l'effervescence des passions populaires ; l'autre, composé de l'ancienne noblesse, regrette le régime des Bernois, moins favorable peut-être à ses propres prérogatives, que contraire à l'égalité absolue des citoyens. Entre ces deux partis extrêmes, et trop foibles heureusement, même en se réunissant, pour balancer la salutaire influence du gouvernement, les députés et les magistrats du peuple vaudois suivent avec fermeté la ligne qui leur est tracée par la constitution. Les avantages d'une administration éclairée et active pénètrent dans toutes les classes de la nation, et y fortifient le patriotisme, en raison du bien être qu'ils y portent. Il est surprenant combien, en si peu d'années et avec des ressources si médiocres, ce gouvernement a fondé de grands établissemens d'utilité publique; des écoles élémentaires auprès de chaque commune ; des hôpitaux pour les malades et les aliénés ; des maisons de force et de détention, au lieu qu'auparavant les malades et les malfaiteurs étoient transportés à *Berne*, pour y être, les uns soignés, et les autres punis, au gré d'une administration étrangère ; des ponts et des routes superbes, et qui le disputent déjà aux plus beaux ouvrages en ce genre de la république bernoise: et plus que tout cela, des institutions agricoles qui perfectionnent de jour en jour la culture et développent l'industrie particulière au canton. Dans ce nombre, je citerai surtout l'établissement des laiteries communes qui, par la quantité d'excellens fromages qui en sortent annuellement, forment aujourd'hui l'une des principales branches de la richesse de ce pays, et menacent le canton de *Fribourg* d'une concurrence dangereuse.

Sans doute il seroit injuste de ne pas reconnoître que les bases de cette prospérité ont été posées plus anciennement par le gouvernement Bernois; et peut-être la mémoire des Vaudois s'est-elle montrée jusqu'ici plus fidèle aux injures qu'aux bienfaits de ces sévères tuteurs. Mais il est certain que, sous des mains dégagées de toute entrave, la culture de ce pays a fait des progrès rapides. La vie du corps social se manifeste ici par des mouvemens réguliers, par une activité soutenue, également éloignée du relâchement et de la turbulence; et les mots sacrés de *liberté* et de *patrie*, qui pourroient passer ailleurs pour une ironie cruelle, ou pour un éloge fastueux, ne sont pas seulement empreints ici sur la monnoie et sur le sceau de l'Etat, mais gravés dans le cœur et exprimés dans toutes les actions des citoyens.

L'autorité souveraine du canton de *Vaud* réside dans un *Grand Conseil*, composé de cent quatre-vingts membres, nommés pour douze ans, renouvelés par tiers et toujours rééligibles. Si ce renouvellement est contraire à l'autorité permanente d'un corps aristocratique, d'un autre côté, on ne peut qu'applaudir aux précautions prises par le législateur pour garantir la stabilité de l'Etat contre les fréquens assauts des élections populaires. Le peuple ne nomme directement au conseil que soixante députés, encore assujettis à certaines conditions d'âge, de domicile et de propriété. Soixante-trois autres membres sont nommés au scrutin secret et à la majorité absolue par le grand conseil lui-même, entre les candidats désignés par les assemblées électorales, et possesseurs d'une fortune mobiliaire quatre fois plus considérable que celle des premiers : c'est ce qu'on peut appeler le second degré d'élection. Enfin une commission électorale composée des membres du conseil d'état, de ceux du tribunal d'appel et de quarante membres du *Grand Conseil* désignés par le sort, élit avec les mêmes formalités, premièrement trente-six membres du conseil souverain, parmi tous les citoyens âgés de quarante ans et propriétaires de la même quantité d'immeubles précédemment indiquée ; et en second lieu, dix-huit autres membres, choisis pareillement entre tous les citoyens âgés de vingt-cinq ans, et qui ne sont soumis à aucune condition de fortune. Voilà donc quatre classes bien distinctes de citoyens, ou quatre degrés d'élection dans le conseil suprême de la république ; et il est facile d'apprécier le soin avec lequel ont été balancés les élémens de la représentation nationale, dans ce petit état républicain, de manière à ce que la partie aristocratique y conserve une prépondérance salutaire et une majorité certaine.

Ce conseil s'assemble tous les ans, le premier lundi de mai, à *Lausanne*, et sa session est d'un mois, sauf les cas où elle pourroit être extraordinairement prolongée. Tous les objets concernant la législation et l'administration publiques, l'établissement et la perception des impôts, la nomination des députés à la diète fédérale, et les instructions qu'ils y portent au nom du canton, l'institution des juges du tribunal suprême, et celle des membres du conseil d'état, lesquels continuent à siéger dans la représentation nationale, sont exclusivement dans les attributions du *Grand Conseil*. Ses séances ne sont pas publiques ; c'est sans doute afin que les lois qui en émanent ne soient pas décréditées d'avance dans l'esprit du peuple qui les reçoit, par l'affligeant spectacle des dissentimens et des passions de ses législateurs.

Un *petit Conseil* ou *Conseil d'Etat*, composé de douze membres pris dans le sein du *Grand Conseil*, est spécialement chargé de l'application des lois et de tous les détails de l'économie publique. Il institue ou révoque les magistrats secondaires, les agens du gouvernement, les chefs de la milice, et dispose de la force armée, pour la sûreté du canton et pour la répression des délits, sauf la responsabilité par-devant le *Grand Conseil*, laquelle n'est pas toujours ici un vain mot, mais une condition obligatoire imposée à tous les actes de sa gestion. Le Conseil d'Etat est divisé en quatre commissions : des finances, de l'intérieur, de la justice et police, du militaire et des travaux publics, dans chacune desquelles chaque membre passe alternativement trois années. Il résulte de cette distribution et de l'assiduité qui leur est commandée dans l'exercice de leurs fonctions journalières, que ces conseillers d'un petit État acquièrent nécessairement les lumières dont ils ont besoin, en même temps la considération dont ils jouissent. Il n'en est pas tout-à-fait de même dans telle grande monarchie, où l'importance des hommes se règle trop souvent d'après le salaire de leurs emplois, et où l'illustration des charges est quelquefois en raison de leur inutilité.

Le gouvernement de *Fribourg* est aristocratique ; mais il a subi, depuis la dernière révolution, des changemens importans que je vais indiquer brièvement, et qui sont nécessaires à connoître pour apprécier avec exactitude l'esprit public de ce canton.

L'autorité souveraine réside dans une assemblée de cent quarante-quatre membres, qu'on nomme le *grand conseil*. L'admission dans ce corps n'étoit accordée autrefois qu'aux familles patriciennes ; la constitution nouvelle, rédigée en 1814, a disposé, en faveur des habitans de la campagne, de quarante places dans le *grand conseil* : ainsi l'élément démocratique, jusqu'à ce jour exclu du gouvernement de *Fribourg*, y entre maintenant pour plus d'un quart. Les membres de ce conseil sont nommés à vie. A mesure qu'il s'y fait une vacance, le conseil lui-même nomme le nouveau membre, sur une présentation de trois candidats, lesquels sont désignés par les suffrages des habitans de la préfecture dont le membre décédé étoit le représentant au conseil. Mais le choix de ces candidats est soumis à une condition d'éligibilité indispensable : il faut qu'ils possèdent au moins vingt mille francs de biens. Le syndic présente à l'assemblée du peuple ceux qui peuvent remplir cette condition ; chaque citoyen donne son suffrage, et de cette manière se trouvent élus les trois candidats entre lesquels choisit le *grand conseil*.

Le *grand conseil* discute et règle tous les objets d'administration générale ; mais l'exécution de ses décrets et tout l'exercice du gouvernement sont confiés au *petit conseil*, lequel se subdivise en deux sections composées chacune de treize membres. La première section, qu'on nomme le conseil d'état, est, à proprement parler, le corps dans lequel réside la force publique ; la seconde section, constituée en cour d'appel, n'est, dans l'exercice de ses fonctions habituelles, qu'un tribunal chargé seulement de prononcer en dernier ressort sur des intérêts pécuniaires et sur l'application des lois pénales. Ces deux sections siègent et délibèrent séparément, excepté lorsqu'il s'agit de proposition de loi et de la peine capitale à infliger à un citoyen. Elles se réunissent alors, et l'affaire, dans l'un ou l'autre cas, est discutée au sein du *grand conseil*. On ne sauroit trop applaudir à l'esprit qui a établi ces formes tutélaires. Est-il, en effet, de délibération plus importante et dans laquelle on doive déployer plus de solennité, que celle où l'état est appelé à prononcer sur la vie d'un citoyen ? Il y a des exemples, et l'on m'en a rapporté un tout récent, de la remise de la peine de mort, accordée par le *grand conseil* à un criminel condamné par le petit. Je ne dois pas négliger d'observer que le petit conseil, quoique investi du pouvoir exécutif le plus étendu, n'exerce ce pouvoir que pour les affaires et les intérêts au-dessous de quatre mille francs ; toute discussion où il s'agit d'une somme plus forte doit être nécessairement portée au *grand conseil*.

A la tête de ces conseils et de la république sont deux avoyers nommés également à vie. Le pouvoir suprême est partagé entre eux, et change de mains tous les six mois. L'avoyer régnant préside alors le conseil d'état et devient le chef du gouvernement ; l'autre avoyer préside la cour d'appel. Du reste, la considération publique est le seul attribut de leur charge, et ils ne se distinguent de leur concitoyens qu'à raison de leur fortune particulière. L'un des avoyers actuels, de Vero, ne passe pas pour être riche ; son collègue, au contraire, jouit d'une des fortunes les plus considérables du canton.

Les revenus de l'état sont très-médiocres. Les impositions

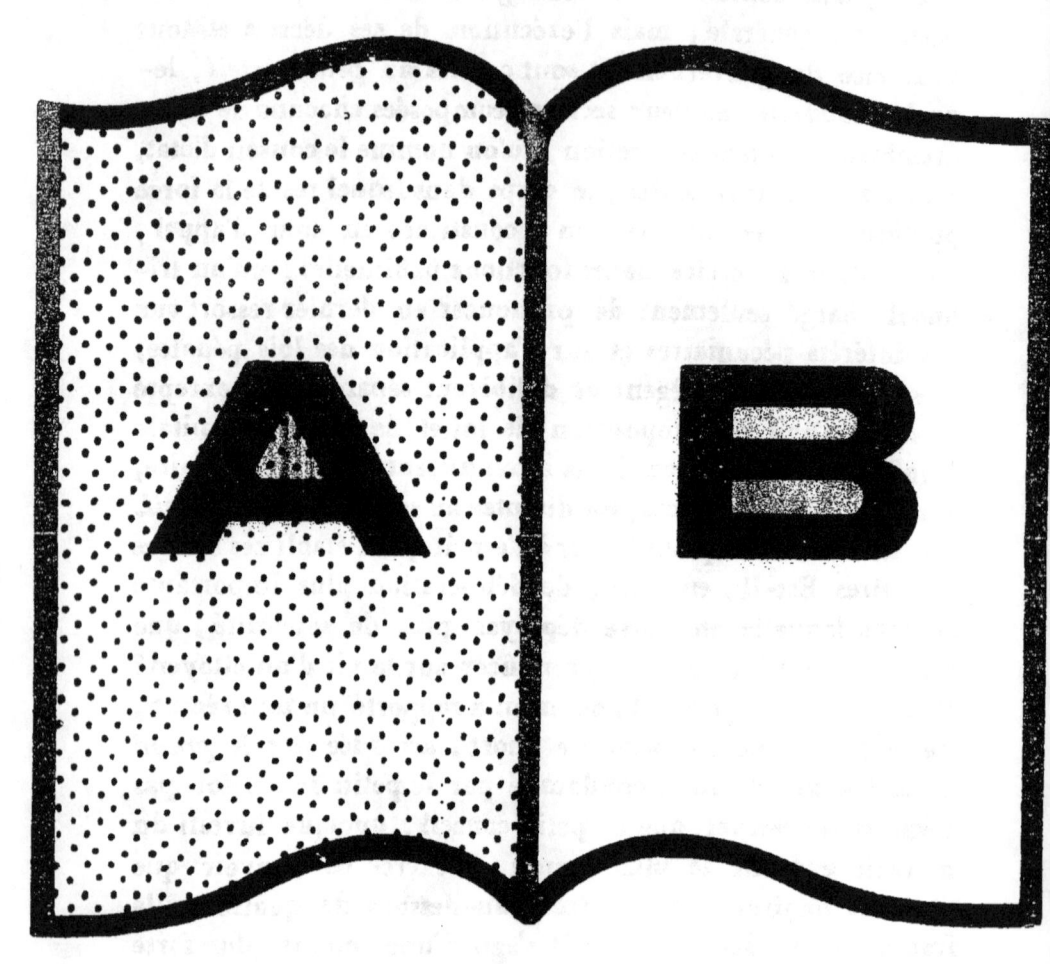

Contraste insuffisant

NF Z 43-120-14

directes sont inconnues dans ce pays : chaque paysan recueille en totalité les fruits de la terre qu'il a semée, de la vigne qu'il a plantée. Le gouvernement n'a donc, pour toute ressource, que quelques impôts indirects, bien faibles encore en comparaison de ce qu'ils sont partout ailleurs. Ces impôts, si toutefois on peut se servir de ce mot, consistent en droits sur les denrées étrangères au canton : car la circulation et le débit des productions du pays ne sont gênés par aucune entrave, en permis de chasse, en droits de timbre et de mutation, encore ce dernier, infiniment léger, a-t-il été racheté presque partout. Avec des ressources si médiocres, le gouvernement pourroit à peine faire face aux dépenses les plus indispensables, même à celles que nécessite la perception de ces divers impôts, s'il ne possédoit des domaines dont il touche et administre le revenu. Il y a, pour cet objet, une commission, dite des finances, établie au sein du conseil d'état, laquelle est chargée de veiller à l'administration de ces biens nationaux, nomme les percepteurs des deniers publics, et acquitte toutes les dépenses de l'état, sous la condition de rendre au *grand conseil* le compte le plus exact de l'emploi et de l'état de ces revenus. Indépendamment de ces ressources, la ville a des propriétés communes qu'elle administre et dont elle dispose à son gré. Le conseil municipal en règle seul l'emploi, après avoir préalablement obtenu l'agrément du conseil d'état et l'approbation de la bourgeoisie, à laquelle aussi tous les comptes doivent être soumis. J'observe ici qu'il n'y a pas, dans toute la Suisse, de ville, de bourg, de chétif hameau qui n'ait ses biens communaux, dont le produit n'est appliqué qu'au bien-être des membres de la communauté. De là, sans nul doute, dérive cet esprit d'union et en même temps d'indépendance qui fait la propriété des républiques helvétiques. La commune de la ville de Fribourg est particulièrement très-riche; celle de Neufchâtel l'est immensément; et, suivant le bon esprit qui anime ces petits états, c'est toujours à des objets d'utilité publique que sont employés ces revenus. La construction de l'hôtel de l'éducation primaire, à Fribourg, et tous les frais de cet établissement ont été faits par la commune, sans aucune autre participation du grand et du petit conseil que l'agrément qu'elle en a reçu. En France aussi, avant la révolution, il y avoit généralement des communes instituées dans le même esprit ; et c'est certainement le coup le plus sensible qui ait été porté chez nous à la liberté publique, que l'appauvrissement ou la ruine de ces petites aggrégations politiques.

La ville de Fribourg n'a pour sa garde qu'une troupe urbaine d'environ cent hommes, pris parmi ses habitans et soldés par l'état. Les postes de cette garde sont fixés aux portes de la ville ; et un corps à peu près égal de gendarmes est disposé sur les frontières de la république. Voilà toute la force militaire d'un état qui produit peut-être plus de soldats que plusieurs cantons Suisses réunis. Les montagnes de Gruyères, si renommées pour les excellens fromages qu'on y fabrique, ne le sont pas moins pour la belle et vigoureuse race d'hommes qui les habitent. Près du tiers des soldats suisses capitulés en France est Fribourgeois et tiré de ces montagnes.

FIN DES NOTES.

ERRATA.

Page 51, ligne 26, M. de Biron, *lisez* M. de Piron.
Page 77, ligne 4 *lisez :* Henri IV disoit de ses sujets : « J'ai remis les uns en les maisons dont ils étoient bannis, les autres en la foi qu'ils n'avoient plus. »
Page *id.*, ligne 29, des gardes et de l'argent, *lisez* des grades et de l'argent.
Page 119, ligne 1, des Herbins, *lisez* des Herbiers.
Page *id.*, ligne 14, Tiffanges, *lisez* Tiffauge.
Page 172, ligne 27, la ville de Tonnerre, *lisez* la ville de Tonneins.

www.ingramcontent.com/pod-product-compliance
Lightning Source LLC
Chambersburg PA
CBHW060128190426
43200CB00038B/1830